FLENSBURGER HEFTE

Über Reinkarnation und Karma

Erfahrungen früherer Erdenleben

Aus dem Inhalt

Ichentwicklung denken

Interview mit Wolf-Ulrich Klünker von Klaus-Dieter Neumann

Zu den Steiner-Zitatangaben in den FLENSBURGER HEFTEN: Die GA-Nummern beziehen sich auf die jeweilige Bibliographie-Nummer der Rudolf Steiner Gesamtausgabe im Rudolf Steiner Verlag, Dornach/Schweiz. Danach sind in der Regel das Erscheinungsjahr der benutzten Ausgabe, das Vortragsdatum bzw. Kapitel und die Seitenzahl angegeben, von der Autor-, Titel- und Ortsnennung wird abgesehen. Nach Bibliographie-Nummern geordnet ist die Rudolf Steiner Gesamtausgabe im Katalog des Rudolf Steiner Verlags aufgeführt. Der Katalog ist durch den Buchhandel erhältlich.

Liebe Leserinnen und Leser!

Der Glaube an die Wiederverkörperung ist heute in der Menschheit weit verbreitet. Die Vorstellungen, die dazu gebildet werden, sind dabei ebenso unterschiedlich wie die Konsequenzen, die daraus gezogen werden. Das gilt auch für alle religiösen Traditionen und philosophischen Anschauungen, in denen die verschiedensten Ausprägungen des Gedankens der Wiederverkörperung überliefert sind.

Am Anfang des 20. Jahrhunderts stellte Rudolf Steiner eine Idee von Reinkarnation und Karma in die Welt, die auf der Grundlage einer modernen Initiationswissenschaft gewonnen wurde und die an eine Entwicklung des Denkens anknüpfte, die es dem Menschen möglich macht, sich in der Denktätigkeit des Ich als geistiges Wesen zu erfahren. Diese Möglichkeit ist in der Bewußtseinsgeschichte noch nicht lange gegeben. Und erst in diesem Jahrhundert ist der Mensch in der Lage, die Idee von Reinkarnation und Karma in ihrer geistigen Wirklichkeit zu erfassen und annähernd in ihrer Tragweite und Konsequenz zu durchdringen, die sie für seine Stellung in der Welt und das gesamte menschliche Leben hat.

Das Thema „Reinkarnation und Karma“ ist sehr umfassend und vielschichtig. Im vorliegenden Band wenden wir uns einigen Aspekten schwerpunktmäßig zu. Das sind vor allem die persönlichen Erfahrungen, die Menschen heute in der Auseinandersetzung mit ihren früheren Verkörperungen machen. Es zeigt sich nämlich, daß immer mehr Menschen anfängliche Erlebnisse – Stimmungen oder Bilder – vergangener Erdenleben haben. Für den Umgang mit diesen Erfahrungen sind sachgerechte Methoden erforderlich, und man benötigt vor allem spirituelle Begriffe, um sie verstehen zu können.

Die Darstellungen verdeutlichen, welche Veränderungen in den nächsten Jahrzehnten und Jahrhunderten anstehen: Veränderungen, die im Wesensgefüge des Menschen vor sich gehen, und solche, die seine Wahrnehmungsfähigkeit betreffen. Aus den Beiträgen dieses FLENSBURGER HEFTES können Sie Kriterien entnehmen, wie man trotz des heutigen esoterischen Massenangebots Unterscheidungsfähigkeit für übersinnliche Phänomene entwickeln kann, und Sie finden Ratschläge, wie man spirituell übend mit übersinnlichen Erlebnissen umzugehen lernt.

Es grüßt Sie
Ihre FLENSBURGER HEFTE-Redaktion

Schicksal verstehen

Notwendige Differenzierungen zum Verständnis des Karmabegriffs

Frank Linde*

Eine unendliche Befreiung eröffnet sich demjenigen, der beginnt, das Leben im Licht des Schicksalsgedankens der Anthroposophie zu betrachten. Erwächst daraus doch die Gewißheit, daß ein tiefer Sinn im Leben begründet liegt und daß die vielfach so unbegreiflichen, wie zufällig den Menschen treffenden Ereignisse in einem gesetzmäßigen Zusammenhang zum eigenen inneren Leben stehen. Allerdings wird man auch bald bemerken, wie schwierig es ist, die neugewonnene Sicht auf das Leben anzuwenden. Denken wir nur an die eigenen quälenden Fragen und jene der Freunde, die niederdrückenden Erlebnisse, Wunden der Enttäuschung, zerrissenen Herzen – in einer Zeit, in der es scheinbar immer schwieriger wird, die zunehmenden Schicksalsverknotungen zu entwirren. Und wieviel unendliches Leid lastet auf der Menschheit, deren Schmerzensschreie nur überhören kann, wer sich wie im Wahn betäubt.

Aber spricht so das Schicksal? Ist denn alles bestimmt, von höheren Mächten uns zur Prüfung auferlegt? Hat jeder Mensch sich wirklich alles selbst zuzuschreiben, was ihn trifft, hat er es selbst gesucht? Auch die Frau, die in Tel Aviv von einer Bombe zerfetzt wurde, der Freund, der an einer Überdosis Heroin verstarb, oder jener, der an Aids erkrankte? Was ist mit jenem, der sich selbst das Leben nahm, mit dem Kind, das vergewaltigt wurde ...? Ist es Schicksal, wenn die Ehen zerbrechen, wenn Menschen, die sich liebten, nur noch schweigen, sich gegenseitig verletzen oder hassen – und ist es Schicksal, wenn Vertrauen schwindet, wenn das Trennende alles Verbindende verleugnet, verhindert und zerstört? Kurz: Sind alle menschlichen Begegnungen und alles, was wir durch sie erfahren, karmisch bedingt? Um diese Fragen wird es in meinem Artikel gehen, nicht jedoch um eine Deutung heutiger Schicksalserfahrungen oder um eine Darstellung einzel-

---

* Frank Linde, Rendsburg, geb. 1956, Dozent für Anthroposophie und Waldorfpädagogik. Er war neun Jahre als Waldorflehrer tätig und danach vier Jahre als Dozent am Waldorfkindergarten-Seminar Hannover. Ausgedehnte Vortrags- und Seminartätigkeit.

ner karmischer Gesetzmäßigkeiten. Es geht um ganz Grundsätzliches. Doch bevor wir dazu kommen, sind einige Vorbemerkungen nötig.

Je nachdem, was man von Rudolf Steiner liest, wie man die aufgenommenen Inhalte versteht und verinnerlicht, ergeben sich jeweils die Anschauungen und Bilder, die man von dem betreffenden Sachverhalt gewinnt. Schnell zeigt sich aber, daß es für die Erkenntnis der Wirklichkeit nicht genügt, bei dem einmal Aufgenommenen stehenzubleiben. Das umfassende Werk Rudolf Steiners bringt durch sich selbst immer wieder die Veranlassung mit sich, ein Bild durch andere zu ergänzen. Das liegt in der Natur der Sache begründet. Denn im Laufe seines Wirkens hat Steiner viele Themen unter immer wieder neuen Gesichtspunkten behandelt, vor anderen Menschen, zu anderen Zeiten, so daß sich allein aus diesem Umstand heraus die Notwendigkeit ergibt, das einmal gesprochene Wort durch andere zu beleuchten. Das ist keineswegs in allen Fällen ein leichtes Unterfangen. Gerade bei dem Thema „Reinkarnation und Karma" begegnet uns eine Überfülle von veröffentlichten Forschungsresultaten des Geistesforschers. Allein dieser Umstand verlangt Behutsamkeit im Vorgehen und Vorsicht gegenüber voreiligen Schlüssen.

Zur Karmaforschung Rudolf Steiners

Von Anfang an verfolgte Rudolf Steiner das Ziel, „Reinkarnation und Karma" in den Mittelpunkt seiner Arbeit zu stellen. Bereits auf der allerersten Generalversammlung anläßlich der Begründung der Deutschen Sektion der Theosophischen Gesellschaft, deren Leitung er damals übernahm, hatte er für seinen am 20.10.1902 zu haltenden Vortrag den Titel „Praktische Karmaübungen" gewählt. Unter den Mitgliedern war jedoch keine Bereitschaft und keine entsprechende Stimmung vorhanden, die es ihm erlaubt hätte, „in einer so esoterischen Weise anzufangen. [...] Die Verhältnisse machten es dazumal notwendig, daß eigentlich in einer viel exoterischeren Weise gesprochen wurde, als es damals beabsichtigt war." (GA 240/1977/16.04.1924/S.41)

In der Zeitschrift „Luzifer", später „Lucifer-Gnosis" genannt, veröffentlichte Steiner vom Oktober bis Dezember 1903 bereits die ersten grundlegenden Aufsätze zum Thema: „Reinkarnation und Karma, vom Standpunkte der modernen Naturwissenschaft notwendige Vorstellungen" und „Wie Karma wirkt" (beide in GA 34). 1904 folgte das Kapitel „Wiederverkörperung des Geistes und Schicksal" in der Schrift „Theosophie" (GA 9).

Zu Lebzeiten des Verfassers sind die genannten Arbeiten mehrfach in neuen Auflagen herausgegeben worden – zuletzt 1922, weitere Auflagen folgten nach seinem Tode –, die „Theosophie" zum Teil ergänzt und erweitert, die Aufsätze auch als Einzelausgaben. Dies ist ein Hinweis auf den Stellenwert, den Steiner diesen Arbeiten beigemessen hat.

Auch in den zahlreichen Vorträgen vor Mitgliedern, zunächst noch der Theosophischen, später der Anthroposophischen Gesellschaft, wird die Thematik – die im Mai 1910 mit dem Vortragszyklus „Die Offenbarungen des Karma" (GA 120) eine erste geschlossene Darstellung erfährt – immer wieder aufgegriffen.

Einen Höhepunkt sollte die Arbeit nach der Weihnachtstagung zur Neubegründung der Anthroposophischen Gesellschaft in seinem letzten Lebensjahr, 1924, erfahren. In sechs Bänden liegen heute die „Esoterischen Betrachtungen karmischer Zusammenhänge" (GA 235–240) dieses Jahres vor. Die Inhalte dieser Vorträge stehen zweifellos auf einer anderen Stufe als die Vorarbeiten, denn – man mag es kaum glauben – als solche bezeichnet Steiner das bisher Geleistete: „Aber es muß einmal mit dem wirklichen Esoterischen begonnen werden, nachdem mehr als zwei Jahrzehnte vorbereitender Arbeit geschehen ist." (ebd.) Jetzt erst könne, so fährt Steiner fort, an dem, was damals am 20.10.1902 beabsichtigt war, angeknüpft werden. Dabei betont er an verschiedenen Stellen, daß es sich um eine gewagte Forschung handele, die den allergrößten Ernst voraussetze. Wie ernst es ihm mit derartigen Hinweisen war, wird aus folgender Vortragsstelle deutlich:

„Die Betrachtung, die hier gemeint ist, ist aber eine solche, die mit dem allergrößten Ernst angestellt werden muß. Denn man kann schon sagen: Die Versuchung der Menschen, über allerlei karmische Zusammenhänge, über allerlei Dinge, die mit den wiederholten Erdenleben zusammenhängen, sich Ideen zu bilden, diese Versuchung ist sehr groß, und die Quelle der Illusionen auf diesem Gebiete ist eine außerordentlich große. Und es kann ja auch eine Untersuchung nach diesen Richtungen erst wirklich angestellt werden, wenn die geistige Welt durch Seelenentwickelung in einem gewissen Sinne für den Untersuchenden aufgeschlossen ist. [...] Man sollte eigentlich nicht irgendwelches Vertrauen haben zu demjenigen, der ohne weiteres beginnt, über wiederholte Erdenleben zu sprechen, sondern es muß schon das, was aus solchen okkulten Tiefen herausgeholt wird, dadurch bekräftigt werden, daß manches andere zunächst vorliegt, was das Vertrauen begründet." (GA 238/1981/07.09.1924/S.26)

Das Problem

Keine Forschung, auch die geisteswissenschaftliche nicht, ist mit der Präsentation einmal gewonnener Forschungsergebnisse ein für allemal abgeschlossen. Der fortschreitende Forschungsprozeß bringt neue Ergebnisse zutage, die das Ursprüngliche in vielerlei Weise differenzieren, erweitern und vertiefen. Das führt notwendig zu einer Modifizierung des zu Beginn Gegebenen. Die Wirklichkeit läßt sich nicht mit einer einfachen Formel erfassen. Keiner Einzelwahrheit kann Absolutheitsanspruch beigemessen werden, erst im Zusammenstimmen möglichst vieler Teilaspekte eröffnet sich der Blick aufs Ganze.

Kaum ein anderes Gebiet der Anthroposophie betrifft uns so zentral im Innersten wie Reinkarnation und Karma. Denn in dem, was schicksalsmäßig das Leben bestimmt, erlebt der Mensch sich selbst. Damit sind zugleich alle Fragen berührt, die sich auf die gegenseitigen, so vielfältigen Verhältnisse der Menschen untereinander beziehen. Auf diesem Feld sind einfache Antworten nicht möglich. Und geben uns die zahlreichen Hinweise Rudolf Steiners auch unschätzbare Hilfen an die Hand, das Schicksalswirken in seiner ganzen Tragweite und Bedeutung zu verstehen, sind wir auf der anderen Seite gut beraten, eine möglichst weitherzige Offenheit in der Beurteilung konkreter Schicksalsfragen zu bewahren.

Gerade weil sie uns so nahe gehen, ist die Versuchung groß, an einmal gefaßten Vorstellungen und Bildern festzuhalten und alles weitere der dadurch geprägten Auffassung unterzuordnen. Je mehr eine einseitige Auffassung verinnerlicht wird, desto größer wird die Gefahr, bestimmten Lebensereignissen gegenüber, ohne sichere Erkenntnis, gewisse Schicksalszusammenhänge vorauszusetzen, wo entweder in Wirklichkeit keine sind oder die in Wahrheit ganz anders liegen als vermutet. Aus einer solchen Gesinnung mag man anderen vielleicht „gute Ratschläge“ erteilen, ob es dem anderen dann eine Hilfe ist oder ob er sich verstanden fühlt, bleibt dahingestellt.

Auch eine naive Schicksalsergebenheit birgt Probleme in sich. Sie kann sich in einer Haltung äußern, die von der Einstellung geprägt ist, alles müsse so kommen, wie es kommt, es werde schon ein tieferer Sinn darin liegen. Sie hindert den Menschen unter Umständen daran, einzugreifen, wo es nötig ist, um es eben anders werden zu lassen. Ebenso kann ein bedrückendes Ohnmachtsgefühl entstehen, dem auferlegten Schicksal machtlos ausgeliefert zu sein. Aus solchen und ähnlichen Seelenhaltungen erwachsen nicht selten Mißstimmungen bis hin zu tiefgreifenden Störungen im sozialen Miteinander.

Sich treffende Begriffe über das Schicksal, das Karma, zu erarbeiten, mit dem Ziel, das Leben besser zu verstehen, gehört so gesehen mit zu dem Schwierigsten, das aus der Beschäftigung mit der Anthroposophie erwächst. Schwierig vor allem auch deshalb, weil das Schicksalsgesetz schließlich ein geistiges ist, das unserem gewöhnlichen Bewußtsein nicht unmittelbar zugänglich ist. Wir erfahren es nur in seinen Wirkungen, und auch dies zunächst ohne Bewußtsein von einem Zusammenhang zu vorangegangenen Taten. Wir tappen sozusagen völlig im Dunkeln.

Der im folgenden eingeschlagene Weg verfolgt das Ziel, dem Leser einige Gesichtspunkte an die Hand zu geben, die nach meiner Überzeugung geeignet sind, ein zu einfaches Bild vom Schicksal zu korrigieren. Dazu werde ich ein erstes Bild skizzieren, das sich im wesentlichen aus der „Theosophie" ergibt. Dem werden andere Texte gegenübergestellt, die zu ganz anderen Bildern führen. Das Spannungsverhältnis, das sich dadurch ergibt, kann zu einem Prozeß der inneren Bewegung verschiedener Gesichtspunkte führen, und dazu möchten diese Ausführungen anregen.

Vom Schicksal bestimmt?

In dem genannten Kapitel der „Theosophie" entwickelt Rudolf Steiner einen Weg, der es dem Leser möglich macht, rein durch das Denken zu der Überzeugung zu gelangen, daß des Menschen innerste Wesenheit, sein „Ich", durch wiederholte Erdenleben geht. Durch das Schicksalsgesetz, das Karma, wird ein sinnvoller und auf Entwicklung angelegter Zusammenhang zwischen den aufeinanderfolgenden Erdenleben bewirkt. Der Grundgedanke besteht darin, daß es keine Ursache ohne Wirkung gibt. Auf das menschliche Leben bezogen heißt das, daß die Taten des einen Erdenlebens in ihren Folgen lebensbestimmend für ein nächstes Erdenleben werden, oder umgekehrt formuliert, daß die Erlebnisse des Menschen in diesem Erdenleben auf Ursachen in einem vorangegangenen zurückzuführen sind. Da es ferner der Mensch selbst ist, der in seinen Handlungen wirkt, müssen nach dem Schicksalsgesetz auch die Wirkungen wieder auf ihn selbst bezogen sein.

„In den Wirkungen seiner Taten lebt des Menschen Seele ein zweites selbständiges Leben weiter. Dies aber kann die Veranlassung dazu geben, das Leben daraufhin anzusehen, wie die Schicksalsvorgänge in dieses Leben eintreten. Etwas 'stößt' dem Menschen zu. Er ist wohl zunächst geneigt, ein solch 'Zustoßendes' wie ein 'zufällig' in sein Leben Eintretendes zu betrachten. Allein er kann gewahr werden, wie er selbst das Ergebnis solcher 'Zufälle' ist. Wer sich in seinem vierzigsten Lebensjahre betrachtet und mit der Frage nach seinem Seelenwesen nicht bei einer wesenlos abstrakten Ich-Vorstellung stehenbleiben will, der darf sich sagen: ich bin ja gar nichts anderes, als was ich geworden bin durch dasjenige, was mir bis heute schicksalsmäßig 'zugestoßen' ist. Wäre ich nicht ein anderes, wenn ich zum Beispiel mit zwanzig Jahren eine bestimmte Reihe von Erlebnissen gehabt hätte statt derjenigen, die mich getroffen haben? Er wird dann sein 'Ich' nicht nur in seinen von 'innen' heraus kommenden Entwickelungsimpulsen suchen, sondern in dem, was 'von außen' gestaltend in sein Leben eingreift. In dem, was 'ihm geschieht', wird er das eigene Ich erkennen." (GA 9/1987/S.83)

Greifen wir die Hauptaussagen noch einmal auf. *Erstens*: Der Mensch erweist sich als das Ergebnis dessen, was ihm im Leben zugestoßen ist, als Ergebnis „seiner" Zufälle. *Zweitens*: In dem, was ihm geschieht, kann er das eigene „Ich" erkennen. Daraus folgt *drittens*: Der Mensch ist nicht nur das Ergebnis seiner „Zufälle", sondern er ist es selbst, der diese herbeiführt. – Etwas später wird dieser zunächst allgemein gefaßte Gedanke dann näher umschrieben:

„Die Seele lebt in der Gegenwart. Aber dieses Leben in der Gegenwart ist nicht unabhängig von den vorhergehenden Leben. Der sich verkörpernde Geist bringt ja aus seinen vorigen Verkörperungen sein Schicksal mit. Und dieses Schicksal *bestimmt* das Leben. *Welche Eindrücke die Seele wird haben können, welche Wünsche ihr werden befriedigt werden können, welche Freuden und Leiden ihr erwachsen, mit welchen Menschen sie zusammenkommen wird: das hängt davon ab, wie die Taten in den vorhergehenden Verkörperungen des Geistes waren.* Menschen, mit welchen die Seele in einem Leben verbunden war, wird sie in einem folgenden wiederfinden müssen, weil die Taten, welche zwischen ihnen gewesen sind, ihre Folgen haben müssen. Wie die eine Seele, werden auch die mit dieser verbundenen in derselben Zeit ihre Wiederverkörperung anstreben. *Das Leben der Seele ist somit ein Ergebnis des selbstgeschaffenen Schicksals des Menschengeistes.*" (ebd./S.87 f.; Hervorhebungen F.L.)

Diese Aussagen, nimmt man sie wörtlich, können in der Tat so aufgefaßt werden, als ob *alles*, was der Mensch erlebt, von den eigenen Taten in vorhergehenden Verkörperungen abhängen würde und somit selbst „verschuldet" wäre. Noch absoluter heißt es in dem Aufsatz „Wie Karma wirkt":

„So kann man sagen, daß den Menschen im Leben nichts treffen kann, wozu er nicht selbst die Bedingungen geschaffen hat." (GA 34/1987/S.99)

Hier erscheint das Schicksal unausweichlich, bestimmend und zwingend, und es kann der Eindruck entstehen: „Alles ist vorherbestimmt und selbstverschuldet. Es gibt kein Entrinnen." Aber ist dem wirklich so?

Bei den Arbeiten aus den Jahren 1903 und 1904 ist zu bedenken, daß es sich dabei um die ersten öffentlich vorgestellten handelt, in denen Steiner den Gedanken von Reinkarnation und Karma grundsätzlich behandelt. Konkrete menschliche Einzelschicksale sind damit zunächst gar nicht betrachtet. Die Anforderung, den Gedanken von Reinkarnation und Karma entgegen der damals herrschenden Zeitströmung erstmals begründend in die Welt zu stellen, erklärt vielleicht auch manche kompromißlose Formulierung. – An diesen grundlegenden Formulierungen entzünden sich nun drängende Fragen: Ist wirklich alles selbstverschuldet? Welche Bedeutung hat die Freiheit? Und was haben wir schließlich im letzten Leben falsch gemacht, daß so viele Erlebnisse und Konflikte uns heute quälen, sich offenbar nicht lösen lassen und viel unverstandenen Schmerz hinterlassen? Stellen wir dem bisher gewonnenen Bild vom Schicksal andere Bilder gegenüber.

Der Theaterbrand

In der Zeitschrift „Lucifer-Gnosis" veröffentlichte Rudolf Steiner 1904 eine schriftliche Fragenbeantwortung unter dem Titel: „Gibt es einen Zufall?" Es wurde ihm aus dem Leserkreis die Frage vorgelegt, ob es denn gar keinen Zufall gebe. Der Fragesteller könne sich z.B. nicht denken, daß es im Karma jedes einzelnen liegen könne, wenn bei einem Theaterbrand 500 Menschen zusammen zugrunde gingen.

In seiner schriftlichen Antwort schildert Steiner drei verschiedene Möglichkeiten, wie die karmischen Verhältnisse in einem solchen Falle liegen könnten, um anschließend darauf hinzuweisen, daß es noch viele weitere Möglichkeiten gebe. Versuchen Sie beim Lesen des Textes einmal, sich die jeweils gegebene Antwort recht bildhaft zum Bewußtsein zu bringen.

„Wenn sich die karmischen Verkettungen von fünfhundert Menschen so ausleben, daß diese Menschen bei einem Theaterbrande zugrunde gehen, dann sind unter anderem folgende Fälle möglich:

Erstens: Es brauchen die karmischen Verkettungen keines einzigen der fünfhundert Menschen mit denen eines anderen der Verunglückten etwas zu tun haben. [...]

Zweitens: Es ist möglich, daß das gemeinsame Erlebnis der fünfhundert Personen gar nichts mit deren karmischer Vergangenheit zu tun hat, daß sich aber gerade durch dieses gemeinsame Erlebnis etwas vorbereitet, was sie in der *Zukunft* karmisch zusammenführt. Vielleicht werden diese fünfhundert Personen in fernen Zeiten zusammen eine gemeinsame Unternehmung ins Werk setzen, und durch das Unglück sind sie *für höhere Welten* zusammengeführt worden. [...]

Drittens: Es kann wirklich ein solcher Fall die Wirkung früherer gemeinsamer Verschuldungen der in Betracht kommenden Personen sein. Dabei sind aber noch unzählige andere Möglichkeiten vorhanden. Es können zum Beispiel alle drei angeführten Möglichkeiten miteinander kombiniert sein usw." (GA 34/1987/S.361 f.)

Ohne okkulte Einsichten sind keine verläßlichen Aussagen über konkrete karmische Zusammenhänge möglich. Das Beispiel des Theaterbrandes verdeutlicht, daß jede Vermutung auf diesem Feld völlig in die Irre gehen kann. Die für unseren Zusammenhang wichtigste Aussage besteht darin, daß Karma auch die Zukunft einschließt. Es gibt Ereignisse, die nicht aus der Vergangenheit bestimmt sind, die als neue Tatsachen ins Leben treten und ihre karmische Wirkung erst in der Zukunft finden. Der Text fährt dann mit einer Betrachtung über den „Zufall" fort, die diesen wichtigen Aspekt noch einmal unterstreicht:

Der Ziegelstein

„In der physischen Welt von 'Zufall' sprechen, ist gewiß nicht unberechtigt. Und so unbedingt der Satz gilt: 'Es gibt keinen Zufall', wenn man *alle* Welten in Betracht zieht, so unberechtigt wäre es, das Wort 'Zufall' auszumerzen, wenn bloß von der Verkettung der Dinge in der physischen Welt die Rede ist. Der Zufall in der physischen Welt wird nämlich dadurch herbeigeführt, daß sich in dieser Welt die Dinge *im sinnlichen Raume* abspielen. Sie müssen, insofern sie sich in *diesem* Raume abspielen, auch den Gesetzen *dieses Raumes* gehorchen. In diesem Raume aber können *äußerlich* Dinge zusammentreffen, die zunächst *innerlich* nichts miteinander zu tun haben. Sowenig mein Gesicht wirklich verzerrt ist, weil es sich in einem unebenen Spiegel verzerrt zeigt, so wenig brauchen die Ursachen, die einen Ziegelstein vom Dache fallen lassen, der mich, als gerade Vorübergehenden, beschädigt, mit meinem Karma, das aus meiner Vergangenheit stammt, etwas zu tun zu haben. – Der Fehler, der da gemacht wird, besteht darinnen, daß viele sich die karmischen Zusammenhänge zu einfach vorstellen. Sie setzen zum Beispiel voraus: wenn diesen Menschen ein Ziegelstein beschädigt hat, so muß er sich diese Beschädigung karmisch verdient haben. Das ist aber durchaus nicht notwendig. Im Leben eines jeden Menschen treten fortwährend Ereignisse auf, die mit seinem Verdienst oder seiner Schuld in der Vergangenheit durchaus nichts zu tun haben. Solche Ereignisse finden ihren karmischen Ausgleich *eben in der Zukunft*. Was mir heute unverschuldet zustößt, dafür werde ich in der Zukunft entschädigt. Das eine ist richtig: nichts bleibt ohne karmischen Ausgleich. Ob aber ein Erlebnis des Menschen die Wirkung seiner karmischen Vergangenheit oder die Ursache einer karmischen Zukunft ist: das muß im einzelnen erst festgestellt werden. Und das kann nicht durch den an die physische Welt gewöhnten Verstand, sondern lediglich durch die okkulte Erfahrung und Beobachtung entschieden werden." (ebd./S.362 f.)

Diese Aussagen über den „Zufall" bedürfen noch einer Anmerkung. Lassen wir sie noch einmal auf uns wirken:

- „Es gibt keinen Zufall, wenn man *alle* Welten in Betracht zieht".
- Die Ursachen dafür, daß ein Ziegelstein vom Dach herunterfällt, der mich „zufällig" verletzt, brauchen „mit meinem Karma, das aus meiner Vergangenheit stammt" – und jetzt steht da nicht „nichts", sondern –, „so wenig" etwas zu tun zu haben, „sowenig mein Gesicht wirklich verzerrt ist, weil es sich in einem unebenen Spiegel verzerrt zeigt".
- Es ist nicht notwendig, daß ich mir die Verletzung durch den Ziegelstein „karmisch verdient" habe.
- Ein solches „unverschuldetes" Ereignis findet seinen „karmischen Ausgleich *eben in der Zukunft*".

Wie kommen wir mit diesen Aussagen zurecht? Auf der Grundlage des Textes müßten wir annehmen, daß es kein „Zufall" sein kann, wenn mich ein vom Dach herunterfallender Ziegelstein trifft, da es einen „Zufall" prinzipiell nicht gibt, wenn man *alle* Welten einbezieht. Da ein solches Ereignis mit meinem Vergangenheitskarma aber gar nichts zu tun zu haben braucht, bleibt nur die Möglichkeit, daß es in irgendeiner Weise mit meinem zukünftigen Karma zusammenhängt.

Der auf den ersten Blick nicht so schnell zu erfassende Vergleich mit dem unebenen Spiegel wird nicht umsonst angeführt. Das verzerrte Gesicht im unebenen Spiegel erscheint ja nicht von allein. Ich bin es, der sich daran spiegelt. „Ich" und „Spiegel" stehen nicht auf derselben Ebene, doch besteht zwischen beiden eine Beziehung. Was sich im Spiegel zeigt, ist Täuschung, das „Ich“ ist real. Dem Spiegelbild entspricht im Vergleich der „Zufall“, dem „Ich“ das Karma. Der „Zufall“ ist eine Täuschung, das Karmawirken die Realität. Folglich müßte ich mir sagen, daß der „Zufall“, daß mich ein herunterfallender Ziegelstein trifft, seine Realität im Karma findet, wenn nicht in dem aus der Vergangenheit wirkenden, dann um so mehr vielleicht in dem zukünftigen.

Somit führt diese Überlegung in der Konsequenz zu dem Gedanken: „Ich“ selbst bewirke es, daß ich zur rechten Zeit gerade an dem Ort bin, wo mir der Ziegelstein auf den Kopf fällt. „Ich“ nehme mir aus einem höheren Gesichtspunkt vor, durch den Ziegelstein verletzt zu werden, vielleicht weil ich daran etwas erleben kann, was mir bestimmte Kräfte für die Zukunft verleiht, die ich brauche.

Ich werde gleich einen Beleg dafür anführen, daß diese scheinbar recht theoretisch konstruierte Sichtweise keineswegs so abwegig zu sein braucht. Am 21.05.1910 behandelt Rudolf Steiner in dem Vortragszyklus „Die Offenbarungen des Karma“ das Thema „Lebensunfälle in Beziehung zu Karma“. Dort heißt es am Schluß:

Blitz und Ziegelstein

„So kann es auch wohl denkbar erscheinen, daß sich der Mensch bei gewöhnlicher Überlegung nicht gerade dorthin stellen wird, wo ihn ein Blitz treffen kann. Mit dem Oberbewußtsein wird er das vermeiden. Aber es könnte in ihm ein Bewußtsein tätig sein, das viel tiefer liegt als das Oberbewußtsein und das ihn gerade an die Stelle hinführt, wo ihn der Blitz treffen kann, unter einer Voraussicht, welche das Oberbewußtsein nicht hat, ein Bewußtsein, das also will, daß der Blitz ihn trifft, so daß der Mensch den Unfall geradezu aufsucht.“ (GA 120/Tb. 1980/21.05.1910/ S.130 f.)

Manche Leserinnen und Leser erinnern sich vielleicht auch an eine ähnliche Stelle, die Rudolf Steiner im Rahmen einer Karmaübung bringt:

„Und von denjenigen Dingen, von denen wir gesagt haben, sie seien Zufälligkeiten, stellen wir uns auch vor, probeweise, wir hätten sie herbeigeführt. Nehmen wir an, es sei uns nur einmal die Erinnerung nahegetreten, da oder dort wäre uns ein Mauerstein auf die Schulter gefallen und hätte uns recht weh getan. Da wollen wir uns der Vorstellung hingeben: wir wären auf das Dach hinaufgestiegen, hätten dort den Mauerstein gelockert, so daß er im nächsten Augenblick herunterfallen muß, und dann wären wir schnell hinuntergerannt, so daß der Stein dann auf uns herunterfallen mußte." (GA 135/1978/30.01.1912/S.27)

Es darf hier nicht übersehen werden, daß es sich bei diesem Beispiel um eine Übung, genauer gesagt sogar nur um einen Teil einer umfassenderen Karmaübung, handelt und nicht um eine Feststellung eines tatsächlich gegebenen karmischen Tatbestandes. Außerdem soll die Gesamtübung dazu dienen, Erinnerungsbilder aus einem früheren Erdenleben zu gewinnen, während das vorhin beschriebene Beispiel des mich zufällig treffenden Ziegelsteins (Seite 14 f.) so von Steiner gemeint ist, daß gerade keine Beziehung zu einem früheren Erdenleben vorzuliegen braucht. Wenn Steiner in verschiedenen Zusammenhängen ähnlich lautende Beispiele wählt, so ist immer der spezielle Zusammenhang, in dem sie stehen, zu berücksichtigen. Nur so lassen sich Kurzschlüsse vermeiden.

Führe ich aber wirklich alle „Zufälle" selbst herbei? Könnte es nicht sein, daß ich tatsächlich gar nichts mit der Sache zu tun habe? Vielleicht fällt der Ziegelstein deshalb herunter, weil der Dachdecker seine Arbeit nicht ordentlich gemacht hat. Trifft mich der Ziegel aus diesem Grund, wäre es schwer vorstellbar, daß ich den Unfall selbst gesucht haben sollte. Hätte der Dachdecker seine Arbeit richtig gemacht, wäre der Stein nicht heruntergefallen und ich durch ihn nicht verletzt worden.

Vielleicht aber haben auch Sie schon einmal die Antwort gehört: „Dann hättest du dir aus deiner höheren Weisheit heraus eben ein anderes Objekt gesucht." Oder: „Du mußt die Nachlässigkeit des Dachdeckers ins Karma einbeziehen. Wahrscheinlich hast du selbst im vorirdischen Dasein die Impulse in ihn hineingelegt, die ihn im rechten Moment nachlässig werden lassen, so daß dich der Ziegelstein trifft. In Wahrheit handelt nicht der Dachdecker, sondern du selbst durch ihn." Gewiß, denkbar ist alles, aber sinnvoller ist es, mit den uns zur Verfügung stehenden Mitteln dasjenige zu beurteilen, was unserer Einsicht zugänglich ist, anstatt sich in ungreifbare Spekulationen zu verlieren. Aber gibt es nun Ereignisse, die mit meinem Karma zunächst wirklich nichts zu tun haben, oder nicht? Um an dieser Stelle einen Schritt weiterzukommen, müssen wir das nächste Kapitel einbeziehen.

Die Zukunft beginnt jetzt: Schöpfung aus dem Nichts

Durch den Vergangenheitsaspekt läßt sich nur eine Seite des Schicksals beschreiben. Niemals bleibt der Mensch bloß Sklave seiner Vergangenheit.

Vollständig wird der Schicksalsgedanke erst erfaßt, wenn zu der Notwendigkeit des karmisch Gegebenen die Freiheit des Augenblicks und die Offenheit des zukünftig Möglichen mitgedacht wird. In jedem Augenblick des Lebens kann Neues geschehen. Dieser Zukunftsaspekt ist im Karmabegriff der Anthroposophie vollgültig enthalten, das eine ist von dem anderen nicht zu trennen.

Allerdings hat Rudolf Steiner, rein quantitativ betrachtet, sehr viel mehr über die vergangenheitsbezogene Seite des Karma gesagt als über die in die Zukunft weisende. Und wie sollte es auch anders sein? Was sich in der Vergangenheit ereignet hat, läßt sich beschreiben, was die Zukunft bringt, ist offen. Die Aufgabe bestand aber gerade darin, konkret aufzuzeigen, wie Karma wirkt, und so mußte sich die Forschung zwangsläufig auf Lebenstatsachen konzentrieren, die sich bereits ereignet haben. Die große Fülle der mitgeteilten Forschungsergebnisse kann dabei den Eindruck verstärken, alles sei vom Schicksal bestimmt. Welche entscheidende Bedeutung der menschlichen Freiheit zukommt, sei im folgenden näher betrachtet. Denn: „Man darf nicht so sehr nach der vergangenen Seite des Karmagesetzes sehen als nach der zukünftigen." (GA 95/1978/27.08.1906/S.58)

Der Mensch ist ein lernendes Wesen. Dadurch ist er in der Lage, in jedem Moment seines Lebens neue Entwicklungstatsachen in sich aufzunehmen. Er vermag, über sich selbst hinauszuwachsen, seinen Gesichtskreis zu erweitern und bisherige Erfahrungen so zu verarbeiten, daß er für die Zukunft daraus lernt. Wäre dem nicht so, gäbe es keine Weiterentwicklung, sondern nur ein Sich-Bewegen in einem stets sich wiederholenden Kreislauf einmal gegebener karmischer Notwendigkeiten. So ist es aber nicht. Und daß dem nicht so ist, bildet die Gewähr für die Vollgültigkeit der Freiheit.

In der Regel wird allerdings zu wenig darüber nachgedacht, welche weitreichenden Perspektiven und Konsequenzen damit verbunden sind. Wenn ich mir sagen kann, daß ich durch mein eigenes Verhalten den anderen Menschen und der Welt gegenüber in jedem Augenblick neue Tatsachen ins Leben rufen kann, so muß ich sofort hinzufügen, daß das gleiche auch für alle anderen gilt. Das aber bedeutet nichts Geringeres, als daß auch im gegenseitigen Verhältnis der Menschen zueinander ständig neue Erfahrungen und Erlebnisse zutage treten. Nicht alles, was der Mensch durch andere erlebt, ist karmisch bedingt. In dem, was ihm geschieht, kann folglich etwas Neues liegen, was mit keiner karmischen Vergangenheit irgendetwas zu tun hat. Für jeden Menschen fügt sich die Gesamtheit seines Erlebens somit aus zwei Elementen zusammen: aus dem, was karmisch in der Vergangenheit veranlagt ist, und dem, was aus der Freiheit – auch im sozialen Miteinander – neu entsteht. Wir haben es in der Hand.

> „Und umzuschaffen das Geschaffne,
> Damit sich's nicht zum Starren waffne,
> Wirkt ewiges lebendiges Tun.
> Und was nicht war, nun will es werden
> Zu reinen Sonnen, farbigen Erden,
> In keinem Falle darf es ruhn."
> (Goethe)

> „Dann ist Vergangenheit beständig,
> Das Künftige voraus lebendig,
> Der Augenblick ist Ewigkeit."
> (Goethe)

In dem Vortrag „Evolution, Involution und Schöpfung aus dem Nichts" vom 17.06.1909 hat Rudolf Steiner diese Seite des menschlichen Lebens hervorgehoben. Sie zeige sich in Erlebnissen, die der Mensch nicht durch die gegebenen Tatsachen hat, sondern durch die *Beziehungen zwischen den Tatsachen.* Als solche sind sie nicht karmisch bedingt, sie sind eine Schöpfung aus dem Nichts, „und die Schöpfung aus dem Nichts heraus, das ist es, was wir ins Auge fassen müssen, wenn wir die ganze Größe und Majestät menschlicher Entwickelung ins Auge fassen wollen." (GA 107/1973/17.06. 1909/S.307 f.)

1. Das gesetzmäßige Denken: die wahre Logik

Das gesetzmäßige Denken ergibt sich nicht aus den Tatsachen von selbst. Indem wir die Tatsachen beobachten und denkend in ihrem gesetzmäßigen Zusammenhang erkennen, fügen wir aus dem eigenen Bemühen etwas zu den Dingen hinzu, was vorher nicht da war. Steiner verdeutlicht dies an einem Beispiel: Stellen Sie sich einen Dieb vor, der durch Ihre reine logische Überlegung gefaßt wird. Was mit der Tat des Diebstahls zusammenhängt, kann durch karmische Vorgänge bedingt sein. Wenn Sie aber, ohne den Dieb zu kennen, rein aus Indizien und durch Zusammenstellen der Tatsachen dazu kommen, zu beweisen, daß dieser der Dieb ist, entwickeln Sie

Begriffe, die über die bloßen Tatsachen hinausgehen und von ganz anderen Faktoren – z.B. Ihrer Fähigkeit zum logischen Denken – abhängen. Dies wäre ein Vorgang, der „sich zugesellt zu dem, was äußerlich da ist". (ebd./ S.305) Wenn der Mensch sich in dieser Weise Gedanken macht, „dann lebt der Mensch in der Logik, der wahren Logik. Diese Logik ist etwas, was durch den Menschen hinzukommt zu den Dingen. Indem der Mensch sich hingibt dieser wahren Logik, schafft das Ich über sich selbst hinaus." (ebd./ S.309)

2. Das Fühlen: Wohlgefallen und Mißfallen

Das zweite Feld, auf dem der Mensch unabhängig von karmischen Gegebenheiten „über sich selbst hinaus" neue Tatsachen schafft, besteht in dem, was sich an Wohlgefallen und Mißfallen gegenüber dem Schönen, Erhabenen, Humoristischen, Komischen usw. entwickelt:

„Sagen wir, Sie erblicken draußen in der Welt etwas, was Ihnen dumm vorkommt. Sie lachen darüber. Daß Sie darüber lachen, hängt ganz und gar nicht von Ihrem Karma ab. [...] Oder sagen wir, Sie sehen einen Helden, gegen den die Welt anstürmt, der sich zunächst erhält, aber doch zuletzt tragisch zugrunde geht. Das, was Sie da sehen, ist durch Karma bestimmt, was Sie aber als Gefühl der Tragik dabei empfinden, das ist neu." (ebd.)

3. Der Wille: Handeln aus moralischem Urteil

Das dritte Feld der vom Ich impulsierten neuen Tatsachen ergibt sich aus der Art und Weise, wie wir uns unter den Einflüssen der jeweiligen Verhältnisse zu handeln gedrängt fühlen.

„Sie dürfen nicht alles als bedingt betrachten, sondern es hängt davon ab, ob wir uns in unseren Handlungen von den Gesetzen der Gerechtigkeit und Billigkeit lenken lassen oder nicht. Es kommen immer neue Dinge dazu in unserer Moralität, in der Art unserer Pflichterfüllung und in unserem moralischen Urteil. In unserem moralischen Urteil insbesondere liegt das Dritte, wodurch der Mensch über sich hinausschreitet, wodurch sich das Ich immer mehr erhöht. Das schafft das Ich in unsere Erdenwelt herein und das geht nicht zugrunde, was so in die Erde hereingeschafft wird." (ebd./S.310)

Prüft man die Vielfältigkeit des Lebens daraufhin, was in diesem Sinne an Neuem, d.h. nicht karmisch Bedingtem, entsteht, kommt einiges zusammen! Dadurch, daß der Mensch auf diese Weise imstande ist, „über sein drängendes Karma hinaus zu wirken“ (ebd./S.312), ist er aber auch in der Lage, auf allen drei Gebieten zu fehlen. Er kann in Irrtum verfallen, er kann seine Pflichten vernachlässigen usw. Durch Handlungen dieser Art kommt ebenfalls Neues in die Welt, was mit keiner karmischen Vergangenheit zu tun hat.

„Dadurch, daß der Mensch imstande geworden ist, logisch zu denken, Denknotwendigkeit auszubilden, ist auch die Möglichkeit des Irrtums geschaffen worden. Dadurch, daß der Mensch Gefallen finden kann am Schönen, ist auch die Möglichkeit geschaffen, daß er das Häßliche, das Schmutzige der Weltentwickelung einfügt. Dadurch, daß der Mensch imstande ist, über das bloße Karma den Begriff einer Pflicht sich zu setzen und zu erfüllen über das Karma hinaus, ist auch die Möglichkeit des Bösen, der Pflichtwidrigkeit geschaffen worden. So ist der Mensch dadurch gerade, daß er die Möglichkeit hat, aus den bloßen Verhältnissen heraus zu schaffen, hineinversetzt worden in eine Welt, in der er auch schaffen und weben kann an seinem Geistigen, so daß dieses Geistige voll wird von Irrtum, Häßlichkeit und Bösem.“ (ebd./S.312)

Wieder gilt es, einmal den Blick darauf zu richten, was wir alles an Irrtümern, Lügen, an Häßlichem und Bösem entwickeln und fortwährend der Welt einfügen, und auf das, was davon so ausgeht, daß es andere Menschen trifft. Da werden Initiativen verhindert aus machtpolitischen Interessen, Geltungssucht und falschem Ehrgeiz, Menschen werden aus Mißgunst-, Neid- und Haßmotiven zurückgewiesen, ausgegrenzt, bekämpft oder vielleicht nur deshalb, weil sie so anders sind, als man sie gerne hätte. Wieviel Ungesundes lebt auf diesem Felde in unseren sozialen Beziehungen!

Wenn wir gegenüber all dem Unrecht in der Welt, gegenüber all den Versäumnissen aus innerer Bequemlichkeit, gegenüber dem Haß und all den Grausamkeiten – seelischen wie physischen –, die fortwährend Menschen angetan werden, so empfinden, daß wir sagen: Verfehlung, Verfehlung, Verfehlung – dann empfinden wir richtig. Die nicht nur theoretisch bestehende Auffassung, es werde wohl schon im Schicksal begründet sein, ist nicht nur leichtfertig, sondern unter Umständen verhängnisvoll. Sie entspricht nicht der Wahrheit. Kein Karma zwingt uns zu lügen, kein Karma zwingt uns zu hassen und keines zwingt uns, Pflichten zu vernachlässigen, andere zu unterdrücken, zu bekämpfen, zu vernichten. Wir haben die Möglichkeit, es besser zu machen.

Wenn zwei Menschen sich treffen

Wie steht es nun mit den persönlichen Beziehungen der Menschen untereinander? Eine Begegnung kann durch gemeinsame Erlebnisse in einem vergangenen Erdenleben veranlagt sein, muß es aber nicht. Ebenso muß nicht jede Erfahrung karmisch notwendig sein, die in der Beziehung zwischen zwei Menschen erlebt wird, selbst wenn diese durch frühere Inkarnationen miteinander verbunden sind. Beide Fälle seien betrachtet.

Wenn es in der „Theosophie" heißt, es hänge von den Taten in den vorhergehenden Verkörperungen ab, „mit welchen Menschen sie [die Seele] zusammenkommen wird" (S.87), so ist damit die wichtigste Erkenntnis des anthroposophischen Karmabegriffs herausgestellt: Menschen begegnen sich nicht zufällig. Wenn wir mit bestimmten Menschen zusammenkommen, die uns weiterbringen im Leben oder mit denen wir zu ringen haben, kurz, die so in unser Leben treten, daß wir – vielleicht erst im Rückblick – die Gewißheit haben: „Mit dem hast du etwas zu tun", so kommen wir in der Regel deshalb mit ihm zusammen, weil uns eine karmische Beziehung aus einem letzten Erdenleben verbindet. Wir kommen mit ihm zusammen, weil wir ihn gesucht haben. Daraus aber eine Allgemeingültigkeit für alle Lebensfälle ableiten zu wollen, wäre verfehlt. Klingt es in der „Theosophie" auch anders, so müssen wir dennoch annehmen, daß es stets möglich ist, Menschen zu begegnen, mit denen uns aus der Vergangenheit karmisch noch gar nichts verbindet. Die alten Bekannten werden uns schon finden, aber nicht nur sie. Es gibt ursprünglich neue Begegnungen: „Wir treffen ja natürlich auch sehr viele Menschen im Leben, auf die wir sozusagen nicht zugegangen sind." (GA 240/1977/25.01.1924/S.26)

Der Sonne entgegen

Gibt es eine Möglichkeit zu unterscheiden, mit wem wir karmisch verbunden sind und mit wem nicht? Dazu gibt Rudolf Steiner – 20 Jahre nach dem ersten Erscheinen der „Theosophie" – sehr aufschlußreiche Hinweise. Sie sind in den Vorträgen „Esoterische Betrachtungen karmischer Zusammenhänge" enthalten, in denen Steiner weit über alles hinausgeht, was er in früheren Jahren über Reinkarnation und Karma ausgearbeitet hat. Diese Vorträge erlauben tiefe Einblicke in die ungeheuer vielgestaltige Art, wie die Wesenheiten der höheren Hierarchien das menschliche Schicksal ausgestalten und wie der Mensch dadurch zugleich in kosmische Dimensionen des Lebens hineingestellt ist. Für unser Thema sei ein Textauszug aus dem Vortag vom 25.01.1924 ausgewählt. Er setzt die Kenntnis der Grundlagen der anthroposophischen Kosmologie voraus, die das Geistige in den Sternen und Planeten erkennt. In differenzierter Weise wirken die geistigen Wesenheiten der höheren Hierarchien vom Kosmos aus auf die Erde und den Menschen ein. In dem Vortrag erfahren wir, daß die geistigen Wesenheiten des Mondes und der Sonne mit unserem Schicksal verbunden sind:

„Und wenn wir sprechen von Mond und Sonne, so sollten wir eigentlich uns bewußt sein, daß, wenn wir von der Wahrheit sprechen wollen, wir von dem sprechen müssen, was als Wesenheiten des Mondes und als Wesenheiten der Sonne existiert: als Wesenheiten des Mondes solche, die mit unserer Vergangenheit verknüpft sind; als Wesenheiten der Sonne solche, die mit unserer Zukunft verknüpft sein werden. Aber herein wirken sie in unser Dasein.

Und dasjenige, was sie am Menschen unmittelbar bewirken, das ist das, was wir sein Karma nennen: das Ganze in dem Aufbau und in der Entwikkelung seines Schicksals. Indem sich Vergangenheit und Zukunft ineinanderweben, wird des Menschen Schicksal bestimmt. [...]

Das Vergangene können wir mit dem besten Willen niemals anders machen, als es ist. Daher haben die Mondenkräfte, indem sie in unser menschliches Wesen hineinwirken und eingreifen, etwas von unabänderlicher Notwendigkeit. Alles, was uns vom Monde herkommt, hat diesen Charakter einer unabänderlichen Notwendigkeit. Alles das, was von der Sonne herkommt, und was in die Zukunft hineinweist, hat etwas, wo unser Wille, ja wo unsere Freiheit eingreifen kann. [...] Und wie uns jeder neue Morgen mit seinem Sonnendasein aufruft dazu, als Mensch zu wirken, empfängt uns die Nacht mit unseren Träumen, die uns zeigen, was wir waren, was in uns lebt und webt, was als Vergangenheit mit uns verknüpft ist. Die vom Monde beherrschte Nacht zeigt uns unsere Vergangenheit; jedes neue Morgendasein mit seinen Sonnenstrahlen weist uns hin auf das, was aus unserer Freiheit kommen kann. [...] Und so wirken in unserem Schicksal, in seinem Weben, Notwendigkeit und Freiheit ineinander. Sprechen wir irdisch-menschlich, so sprechen wir von Notwendigkeit und Freiheit. Sprechen wir himmlisch-kosmisch, so sprechen wir von Monden- und Sonnendasein.“ (GA 240/1979/25.01.1924/S.22 ff.)

Die geistigen Kräfte des Mondes und der Sonne wirken daher auch immer, wenn zwei Menschen sich begegnen. Würden, so lautet ein Beispiel, ein 20jähriger und ein 25jähriger darauf zurückblicken, welche Wege sie, jeweils von ganz anderen Ecken der Welt ausgehend, durchlaufen mußten, damit es zur Begegnung kommen konnte, könnte ihnen deutlich werden, wie „alle Tatsachen des Lebens" sie „so hineingedrängt" haben, daß sie sich gerade dort getroffen haben. Es hänge sehr vieles in der Bildung unseres Schicksals davon ab, „daß Menschen, die in zwei verschiedenen Weltenecken ihren Ausgangspunkt nehmen, dann zusammentreffen wie hergeleitet mit einer wirklich ehernen Notwendigkeit, die überall hinzielt nach diesem Punkte, in dem sie sich treffen." (ebd./S.25) Das Karma führt die Menschen zusammen. Aber was sie daraus machen, liegt in ihrer Freiheit.

„Und es ist nun ein sehr bedeutsamer Unterschied zu bemerken zwischen alledem, was da vorgegangen ist, ehe sich zwei Menschen treffen, und von dem Momente an, wo sie sich treffen. Denn ehe sie sich getroffen haben, ehe sie sich gefunden haben im Erdenleben, haben sie aufeinander gewirkt, aber ohne daß sie etwas gewußt haben voneinander. Nunmehr, nachdem sie sich getroffen haben, wirken sie aufeinander, indem sie wissen voneinander. [...]

Sieht man das Ganze, was ich jetzt gesagt habe, im Lichte der Geisteswissenschaft, dann zeigt sich, daß all das, was sich zwischen zwei Menschen abspielt, ehe sie sich im Erdenleben kennenlernen, vom Mondenhaften bestimmt ist, daß alles, was sich zwischen ihnen abspielt, nachdem sie sich kennengelernt haben, vom Sonnenhaften bestimmt ist. Daher kann das, was sich abspielt zwischen zwei Menschen, bevor sie sich kennenlernen, nur im Lichte der ehernen Notwendigkeit gesehen werden; dasjenige, was sich abspielt, nachdem sie sich kennenlernen, im Lichte der Freiheit, im Lichte des gegenseitigen freien Verhaltens. Es ist tatsächlich so, daß, wenn wir einen Menschen kennenlernen, unsere Seele im Unterbewußtsein sich umschaut nach hinten und nach vorne: nach hinten nach dem geistigen Monde, nach vorn nach der geistigen Sonne. Und damit hängt es zusammen, wie unser Karma, unser Schicksal eigentlich gewoben wird." (ebd./S.26)

Welch' eine befreiende Perspektive eröffnet sich da im Gegensatz zu den so absoluten Aussagen in den eingangs zitierten Schriften!

Im weiteren Verlauf des Vortrags gibt Rudolf Steiner eine Hilfe, wie man herausfinden kann, ob man mit einem anderen Menschen karmisch zusammengeführt wurde oder nicht. Es zeige sich dies daran, wie dieser Mensch auf uns wirkt, welchen Eindruck er auf uns macht. Das alte Sprichwort „Der erste Eindruck ist immer der beste" gilt vielleicht in einem viel tieferen Sinne, als wir gewöhnlich annehmen. Der eine Mensch wirkt vielleicht mehr auf unseren Willen, der andere in einer mehr äußerlichen Weise auf unseren Verstand oder den ästhetischen Sinn. Schon in der Jugend und der Kindheit seien feine Unterschiede in dieser Hinsicht zu beobachten:

„Den einen Menschen lieben wir vielleicht, oder wir hassen ihn auch. Wenn es nicht bis zu der Stärke kommt, dann haben wir Sympathie oder Antipathie für ihn; aber es geht nicht tief, wir gehen an ihm vorüber und lassen ihn an uns vorübergehen. [...] Aber es gibt ein anderes Verhältnis, schon in der Kindheit. Das ist das, wo es uns innerlich ergreift, wo wir sagen: Der Mensch tut etwas, das müssen wir auch tun! – Da beurteilen wir gar nicht den Menschen so, daß wir ihn nur vorübergehen lassen können. Da kommt das von selbst durch die Beziehung von ihm zu uns, daß wir uns ihn als Helden wählen, dem wir die Wege zum Olymp hinauf uns nacharbeiten. Kurz, es gibt Menschen, die wirken bloß auf den Verstand, auf die Verstandessympathie und -antipathie, höchstens noch auf die ästhetische Sympathie und Antipathie; andere Menschen wirken auf unseren Willen." (ebd./S.27 f.)

Bei denjenigen Menschen, die mehr in unserem Willen leben, kann es sich aber auch darum handeln – so Steiner –, daß wir uns durch sie unmittelbar zum Widerstand aufgefordert fühlen. Es ist sicher schon deutlich geworden, mit welchen Menschen wir karmisch verbunden sind und mit welchen nicht.

„Nun, sehen Sie, wenn man zu Menschen kommt, an Menschen herankommt, die nicht in unserem Willen leben, bei denen wir uns nicht aufgefordert fühlen, ihnen nachzuarbeiten oder ihnen zu widerstreben im Willen, sondern die wir bloß beurteilen, so sind wir mit denen wenig karmisch verknüpft, mit denen haben wir wenig zu tun gehabt in vorigen Erdenleben. Menschen, die in unseren Willen hineingehen, so daß sie uns nachgehen, so daß sich uns ihre Gestalt gleich einprägt, daß wir sie behalten, daß wir auch wie wach noch träumen von ihnen, das sind diejenigen Menschen, mit denen wir viel in vergangenen Erdenleben zu tun gehabt haben. Das sind die Menschen, mit denen wir sozusagen kosmisch durch das Tor des Mondes verbunden sind, während wir im gegenwärtigen Leben immer für alles dasjenige, was nicht mit der Notwendigkeit des Mondendaseins in uns lebt, verbunden werden durch das Sonnendasein." (ebd./S.29)

Mit dem allgemeinen Wissen, daß es karmische Verhältnisse gibt, ist an sich eben noch nicht viel gewonnen. Viel schwieriger ist es, sich ein Unterscheidungsvermögen dafür anzueignen, was karmisch veranlagt ist und was nicht. Es ist keineswegs gesagt, daß sämtliche „Freuden und Leiden", die uns durch andere erwachsen, davon abhängen, „wie die Taten in den vorgehenden Verkörperungen" waren, wie es nach der „Theosophie" den Anschein hat (GA 9/1987/S.87). Selbst für den Fall, daß zwei Menschen sich karmisch bedingt zusammengefunden haben, ist damit nicht gesagt, daß alles, was sie aneinander erleben, ebenso karmisch bedingt ist. Am 04.05. 1924 führt Steiner dazu folgendes aus:

„Uns tritt irgendein Mensch im Leben entgegen; sagen wir, er verhält sich in einer gewissen Weise. Nun werden wir es ja kaum bemerken, daß ein Mensch wirklich sich in einer gewissen Weise zu uns verhalten kann und daß ganz verschiedene Motive und Impulse zu diesem Verhalten in ihm stecken können. Es kann sich ein Mensch feindlich zu mir verhalten. Dieses feindliche Verhalten kann so liegen, daß ich einfach durch mein Dasein aufreizend auf ihn wirke, daß er auf etwas ganz anderes im Menschen gestimmt ist als auf das, was ich ihm entgegenbringe. Dadurch werde ich von ihm in einer gewissen Weise behandelt. Aber diese Behandlung, die kann so liegen, daß sie sich karmisch erst im nächsten Leben irgendwie ausgleicht. Die kann etwas ganz Ursprüngliches sein, etwas, was gar nicht durch vorige Erdenleben bedingt ist.

Dagegen kann mir eine ganz ähnliche, vielleicht die gleiche Behandlung werden von einem Menschen, in den ich Stück für Stück das, was aus dieser Behandlung folgt, in dem Leben zwischen dem Tode und einer neuen Geburt hineingepflanzt habe.

Das Gefühl, das unterscheiden kann zwischen zwei solchen Behandlungsweisen, die äußerlich gleich sind, dieses Gefühl ist bei den Menschen der Gegenwart außerordentlich wenig entwickelt. Sonst würde viel mehr etwas auftauchen im Leben, was heute im Grunde genommen kaum auftaucht, was aber wiederum auftauchen muß, damit das Ethos des Lebens viel reiner werden kann, damit das moralische Empfinden viel kräftiger werden kann. Es muß einfach wiederum auftauchen im Leben etwas, was in früheren Zeitläufen, in gar nicht so weit zurückliegenden Zeitläufen in der menschlichen Empfindung lag, daß man nämlich dem einen Menschen gegenüber das Gefühl hat: der haßt dich und vollbringt aus Haß gegen dich diese oder jene Dinge; daß man bei dem anderen Menschen aber das Gefühl hat: der muß etwas gegen dich tun, weil er einfach nicht anders kann. Der erste, der könnte auch anders; der zweite kann einfach nicht anders, der ist innerlich prädestiniert, sich so zu verhalten.

Dieses Gefühl, das in feiner Weise in den Tatsachen des Lebens unterschieden werden kann, muß wiederum allgemeiner werden. Dieses Gefühl wird dem Leben viele Nuancen geben, die außerordentlich wichtig sind im Leben.“ (GA 236/1973/04.05.1924/S.104 f.)

Karma ist in Unordnung gekommen

„Vorsicht im Urteil“ – diese Seelenhaltung brauchen wir karmischen Fragen gegenüber wohl am dringendsten. Einiges ist zusammengetragen. Fassen wir kurz zusammen: Wir Menschen werden durch unsere wechselseitigen karmischen Beziehungen zusammengeführt. Neue Begegnungen kommen hinzu. Was uns im Leben „zufällig“ trifft, hängt mit unserem Karma aus vergangenen Erdenleben zusammen, aber nicht alles. Menschen, zwischen denen sich ein in der Vergangenheit begründetes karmisches Verhältnis entwickelt, haben unter Umständen sehr vieles miteinander abzutragen. Viele Erlebnisse unterliegen einer karmischen Prägung, viele aber auch nicht. Jeden Augenblick kann Neues durch uns entstehen. Dies vor allem deshalb, weil die Weltenordnung es ernst meint mit der menschlichen Freiheit! Karma führt Gelegenheiten herbei, es liegt an uns, was wir daraus machen, ob wir unsere Freiheit in gutem oder in bösem Sinne nutzen. Die Zukunft wartet auf unseren Einsatz. Das Karmagesetz schließt die Zukunft ein, denn was wir auch tun, es bleibt nicht ohne Folgen, in guter wie in böser Hinsicht.

Abschließend bleibt jetzt noch, auf die vielleicht bedrängendsten Fragen, die wir dem Schicksal gegenüber überhaupt aufwerfen können, hinzublicken. Können wir uns auf das Karma wirklich verlassen? Können wir darauf vertrauen, daß die Engel, die fortwährend unser Schicksal gestalten, wirklich alles richtig machen? Wie erklären sich die ungeheuren Dissonanzen, von denen eingangs die Rede war? Mit einem seiner letzten Vorträge hat Rudolf Steiner ein mahnendes, aufrüttelndes Vermächtnis hinterlassen, das diese Fragen in einen Zusammenhang stellt, der unser Schicksal vielleicht mehr berührt als alles andere.

Denn Steiner spricht hier einen okkulten, geistig-kosmischen Tatsachenzusammenhang aus, der mit tiefgreifenden Folgen für die Schicksalsgestaltung verbunden ist. Es geht um gewaltige kosmische Ereignisse, die in ihrer Konsequenz zu einer Spaltung in der Hierarchie der Angeloi führten. Wie es dazu kommen konnte, sei, so räumt Steiner ein, eine der schwierigsten Fragen, die man in bezug auf die neuere Entwicklung der Menschheit aufwerfen könne. Es wäre nicht angemessen, die in Betracht kommenden Vorgänge hier vollständig darzustellen. Aber es soll zumindest auf die tiefgreifende Tatsache eingegangen werden, die in den Worten zum Ausdruck kommt: „Unordnung ist in das Karma der neueren Menschheit hineingekommen.“ Aus dem Text geht hervor, daß die okkulten Vorgänge, um die es dabei geht, sich ursächlich im 8., 9., 10. Jahrhundert ereigneten, sich aber ganz entscheidend bis in unsere Gegenwart und weiter darüber hinaus auswirken.

Bevor ich den Text zitiere, ist es mir wichtig, auf die Stimmung und Sprache dieser Vortragsstelle hinzuweisen, auf die außerordentliche Betroffenheit und den tiefen Ernst, aus dem Rudolf Steiner über das „ungeheuer Erschütternde“, das „Zermalmende“, das „Zerschmetternde“ gegenüber solchen „übermächtigen Tatsachen-Zusammenhängen“ spricht. Wenn man sich dazu auch die weitere Entwicklung, die sich seither ereignet hat, ins Bewußtsein ruft, kann man sich die Tragweite dieser Aussage wohl entsprechend vergegenwärtigen.

„Daß sich die Kirchenväter in Jahre 869 darüber unterhielten, ob man von Geist reden soll, war die Folge davon, daß eine Anzahl von Angeloiwesen sich trennten von dem Michael-Reich, bei dem sie früher waren, und sich unter die Anschauung stellten, daß sie es nunmehr nur zu tun haben mit den Erdgewalten, daß sie nur von Erdgewalten aus die Führung der Menschen zu vollziehen haben. Also sehen Sie, was das für ein Ereignis in Wirklichkeit ist! Angeloi sind diejenigen Wesen, die den Menschen von Erdenleben zu Erdenleben führen. Die nächsten Wesen, die über uns in der geistigen Welt stehen, sind es, die uns auf dem Weg geleiten durch das Leben zwischen Tod und neuer Geburt und wiederum zum Erdenleben hinweisen, die die einzelnen Erdenleben zu einer zusammenhängenden Kette des Totallebens der Menschen machen. Eine Anzahl von Engelwesen, die diese Aufgabe haben, die früher vereinigt waren mit dem Michael-Reiche, ging heraus, verließ das Michael-Reich. Durch ein solches Verhalten konnte das Schicksal der Menschen unmöglich unberührt bleiben. Denn wer ist natürlich zunächst daran beteiligt, wie das Karma sich entwickelt, wie die Erdentaten, die Erdengedanken, die Erdengefühle verarbeitet werden zwischen Tod und neuer Geburt? Die Angeloiwesen sind es! Wenn nun diese Angeloiwesen zu einer ganz anderen Stellung im Kosmos kommen, wenn sie sozusagen das Sonnenreich verlassen und an Stelle von zölestischen Engeln zu terrestrischen Engeln werden, was muß denn da geschehen? [...]

So sehen wir, durch kosmische Ereignisse veranlaßt, eine Spaltung unter den Angeloi, die früher mit Michael vereinigt waren. Aber diese Wesenheiten bilden ja gerade mit die karmische Entwickelung. Und nun betrachten Sie das Ganze, wie es sich abspielt in dem Leben zwischen Tod und neuer Geburt. Da ist es nicht so, daß jede Menschenseele allein laufen kann, auch nicht jeder Engel, der die Menschen leitet, kann allein laufen, sondern da wirkt die Hierarchie der Angeloi zusammen. Im Zusammenwirken wird das Karma ausgelebt. Natürlich, wenn ich in einem Erdenleben verbunden werde mit Menschen, und wir tragen das im nächsten Leben aus, dann muß zusammenkommen der Engel des einen Menschen mit dem Engel des anderen. Es muß ein Zusammenwirken geschehen, und vielfach war es so. Das ist das ungeheuer Erschütternde, ich möchte sagen das Zermalmende, das sich abspielt auf Erden in dem Ökumenischen Konzil von 869. Es ist das Signal für etwas Ungeheures, was da oben in der geistigen Welt geschieht. Das ist das Zerschmetternde – wenn man sich ganz aufrechterhält, mit dem richtigen Gebrauche der kosmischen Intelligenz aufrechterhält gegenüber solchen übermächtigen Tatsachen-Zusammenhängen –, das erschütternd Bedeutsame, was schon eintrat und immer mehr und mehr eintritt: daß der Angelos der einen Menschenseele, die mit einer anderen Menschenseele früher karmisch verbunden war, nicht zusammenging mit dem Angelos dieser anderen Menschenseele. Der eine Angelos von zwei karmisch verbundenen Menschenseelen blieb bei Michael, der andere ging hinunter zur Erde. Was mußte da geschehen? In dem Zeitraum zwischen der Begründung des Christentums und dem Bewußtseinszeitalter, das vorzugsweise signalisiert war durch das 9. Jahrhundert, durch das Jahr 869, mußte das geschehen, daß in das Karma der Menschen Unordnung hineinkam! Damit ist eines der bedeutsamsten Worte ausgesprochen, das man überhaupt aussprechen kann mit Bezug auf die neuere Geschichte der Menschheit. Unordnung ist in das Karma der neueren Menschheit hineingekommen. Es wurden in den folgenden Erdenjahren nicht mehr alle Erlebnisse richtig in das Karma hineingestellt. Und das Chaotische der neueren Geschichte, was in die neuere Geschichte immer mehr und mehr soziales und anderes Chaos, Kulturchaos hineinbringt, was nicht zu einem Ziel kommen läßt, das ist die Unordnung, in die Karma gebracht worden ist, weil eine Spaltung eintrat in der zu Michael gehörenden Hierarchie der Angeloi." (GA 237/1975/08.08.1924/S.168 ff.)

Nach solchen Sätzen möchte man innehalten, mit dem Lesen und dem Schreiben, um nachsinnend zu verweilen. Schauen wir auf unsere heutigen chaotischen Zustände und fragen uns, was es für den einzelnen Menschen bedeutet, daß nicht mehr alle Erlebnisse richtig in das Karma hineingestellt wurden, daß in den sozialen Verhältnissen etwas entstanden ist, was „nicht zu einem Ziel kommen läßt". Können wir nicht immer wieder erleben, daß Menschen in Beziehungen hineingeraten, die dem eigenen Streben ungeheure Widerstände entgegensetzen, so daß sich die besten und ehrlichsten Impulse kaum mehr in die gegebenen Lebensverhältnisse einfügen lassen?! Damals schon sprach Rudolf Steiner davon, daß sich in der Anthroposophischen Gesellschaft Menschen „unter rein geistigen Prinzipien" zusammenfinden, „die sonst fremd sind in der Welt".

Die folgenden Worte haben an Aktualität ganz gewiß nichts verloren, – angesichts der gegenwärtigen Konflikte, Probleme und Katastrophen, sowohl in den engsten persönlichen Beziehungen als auch im Maßstab der großen Weltverhältnisse, eher im Gegenteil:

„So daß wir sagen können: Was vereinigt die Mitglieder der Anthroposophischen Gesellschaft? Das vereinigt sie, daß sie ihr Karma in Ordnung bringen sollen! Wenn jemand merkt im Verlaufe seines Lebens, daß er da oder dort in Beziehungen hineinkommt, die nicht konform sind seinem inneren Drange, die vielleicht in irgendeiner Weise herausfallen aus dem, was richtige Harmonie ist im Menschen zwischen gut und böse – dieses auf der einen Seite –, und auf der anderen Seite stets ein Drang in ihm ist, mit dem Anthroposophischen vorwärts zu kommen: da liegt das vor, daß der Mensch wiederum zurückstrebt zum Karma, zum wirklichen Karma, zum Ausleben des wirklichen Karma. Das ist der kosmische Strahl, der sich deutlich für den Erkennenden durch die anthroposophische Bewegung ergießt: Wiederherstellung der Wahrheit des Karma." (ebd./S.173)

Am Ende des 20. Jahrhunderts zerren die Schicksalsfragen an den Seelen der Menschen. Die Niedergangserscheinungen unserer Zeit bringen für jeden einzelnen Situationen und Erlebnisse mit sich, denen gegenüber er nicht nur lernen muß, das Schicksal anzunehmen, sondern vielmehr noch, das Schicksal zu ertragen. Der Blick auf das Mysterium von Golgatha mag dabei die entscheidende Hilfe sein. Denn die Besinnung darauf, was Ostern geschah, läßt die Schicksalsfragen im Licht von Tod und Auferstehung sehen. Alle vier Evangelien schließen mit den Berichten von den Erscheinungen des Auferstandenen – im Anschluß an die Ereignisse am Ostersonntagmorgen. Erlebnisse unendlichen Leids gingen dem Geschehen voran. Leiden und Tod mußten erlebt werden, bevor es zur Auferstehung kommen konnte. Und nach jedem Tod kann eine Auferstehung folgen. Am Ende des 20. Jahrhunderts können die Menschen auf eine neue Auferstehung hoffen: Es vollzieht sich die Wiederkunft Christi im Ätherischen (vgl.

Frank Linde: „Die Entwicklung neuer Seelenfähigkeiten im 20. Jahrhundert", in: FLENSBURGER HEFTE 34, „Alte und neue Seelenfähigkeiten"). Im Zentrum der damit verbundenen Ereignisse steht ein Ereignis, daß die Christus-Wesenheit am Ende des 20. Jahrhunderts selbst vollbringt: Christus wird der Herr des Karma. Das ist die bedeutsamste Perspektive, die sich für die Menschheit eröffnet. Auch wenn das Karma mehr und mehr in Unordnung gerät und wenn uns noch so harte Schicksalsschläge treffen, so können wir doch auf eines ganz gewiß vertrauen: Wir werden nicht allein gelassen! Und so schließt sich am Ende das umfassende Bild des Ostergeschehens mit dem umfassenden Bild des Karmageschehens zusammen, denn:

„Daß unser karmisches Konto in der Zukunft so ausgeglichen wird, das heißt in eine solche Weltordnung hineingestellt wird gegen die Zukunft, wenn wir den Weg zum Christus gefunden, daß die Art unseres karmischen Ausgleiches das größtmöglichste Menschenheil für den Rest der Erdenentwickelung hervorrufe, das wird die Sorge sein dessen, der von unserer Zeit an der Herr des Karma wird, es wird die Sorge Christi sein." (GA 130/1977/02.12.1911/S.166)

Ostern und Schicksal gehören zusammen, denn es ist wahr, was als letzter Satz am Ende des Matthäus-Evangeliums steht: „Und siehe, ich bin bei euch alle Tage bis an der Welt Ende." (Mt. 28,20)

In Zeiten des Umbruchs

Wolfgang Weirauch

In jeder Situation unseres alltäglichen Lebens machen wir die vielfältigsten Wahrnehmungen und bilden uns verschiedenste Gedanken, die sowohl an die Wahrnehmungen anknüpfen, als sich auch anderen Inhalten zuwenden können. Nehmen wir z.B. ein einfaches Naturerlebnis: Wenn wir im Winter durch einen verschneiten Wald gehen, sehen wir etwa die schneeverhangenen Bäume, aus deren Schneekleid hie und da noch kahle Äste oder grüne Nadelzweige hervorschauen, wir sehen das leuchtende Weiß des schneebedeckten Bodens und entdecken vielleicht verschiedene Tierspuren, die in den Schnee eingedrückt wurden. Auch die Lichtverhältnisse während des Waldspaziergangs nehmen wir wahr, und wir hören das Knirschen unserer Schritte im Schnee. Vielleicht erregen einige Wahrnehmungen unsere besondere Aufmerksamkeit, z.B. indem wir versuchen, die Tierspuren zu lesen, oder wir genießen ganz einfach nur die gesamte Atmosphäre, während wir dabei vielleicht über den gestrigen Tag nachdenken.

Wie ein solcher Spaziergang im einzelnen auch aussehen mag, ganz allgemein kann man sagen: Auch wenn das Naturerlebnis uns innerlich besonders anregt, einen ästhetischen Genuß bereitet oder uns sonstwie berührt – zunächst erleben wir die Sinneswelt als Gegenüber. Wir nehmen die Welt aus einem zentrierten Gegenstandsbewußtsein wahr, dem sich normalerweise nur die sinnliche Außenseite der Dinge in der Wahrnehmung zeigt. Zu den Wahrnehmungen können wir dann Begriffe bilden, wir können über sie nachdenken, um sie uns weiter zu erschließen.

Eine solche Wahrnehmung unserer Umwelt und eine entsprechende Gedankenführung ist durchaus normal; normal im Sinne von allgemein üblich in der heutigen Zeit. Nicht normal, d.h. außergewöhnlich, wäre es dagegen, wenn wir auf unserem Spaziergang die sinnliche Umgebung kaum wahrnehmen würden, dafür aber die geistigen Qualitäten der einzelnen Pflanzen, der Licht- und Wetterverhältnisse usw., wenn wir geistige Wesen schauen und durch das Wahrnehmen ihrer Gestalt – ohne aus einem reflektierenden Bewußtsein nachzudenken – zu einem unmittelbaren Verständnis ihrer Wesenheit kommen würden.

Das menschliche Bewußtsein war in der Menschheitsgeschichte nicht immer gleich geartet, und es wird auch weiterhin einer Entwicklung unterworfen sein. Was heute normal und gesund ist, hätte man vor Jahrtausenden nicht so erlebt; und was heute außergewöhnliche Fähigkeit ist, wird vielleicht schon in wenigen Jahrhunderten normal sein.

Wenn vor Jahrtausenden ein Mensch durch eine Landschaft ging, sah er nicht ausschließlich die sinnliche Konfiguration, die Farben und Formen der Tiere, Pflanzen und Gesteine, der Flüsse, der Wetterverhältnisse usw. Er nahm auch Geistiges wahr, vornehmlich die verschiedenen ätherischen Prozesse, die die Natur durchweben. Er dachte auch nicht so begrifflich und intellektuell, wie wir es heute tun, sondern verstand unmittelbar aus dem heraus, was er schaute. Einen Erkenntnisprozeß im heute üblichen Sinne vollzogen die Menschen früherer Jahrtausende nicht.

Die vormals andere Art der Wahrnehmung hing damit zusammen, daß der Ätherleib – vorwiegend im Kopfbereich – nicht so fest mit dem physischen Leib verbunden war, wie es heute der Fall ist. Denn wenn der Ätherleib gelockert ist, kann man die subtileren Bereiche der Welt wahrnehmen.

Nicht nur der individuelle Mensch entwickelt sich während eines Erdenlebens und von Inkarnation zu Inkarnation, sondern auch die Menschheit als ganze macht eine vielschichtige Entwicklung durch. Mit der menschheitlichen Entwicklung hängt es nun zusammen, daß der Ätherleib in den vergangenen Jahrtausenden nach und nach in den physisch-materiellen Leib eingezogen ist – wodurch wir den Blick für geistige Zusammenhänge verloren haben, aber in die Lage versetzt wurden, ein intellektuell scharf konturiertes Denken auszubilden –, sich aber seit geraumer Zeit langsam wieder zu lockern beginnt. Die konstitutionelle Lockerung, die jetzt nach und nach bei immer mehr Menschen einzutreten beginnt, bringt es mit sich, daß gänzlich neuartige Wahrnehmungen gemacht werden können. Die Wand, die uns von übersinnlichen Sphären trennt, wird immer dünner und poröser.

Ein erstes Anzeichen der Veränderung ist die allgemeine Stimmung spirituellen Anschauungen gegenüber. Noch vor Jahrzehnten konnte man öffentlich nicht so ungeschminkt über Themen wie Reinkarnation und Karma, das Leben nach dem Tod, Engel und andere geistige Wesen sprechen, wie es mittlerweile üblich ist. Esoterische Bücher sind ein Marktfaktor geworden, zahlreiche Fernsehmagazine und -serien beschäftigen sich mit den verborgenen und geheimnisvollen Seiten des Lebens, also mit spirituellen Fragen im weitesten Sinne. Und die Aufgeschlossenheit für spirituelle Zusammenhänge wächst, sie nimmt sogar derart rasant zu, daß man die einzelnen Angebote und Phänomene auf dem Esoterikmarkt kaum noch zu unterscheiden vermag. Daß bei diesem Potpourri auch äußerst bedenkliche Wege zum Geist – z.B. spiritistische Experimente und satanistische Praktiken – angeboten und durchgeführt werden, ist nicht verwunderlich.

Aber es geht weiter. Nicht nur die Einstellung spirituellen Fragen gegenüber ändert sich, sondern auch die Wahrnehmungsfähigkeit übersinnlicher Bereiche. Bedingt durch die fortschreitende Lockerung des Ätherleibes bilden sich bei den Menschen wie naturgemäß verschiedene neue Seelenfähigkeiten heraus. Die breite Masse bemerkt die allgemeine konstitutionelle Veränderung noch nicht, dafür aber der einzelne, der z.B. in eine Extremsituation gerät. Eine solche Extremsituation ist z.B. das Streifen bzw. kurzfristige Überschreiten der Todesschwelle durch einen Unfall oder eine schwere Krankheit, wodurch die sogenannten Out-of-body-Erlebnisse bzw. Nah-Todeserfahrungen ausgelöst werden. Man erlebt sich dabei über seinem Körper schwebend, die Raum- und Zeitverhältnisse ändern sich, man bewegt sich durch einen dunklen Tunnel in ein Lichtreich, sieht sein ganzes Leben in einem Panorama um sich ausgebreitet und kontaktiert mit verschiedensten Lichtwesen (siehe dazu FLENSBURGER HEFTE 51, „Nah-Todeserfahrungen").

Äthersehen

Rudolf Steiner beschreibt nun verschiedene neue Seelenfähigkeiten, die sich bei allen Menschen nach und nach einstellen werden, und zwar mitten im Alltagsgeschehen (siehe dazu den Artikel von Frank Linde: „Die Entwicklung neuer Seelenfähigkeiten im 20. Jahrhundert", in: FLENSBURGER HEFTE 34, „Alte und neue Seelenfähigkeiten"). Eine dieser Fähigkeiten ist das sogenannte Äthersehen. Unter Äthersehen versteht man die Wahrnehmung der ätherischen Welt. Zur ätherischen Welt gehören sämtliche Lebensprozesse in der Natur und in der menschlichen Konstitution. Auch die Elementarwesen muß man hier hinzurechnen.

Für diese ätherischen Prozesse kann man ein anfängliches Gespür bekommen und unterschiedliche Stimmungen wahrnehmen, indem man z.B. die eingefahrenen Gewohnheiten bei einem Spaziergang durch die Natur radikal verändert (siehe dazu die Beschreibungen von Nothart Rohlfs in diesem FLENSBURGER HEFT). Das Äthersehen kann sich aber zu einem schattenhaften Schauen der verschiedenen Ätherarten in der Natur oder zum Wahrnehmen des menschlichen Ätherleibes steigern. Die Fähigkeit, die sich bei den Menschen entwickeln wird, ist ein anfängliches Hellsehen, oft auch verbunden mit dem Erahnen von Ereignissen, die in den Folgetagen eintreffen werden. Steiner formuliert dies folgendermaßen:

„Was eintreten kann, das wird das sein, daß die Menschen die neue Fähigkeit eines Wahrnehmens im Ätherischen werden erlangen können – eine gewisse Anzahl von Menschen wenigstens zunächst –, und die andern werden immer mehr und mehr nachrücken, denn 2.500 Jahre wird die Menschheit Zeit haben, um diese Fähigkeiten immer mehr und mehr zu entwickeln. In dieser Zeit dürfen die Menschen die Gelegenheit nicht versäumen. Ein Versäumnis aber wäre ein großes Unglück, und die Menschheit müßte dann warten auf später, um das Versäumte nachzuholen, um die neue Fähigkeit noch nachträglich zu entwickeln. Es wird die Fähigkeit sein, daß die Menschen in ihrer Umgebung etwas sehen werden von dem Ätherischen, das sie normalerweise bisher nicht wahrnehmen konnten. Jetzt sieht der Mensch nur den physischen Leib des Menschen, dann aber wird er imstande sein, den Ätherleib wenigstens wie ein schattenhaftes Bild zu sehen und auch aller tieferen Ereignisse Zusammenhang im Ätherischen zu erleben. Sie werden Bilder und Ahnungen haben von Ereignissen in der geistigen Welt und erleben, daß sich solche Ereignisse in drei bis vier Tagen dann auf dem physischen Plan erfüllen. Sie werden gewisse Dinge in ätherischen Bildern sehen und dann wissen: morgen oder in einigen Tagen geschieht dieses oder jenes." (GA 118/1977/25.01.1910/S.26 f.)

Mit dieser neuen Fähigkeit ist auch eine Möglichkeit der Christuswahrnehmung verbunden, die bisher so nicht gegeben war. Vor 2.000 Jahren erschien Christus im physischen Leib des Jesus. Diese Inkarnation des Gotteswesens in einem menschlichen Leib ist ein einzigartiges Ereignis in der Menschheitsentwicklung. Christus wird danach für alle Zeiten nicht mehr in einem physischen Leib erscheinen. Steiner weist aber darauf hin, daß man Christus – in diesem Jahrhundert beginnend – in einer ätherischen Gestalt schauen kann. Weil sich unsere Konstitution, weil sich unser Ätherleib allmählich lockert, werden wir fähig, übersinnliche Sphären zu erblicken. Mit dem Äthersehen – das durch die energische denkerische Aneignung entsprechender geistiger Begriffe, wie sie z.B. aus der Anthroposophie zu gewinnen sind, unterstützt werden sollte – erwächst allerdings nicht nur die Fähigkeit, die lebendige Geistigkeit der Natur zu erblicken, sondern auch den Ätherleib des Christus. Das ist das Schauen des ätherischen Christus:

„Der Christus wird wiedererscheinen deshalb, weil die Menschen sich zu ihm hinaufheben werden im Äthersehen. Wenn wir das erfassen, dann erscheint uns Geisteswissenschaft als die Vorbereitung der Menschen auf die Wiederkunft des Christus, damit das Unglück nicht eintritt, daß sie dieses große Ereignis übersehen, sondern reif werden, den großen Moment zu erfassen, den man als das Wiederkommen des Christus bezeichnen kann. Der Mensch wird fähig werden, Ätherleiber zu sehen, und er wird fähig sein, unter diesen Ätherleibern auch den Ätherleib des Christus zu sehen, das heißt, in eine Welt hineinzuwachsen, in der ihm für seine neuerwachten Fähigkeiten der Christus erscheinen wird. [...]

Der Christus ist immer da, aber er ist in der geistigen Welt. Und wir können ihn erreichen, wenn wir uns in sie erheben. Und alle anthroposophische Lehre sollte sich in uns in den starken Wunsch umwandeln, dieses Ereignis an der Menschheit nicht spurlos vorübergehen zu lassen, sondern in der Zeit, die uns zur Verfügung steht, allmählich eine Menschheit heranzubilden, die reif sein möge, diese neuen Fähigkeiten in sich auszubilden und sich damit erneut mit dem Christus zu verbinden. Denn sonst müßte die Menschheit dann lange, lange warten, bis ihr wieder solch eine Gelegenheit gegeben werden könnte. Lange Zeit müßte sie warten: bis zu einer Wiederverkörperung der Erde. Ginge die Menschheit vorüber an diesem Ereignis der Wiederkunft des Christus, dann würde das Anschauen des Christus im Ätherleibe auf diejenigen beschränkt werden, welche sich durch eine esoterische Schulung willig erweisen, sich zu einem solchen Erleben zu erheben. Das Große aber, daß für die allgemeine Menschheit, für alle Menschen diese Fähigkeiten errungen würden, daß dieses große Ereignis verstanden würde durch die natürlich entwickelten Fähigkeiten aller Menschen, das würde für lange, lange unmöglich." (ebd./S.28 ff.)

Christus wird Herr des Karma

Zum Hintergrund der neuen Seelenfähigkeit – des Äthersehens und der Wahrnehmung des ätherischen Christus – gehört vor allem ein bedeutsames Ereignis in der ätherischen Welt im 20. Jahrhundert:

„Dieses Ereignis ist kein anderes, als daß ein gewisses Amt im Weltenall für die menschheitliche Entwickelung in dem zwanzigsten Jahrhundert übergeht – in einer erhöhteren Weise übergeht, als das bis jetzt der Fall war – an den Christus. Und zwar lehrt uns die okkulte, die hellseherische Forschung, daß in unserm Zeitalter das Wichtige eintritt, daß der Christus der Herr des Karma für die Menschheitsentwickelung wird. [...] Nur ist im Sinne der okkulten Forschung dieses Ereignis nicht so zu verstehen, als ob es ein einmaliges Ereignis wäre, das auf dem physischen Plan sich abspielt, sondern es hängt mit der ganzen zukünftigen Entwickelung der Menschheit zusammen. Und während das Christentum und die christliche Entwickelung bisher eine Art von Vorbereitung bedeutet, tritt jetzt das Bedeutsame ein, daß der Christus der Herr des Karma wird, daß ihm es obliegen wird, in der Zukunft zu bestimmen, welches unser karmisches Konto ist, wie unser Soll und Haben im Leben sich zueinander verhalten." (GA 131/ 1974/07.10.1911/S.78)

Was bedeutet das? Durch die Übernahme der Karmagewalt durch Christus verändert sich die engverzahnte Ursache-Wirkung-Verkettung von Ereignissen des einen Lebens und ihren scheinbar unabdingbaren Folgen in einem späteren. Auch im Gesamtwerk Rudolf Steiners finden wir viele Beispiele dafür, wie eine bestimmte Verhaltensweise des einen Lebens z.B. zu einem ganz bestimmten Defekt oder einer ganz bestimmten Krankheit in einer Folgeinkarnation wird. Jede Ursache hat die aus ihr folgende Wirkung.

Sicherlich war dies in früheren Zeiten auch so, und ganz bestimmt gilt es auch heute noch als Rahmenbedingung. Aber das strenge Gesetz der unabdingbaren Folgerung der einen bestimmten Wirkung aus der einen bestimmten Ursache kann nun immer mehr mit einem Freiheitsmoment durchsetzt werden. Christus ist es, der den karmischen Ausgleich von nun an ordnet und ihn auf das Ziel der gesamtmenschheitlichen Entwicklung ausrichtet. Gewiß muß auch in Zukunft jede Schuld weiterhin ausgeglichen werden, aber nicht unbedingt in dem ursächlich damit verknüpften Zusammenhang, sondern dort, wo es dem Gesamtfortschritt der Menschheit am ehesten dient:

„Der Christus wird der Herr des Karma für die Menschen. Das heißt: die Ordnung der karmischen Angelegenheiten wird in der Zukunft geschehen durch den Christus; immer mehr und mehr werden die Menschen der Zukunft empfinden: Ich gehe durch die Pforte des Todes mit meinem karmischen Konto. Auf der einen Seite stehen meine guten, gescheiten und schönen Taten, meine gescheiten, schönen, guten und verständigen Gedanken – auf der anderen Seite steht alles Böse, Schlechte, Dumme, Törichte und Häßliche. Der aber, der in der Zukunft für die Inkarnationen, die nun folgen werden in der menschheitlichen Entwickelung, das Richteramt haben wird, um Ordnung in dieses karmische Konto der Menschen hineinzubringen, das ist der Christus! – Und zwar haben wir uns das in folgender Weise vorzustellen:

Nachdem wir durch die Pforte des Todes gegangen sind, werden wir in einer späteren Zeit wieder inkarniert. Es müssen nun für uns Ereignisse eintreten, durch die unser Karma ausgeglichen werden kann; denn jeder Mensch muß ernten, was er gesät hat. Karma bleibt ein gerechtes Gesetz. Aber was das karmische Gesetz erfüllen soll, ist nicht nur für den einzelnen Menschen da. Karma gleicht nicht nur die Egoismen aus, sondern es soll der Ausgleich bei jedem Menschen so geschehen, daß sich die karmische Ausgleichung in der bestmöglichen Weise in die allgemeinen Weltangelegenheiten hineinfügt. Wir müssen unser Karma so ausgleichen, daß wir in der bestmöglichen Weise den Fortschritt des ganzen Menschengeschlechtes auf der Erde fördern können. Dazu brauchen wir eine Erleuchtung; dazu bedarf es nicht nur des allgemeinen Wissens, daß für unsere Taten die karmische Erfüllung eintreten muß, weil für eine Tat diese oder jene karmische Erfüllung eintreten könnte, die ein Ausgleich sein kann. Weil aber die eine nützlicher, die andere weniger nützlich sein könnte für den allgemeinen Fortschritt der Menschheit, so sollen diejenigen Gedanken, Gefühle oder Empfindungen gewählt werden, die unser Karma abtragen und zugleich dem Gesamtfortschritte der Menschheit nützlich werden. Einzureihen unseren karmischen Ausgleich dem allgemeinen Erdenkarma, dem allgemeinen Fortschritt der Menschheit, das fällt in Zukunft dem Christus zu.“ (ebd./14.10.1911/S.215 f.)

Der karmische Ausgleich

Jeder kennt das schlechte Gewissen, das einen plagt, wenn man einen Fehler gemacht hat, wenn man einen Menschen schuldhaft verletzt oder wenn man etwas entscheidend Notwendiges versäumt hat. Durch das kosmische Ereignis, daß der Christus das karmische Richteramt übernommen hat, kann diese innere Gewissensstimme aber noch verstärkt auftreten. Sie kann sich sogar zu einem bildhaften Schauen steigern. Man sieht dann Bilder von Ereignissen, die zwar einen inneren Zusammenhang mit einer gerade vollbrachten Tat haben, dessen bildhafte Ausgestaltung einem aber völlig fremd ist. Denn diese Bilder eröffnen einem den Blick in die Zukunft:

„Der Mensch wird dieses oder jenes getan haben. Er wird sich besinnen, wird aufschauen müssen von dem, was er da getan hat – und es wird etwas wie eine Art Traumbild vor dem Menschen erstehen. Das wird einen ganz merkwürdigen Eindruck auf den Menschen machen. Er wird sich sagen:

Ich kann mich nicht besinnen, daß es eine Erinnerung wäre an etwas, was ich getan habe; dennoch aber ist es so, wie wenn es mein Erlebnis wäre. – Wie ein Traumbild wird es dastehen vor dem Menschen, ihn recht angehend, aber er kann sich nicht erinnern, daß er es in der Vergangenheit erlebt oder getan hat. Dann wird nun der Mensch entweder Anthroposoph sein und die Sache verstehen, oder er wird warten müssen, bis er an die Anthroposophie herankommt und es verstehen lernt. Der Anthroposoph aber wird wissen: Was du da siehst wie eine Folge deiner Taten, das ist ein Bild, das sich in der Zukunft mit dir vollziehen wird; vorauserscheint dir der Ausgleich deiner Taten! – Die Epoche fängt an, in welcher die Menschen in dem Augenblick, wo sie eine Tat getan haben, eine Ahnung, vielleicht sogar ein deutliches Bild, eine Empfindung haben werden, wie der karmische Ausgleich dieser Tat sein wird." (ebd./S.216)

Christus wird also entscheiden, welchen karmischen Ausgleich der Mensch zu leisten haben wird, und er vermittelt dem Menschen eine Art Traumbild dieses zukünftigen Geschehens, das man ahnen oder schauen kann, wenn man seine Bewußtseinskräfte so geschult bzw. gesteigert hat, daß man die ätherische Welt wird wahrnehmen können:

„Da werden zum Beispiel Menschen sein, welche dieses oder jenes getan haben werden, irgendeine Tat vollbracht haben werden. Dann werden diese Menschen den Drang verspüren – und immer mehr und mehr wird es solche Menschen geben in den nächsten drei Jahrtausenden von unserem zwanzigsten Jahrhundert an –, etwas zurückzutreten von ihrer Tat. Denn etwas wie ein merkwürdiges Traumbild wird ihnen aufsteigen. In diesem Traumbild werden sie wie traumhaft etwas sehen, was so aussieht, wie wenn es ihre eigene Tat wäre, aber doch werden sie sich nicht erinnern können, jemals getan zu haben, was in diesem Bilde auftritt. Diejenigen aber, die sich nicht vorbereitet haben dafür, daß so etwas kommen wird in der Menschheitsentwickelung, die werden das nur als Ausbund einer wüsten Phantasie oder kranken Seele betrachten können. Jene aber, welche sich durch die neue Offenbarung, welche in die Menschheit kommt in unserer Zeit durch die Geisteswissenschaft, [...] genügend vorbereitet haben, werden wissen, daß dies heranwachsende neue Fähigkeiten der Menschen sind, solche Fähigkeiten, welche hineinschauen können in die geistige Welt. Und sie werden wissen, daß das Bild, das vor ihre Seele tritt, eine Vorherverkündigung jener karmischen Tat ist, welche eintreten muß einmal in der Zukunft, sei es in diesem Leben, sei es namentlich in den nächsten Erdenleben, um einen Ausgleich für das zu schaffen, was wir begangen haben.

Kurz, die Menschen werden nach und nach die Fähigkeit erringen, den karmischen Ausgleich, die ausgleichende Tat, die in der Zukunft geschehen muß, zu schauen wie im Traumbilde.“ (GA 130/1977/02.12.1911/S.166 f.)

Bilder des karmischen Ausgleichs scheinen derzeit noch nicht so häufig aufzutreten (vgl. die Interviews mit Nothart Rohlfs und Johannes W. Schneider in diesem FLENSBURGER HEFT), dagegen erleben immer mehr Menschen erste Anfänge einer dritten neuen Seelenfähigkeit.

Bilder früherer Erdenleben

Bei dieser dritten Fähigkeit geht es um die Erinnerung an die früheren Inkarnationen. Viele Menschen stehen kurz davor, daß der Schleier, der einem bisher den Blick in die Vergangenheit verhüllt, fortgezogen wird, so daß zumindest eine Erinnerung an die letzte Inkarnation auftaucht:

„Es gibt heute eine Anzahl von Seelen, welche in unserer Zeit so weit sind, daß sie knapp vor dem Momente stehen, wo sie an ihre früheren Inkarnationen, wenigstens an die letzte, sich erinnern werden. Eine ganze Anzahl von Menschen ist heute sozusagen gerade vor dem Sich-Öffnen des Tores zu dem umfassenden Gedächtnis, das nicht nur das Leben zwischen Geburt und Tod, sondern das die vorhergehenden Inkarnationen, wenigstens die letzte zunächst umfaßt. Und wenn nach der gegenwärtigen Inkarnation eine Anzahl von Menschen wiedergeboren werden, dann werden sie sich erinnern an die gegenwärtige Inkarnation. Es handelt sich nur darum, wie sie sich erinnern. Sich in der richtigen Weise zu erinnern, dazu soll die anthroposophische Entwickelung Veranlassung, Anleitung geben.“ (GA 117/1966/04.12.1909/S.153)

Immer häufiger werden Menschen mitten im Tagesgeschehen ein Bild bemerken, das in ihrem Bewußtsein aufsteigt. Auslöser können z.B. eine besondere Situation in der Begegnung mit einem Menschen oder eine sozial angespannte Situation sein (siehe die Interviews mit Nothart Rohlfs und Johannes W. Schneider in diesem FLENSBURGER HEFT), eine Rückführung (siehe das Interview mit Petra Angelika Peick in diesem FLENSBURGER HEFT) oder eine gezielte Karmaübung Steiners (GA 135/23.01. und 30.01. 1912; GA 236/04.05. und 09.05.1924).

Alle diese Erlebnisse, insbesondere die übend hervorgerufenen, beruhen letztlich auf einer Erhöhung der Erinnerungskraft:

„Das Erinnern muß sich immer weiter und weiter ausbilden. Das Erinnern ist, wenn wir vergleichsweise sprechen dürfen, eine noch recht schläfrige Eigenschaft des menschlichen Bewußtseins, und wenn die Erinnerungskraft weiter ausgebildet sein wird, dann wird zu dem jetzigen Erleben etwas anderes hinzukommen, nämlich das Erleben, das innerliche Erleben früherer Inkarnationen. Das Erleben früherer Inkarnationen beruht auf einer Erhöhung des Erinnerungsvermögens, denn das muß unter allen Umständen ein Wiedererkennen sein. Es muß dieses Wiedererkennen unter allen Umständen den Weg durch das Innere durchmachen. Die Erinnerung ist eine Seelenkraft, die erst am Anfang ist." (GA 163/1975/28.08.1915/S.56)

Allerdings sollte man sich hüten, ein möglicherweise heraufdämmerndes Bild aus einer früheren Inkarnation allzu schnell zu interpretieren, denn den Spekulationen sind hier Tür und Tor geöffnet. Es kann sein, daß Bilder heraufkommen, die nicht mit einer früheren Inkarnation zu tun haben, obwohl man es glaubt; es kann auch sein, daß Bilder aufsteigen, die sehr wohl mit einem zu tun haben, die man aber falsch interpretiert. Die Karmaübungen Steiners zielen nicht auf schnelle Erfolge ab, sondern setzen auf eine schrittweise Steigerung der Erinnerung, so daß methodisch eine zunehmende Sicherheit aufgebaut werden kann.

Ätherische und astrale Leichname

Daß die Menschen am Ende dieses Jahrtausends der geistigen Welt nahe sind, erkennt man auch an der Ausbreitung verschiedener Irrwege, z.B. der spiritistischen Praktiken. Wer sich mit anderen Menschen zusammensetzt, um mit Hilfe eines umgedrehten Trinkglases oder mit sonstigen Hilfsmitteln vermeintlich eine Botschaft von einem verstorbenen Menschen zu bekommen, der zwingt etwas Geistiges zu einer Äußerung über die Materie. Statt daß man seine geistigen Fähigkeiten steigert, um sich zu erheben – individuell durch Meditation oder gemeinsam in einem Erkenntnisgespräch –, zwingt man etwas Geistiges herab, damit es sich auf einer tieferen Ebene – der materiellen – äußert.

Wer diesen Irrweg beschreitet, hat gewöhnlich auch keine Beurteilungskriterien, weiß also nicht, worauf er sich bei spiritistischen Praktiken einläßt und welche Art von Geist sich über ein Medium oder ein technisches Hilfsmittel äußert. Die Individualitäten verstorbener Menschen teilen sich nicht durch Glasrücken mit, sondern das sind allenfalls Überreste der Äther- bzw. Astralleiber Verstorbener, die sich nicht aufgelöst haben.

Im Ätherleib eines Menschen sind sämtliche Erlebnisse des vergangenen Erdenlebens gespeichert. Nach dem Tod werden diese frei und treten in

Form von Bildern als Lebenspanorama in das Bewußtsein des gerade gestorbenen Menschen. Nach spätestens drei Tagen löst sich der Ätherleib des Menschen im Weltenäther auf. Die Individualität behält lediglich einen Extrakt von ihm, eine Art Lebensessenz. Es kann aber sein, daß sich Teile dieses Ätherleibes nicht auflösen und als ätherische Gestalt fortbestehen. Dies kann z.B. besonders bei solchen Menschen der Fall sein, die sich während ihres Lebens gedanklich vorwiegend an das materielle Sein geklammert und jeden spirituellen Gedanken abgelehnt haben.

Etwas Ähnliches kann mit den Astralleibern der Verstorbenen geschehen. Während der Kamalokazeit gewöhnt man sich nach und nach jegliche Verbindung zur Erde ab, z.B. alle Süchte, die einen mit der materiellen Verkörperung verbunden haben. Ist diese Läuterung vollbracht, kann sich auch der Astralleib auflösen. Von ihm nimmt das Ich ebenfalls eine Essenz mit und durchzieht dann – losgelöst von seinen drei Hüllen – die geistigen Welten, bis es irgendwann zu einer neuen Inkarnation absteigt.

Wenn man nun während des Lebens besonders starken niederen Gelüsten gefrönt hat, die einen an den physisch-materiellen Stoff gekettet haben, dann kann es sein, daß auch von diesen niederen Astralkräften nach dem Tod eine Gestalt bestehen bleibt, die sich nicht auflöst – der sogenannte astrale Leichnam. Etwas Ähnliches kann auch bei denjenigen Menschen vorliegen, die eines gewaltsamen Todes gestorben sind. Das sind Menschen, die kurz vor ihrem Tod – z.B. durch Folter – eine extreme Gefühlsaufwallung oder -verdichtung erlitten haben, und es ist möglich, daß sich diese astrale Verdichtung nach dem Tod ebenfalls schwer auflösen kann.

Die ätherischen Leichname besitzen eine gewisse Intelligenz, denn sie wissen alles, was der betreffende Mensch auch gewußt hat, und sie wissen sogar noch mehr, denn das Unterbewußtsein des Menschen ist weiser als sein Oberbewußtsein. Auch die astralen Leichname zeigen Verwandtschaft zu den ehemals mit ihnen verbundenen Menschen, denn sie tragen alle niederen Gefühle in sich, die der Mensch während seines Lebens in sich trug.

Sofern nicht Dämonen oder das Unterbewußtsein spiritistisch praktizierender Menschen das Glas oder andere Hilfsmittel bewegen, sind es vorwiegend die ätherischen und astralen Leichname, die ihre Botschaften bei spiritistischen Sitzungen hinterlassen, indem sie z.B. das Glas bewegen. Niemals sind es die verstorbenen Individualitäten:

„Das ist [...], was in spiritistischen Sitzungen erscheinen kann. Dieser Astralleichnam bleibt nämlich oft lange Zeit erhalten und kann sich mittels eines Mediums kundgeben, und oft glauben die Leute dann, es sei der Verstorbene selbst; es ist aber nur sein Astralleichnam. Wie in einer Hülle enthält er dessen niedere Triebe und Gewohnheiten; er kann auf Befragen auch Antwort geben, er kann Auskunft erteilen und kann ebenso vernünftig reden und sein, wie der niedere Mensch vernünftig war. Viele Verwechslungen kommen dadurch vor." (GA 95/1978/24.08.1906/S.34 f.)

Oder in bezug auf den ätherischen Leichnam:

„Nun ist es durchaus möglich, daß der ätherische Leib, der sich absondert von der eigentlichen menschlichen Individualität, eine gewisse Art von Eigenleben zeigt, das für den Laien durchaus zu verwechseln ist mit dem Leben der Individualität. Man darf nämlich nicht glauben, daß dieser Ätherleib, wenn er nun der ätherischen Welt übergeben ist, nur Reminiszenzen, nur Erinnerungen, nur Nachklänge zeigen würde an dasjenige, was der Mensch hier durchgemacht hat, sondern er zeigt sich als eine wirklich fortlebende Individualität. Er kann ganz Neues kundgeben und hervorbringen. Und dennoch, wer da glaubt, durch diese Verbindung mit dem Ätherleibe in einer Verbindung mit der Individualität zu sein, der ist auf falscher Fährte. Insbesondere ist das möglich, wenn in einem Kreise [...] Menschen herumsitzen, welche so oder so geartete Gedanken hinlenken nach dem Verstorbenen [...]. Gedanken an den Verstorbenen, mannigfaltige Erinnerungen, die teilen sich auf dem Umwege durch die mediale Kraft des Mediums dem Ätherleibe mit, und der Ätherleib gibt wiederum manchmal ganz und gar frappierende Antworten zurück, die durchaus sich so ausnehmen, als ob die Individualität des Toten die Antworten gäbe. Dennoch braucht man es nur mit dem abgelegten ätherischen Leichnam zu tun zu haben." (GA 175/1982/06.02.1917/S.25 f.)

Rückführungen

Bei den Rückführungen (siehe das Interview mit Petra Angelika Peick in diesem FLENSBURGER HEFT) ergründet man durch die Anleitung eines Therapeuten, z.B. in Form einer Gesprächstherapie, markante Lebensereignisse oder Lebensmotive des derzeitigen Lebens. Entlang dieser Motive geht man in größeren Zeitabständen im Leben des Betreffenden zurück zur Kindheit, bis in die Phase hinein, an die man sich gewöhnlich nicht mehr erinnert. Weiterhin überschreitet man die Grenze der Geburt, geht in die pränatale Phase, und letztlich kann es sein, daß Stimmungen oder sogar Erinnerungsbilder einer früheren Verkörperung auftreten. Diese Phänomene sind keineswegs Einzelerscheinungen, sondern können bei sehr vielen Menschen hervorgerufen werden.

Sind es nun Bilder vergangener Erdenleben, die bei den Regressionen auftauchen? Auch wenn das für manchen auf den ersten Blick vielleicht enttäuschend sein mag, ich möchte mich hier eines Urteils enthalten. Man muß grundsätzlich den Einzelfall prüfen! Sicherlich ist es möglich, daß Bilder aus dem eigenen Leben auftauchen. Warum auch nicht? Bei immer mehr Menschen treten spontan mitten im Leben Bilder aus vergangenen Verkörperungen auf; wenn man Steiners Karmaübungen redlich und unermüdlich übt, geschieht dies ebenfalls. Warum also nicht auch bei den Rückführungen?

Allerdings fällt auf, daß bei vielen Rückführungen oft einseitige Schilderungen auftreten. Die Parallelität zu dem derzeitigen Erdenleben der betreffenden Personen ist allzu groß. Krankheiten oder Charaktereigenschaften ähneln sich oftmals sehr. Auch fällt auf, daß der zeitliche Reinkarnationsabstand meist äußerst kurz ist und daß gehäuft gewaltsame Todesarten als Bilder vergangener Erdenleben auftauchen. Deshalb eröffnet sich die Frage, ob man sich durch Rückführungen nicht auch – ähnlich wie bei einer spiritistischen Sitzung – den geschilderten ätherischen und astralen Leichnamen öffnet, die einem Bilder vermitteln, die man als die des eigenen vergangenen Lebens deutet. Es kann aber auch sein, daß man Teile dieser im erdnahen Bereich herumgeisternden Leichname inkorporiert und zur Inkarnation mitbringt, so daß sie bei gewissen Lockerungssituationen bildhaft ins Bewußtsein treten.

Wie auch immer – ich lasse es bewußt offen! Anhand der nachstehenden Interviews können Sie sich ein eigenständiges Bild machen, denn vielfach schildern die Interviewpartner aus ihren eigenen Erfahrungen.

Geheimnisse werden offenbar

Interview mit Nothart Rohlfs

von Wolfgang Weirauch

Nothart Michael Rohlfs, *Jahrgang 1955, geboren in der Nähe von Bonn. Besuch der Freien Waldorfschule in Stuttgart, anschließend Studium der Publizistik, Politologie und Osteuropäischen Geschichte an der Freien Universität Berlin. Nebenher zahlreiche schriftliche Arbeiten (Artikel für Zeitschriften sowie Übersetzungen). 1983–1989 tätig in der selbstverwalteten Kultur- und Jugendarbeit am Forum 3, Stuttgart. Anschließend bis Dezember 1994 in Schweden Arbeit als Heilpädagoge und Gärtner. Heute selbständig tätig in der anthroposophischen Kulturarbeit (Vorträge, Seminare, Organisation und Forschung) u.a. zu den Themen „Ätherwirksamkeit und Elementarwesen in Landschaften“ sowie „Karmaforschung und -erkenntnis“.*

Immer häufiger werden die Menschen Erlebnisse haben, die aus dem üblichen Rahmen ihrer Erfahrungen weit herausragen. Wie naturgemäß werden Bilder von Menschen oder Landschaften in ihrem Bewußtsein auftauchen, die in ihrem äußeren Erscheinungsbild nicht in das jetzige Leben hineinpassen, aber doch einen inneren Bezug zu der Person haben, die diese Bilder schaut. Das können Szenen aus früheren Inkarnationen sein, die durch bestimmte Begebenheiten in diesem Erdenleben ausgelöst werden. Die Wand zwischen unserem Tagesbewußtsein und der geistigen Welt wird immer dünner.

Nothart Rohlfs schildert diesen Blick in frühere Zusammenhänge aus eigener Erfahrung. Exakt stellt er dar, wie und wodurch die Bilder ausgelöst werden, wie sie geartet sind und wie man übend mit ihnen umgehen kann. Er verschweigt aber auch nicht die Irrtumsmöglichkeiten, denen die Seele bei einer zu schnellen Interpretation der karmischen Zusammenhänge erliegen kann.

Aber nicht alle Bilder, die im Bewußtsein der Menschen auftauchen, müssen mit den eigenen früheren Verkörperungen zu tun haben, denn gerade die Erfahrungen, die man im Bereich der Regressionen und der Reinkarnationstherapie macht, lassen auch andere Deutungen zu. Welche, das können Sie im nachstehenden Interview lesen.

Wolfgang Weirauch: Was ist Karma?

Nothart Rohlfs: Grundsätzlich halte ich mich dabei gern an ein Bild, das Rudolf Steiner 1910 (GA 120/16.05.1910) während eines Vortrages in Hamburg gebraucht hat. Er verwendet das Bild des Bogenschützen. Dieser spannt den Bogen, zielt, und der Pfeil wird abgeschossen. Die Wirkung des abgeschossenen Pfeiles hat ihre Ursache im Spannen des Bogens. Bis hier ist das natürlich nur ein mechanischer Vorgang und hat mit Karma nichts zu tun. Aber dieser Vorgang hat letztlich eine Rückwirkung auf den Bogen selbst: Nachdem der Pfeil abgeschossen ist, entspannt sich die Sehne des Bogens, und wird dieser Vorgang oft wiederholt, erschlafft die Sehne nach und nach.

Wenn man sich diesen gesetzmäßigen Zusammenhang so vorstellt, daß er nicht in einem kurzen Zeitabschnitt stattfindet, sondern über mehrere Leben verteilt, kommt man zu dem Karmagedanken. Es geschieht eine bestimmte Tat aus einem ganz bestimmen Impuls heraus, und die Rückwirkung findet zu einem späteren Zeitpunkt statt, und zwar in einer Weise, die wir während der Aktion überhaupt nicht überschauen. Das ist der

Beginn einer Begriffsbildung für das, was man unter Karma verstehen kann. Der Bogenschütze kennt natürlich die Wirkung seines abgeschossenen Pfeiles und die Rückwirkung auf den Bogen. Beim Karma hingegen haben wir es mit einer zeitversetzten Rückwirkung zu tun, wobei aber nicht nur der zeitliche Ablauf unübersehbar ist, sondern auch die Art der Rückwirkung.

W.W.: Warum wurde in unserer abendländischen Kultur ein Schleier über die Tatsache der Reinkarnation gebreitet?

N. Rohlfs: Mir leuchten vor allem die Aussagen Rudolf Steiners ein, daß auf dem langen Inkarnationsweg der Menschheit ein Zeitpunkt eintreten mußte, von dem ab alles, was geistige Vergangenheit war, vergessen werden mußte, damit man sein Augenmerk gänzlich auf das Hier und Jetzt richten konnte. Denn erst dadurch konnte eine ernsthafte Beschäftigung mit der jeweils aktuellen Inkarnation entstehen. Deswegen mußte der Reinkarnationsgedanke aus dem Bewußtsein der Menschen verschwinden.

W.W.: Noch in den 60er, 70er Jahren hätte es wesentlich befremdlicher gewirkt, öffentlich so über Reinkarnation und Karma zu sprechen, wie wir es heute können. Was hat sich in den letzten Jahrzehnten in bezug auf das Auftreten neuer Seelenfähigkeiten bei den Menschen verändert?

N. Rohlfs: Auffällig ist vor allem die Fülle spiritueller Erfahrungen, die weltweit bekannt geworden sind. Am häufigsten sind dies die Nah-Todeserfahrungen, aber auch Erlebnisse mit Elementarwesen, verschiedenste Schauungen und vieles mehr. Diese zahlreichen Berichte eigener Erfahrungen haben bei den jüngeren Menschen, beginnend mit der sogenannten 68er-Generation, bewirkt, daß bei ihnen etwas Verwandtes angesprochen wurde und daß sie die verschiedensten Erfahrungen mitfühlen konnten. Selbst wer keine eigenen Erfahrungen hatte, fühlte sich mehr oder weniger in seiner Seele angesprochen oder wurde zumindest auf diese Berichte aufmerksam. Man wurde in der eigenen Seele derart angerührt, daß man die verschiedensten Berichte übersinnlicher Erfahrungen nicht als Humbug auffaßte oder als krankhafte Phänomene zurückwies.

Gerade auf diesem Feld hat sich sehr viel gegenüber früher verändert. Rein gedankliche Abhandlungen über die geistige Welt gab es natürlich auch vorher, aber die veränderte Einstellung zu geistigen Phänomenen trat vor allem durch die verschiedensten Berichte ein. Die gedanklichen Äußerungen wurden bei weitem nicht von so großen Menschengruppen aufgegriffen wie die Erfahrungen.

Bilder zukünftiger Ereignisse

W.W.: Steiner spricht von verschiedenen Seelenfähigkeiten, die sich in diesem Jahrhundert wie naturbedingt nach und nach bei einzelnen Menschen herausbilden werden. Hintergrund ist unter anderem, daß sich der Ätherleib des Menschen etwas lockert, so daß der Mensch offener für das Geistige wird, und daß sich seine drei Seelenkräfte – Denken, Fühlen, Wollen – mehr und mehr voneinander lösen. Eine der neuen Fähigkeiten ist z.B., daß man im gewöhnlichen Bewußtsein zu einem schattenhaften Wahrnehmen der ätherischen Welt und des Ätherleibes der Menschen kommt. Damit hängt auch zusammen, daß man Ahnungen und Bilder von Ereignissen bekommt, die in den nächsten drei Tagen eintreten werden. Kennst Du Menschen, die dieses neuartige Äthersehen bereits als Fähigkeit erleben?

N. Rohlfs: Auf jeden Fall gibt es immer mehr Menschen, die einen anfänglichen Kontakt zur Welt der Elementarwesen bekommen. Das kenne ich auch aus eigener Erfahrung. Ich hatte auch Begegnungen mit jüngeren Menschen, die schon in ihrer Schulzeit Eindrücke der in den nächsten drei, vier Tagen eintretenden Geschehnisse hatten. Meistens bezogen sich diese Erlebnisse nicht auf alltägliche Ereignisse, also nicht auf das, was sich täglich zu Hause, in der Schule oder am Arbeitsplatz ereignete, sondern auf dramatische oder abrupt verändernde Geschehnisse in menschlichen Zusammenhängen: ein Autounfall, eine plötzlich eintretende oder neu entdeckte Krankheit, Todesfälle oder das unerwartete Auseinandergehen zweier Menschen. In den Fällen, in denen ich mit den betreffenden Menschen über diese Schauungen gesprochen habe, waren diese Phänomene für sie grundsätzlich tief erschütternd. Es tauchte dabei z.B. das Problem auf, wie man mit dieser plötzlich eintretenden Erkenntnis umgehen sollte.

W.W.: Wann traten diese Bilder bei den Menschen auf? Waren es Traumbilder, oder traten sie spontan während des Tages auf?

N. Rohlfs: Ich denke jetzt z.B. an einen ganz konkreten Fall, und hier war es so, daß diese Schauung in der Begegnung mit einem anderen Menschen auftrat. Das Bild ähnelte in der Art einem anschaulichen und exakten Erinnerungsbild, nicht etwa einem wirren Traumbild, aber der Betreffende konnte dieses Bild nicht auf eine bereits durchlebte Begebenheit beziehen.

Besonders markant ist ein solches Erlebnis natürlich dann, wenn es sich um einen Autounfall handelt. Man weiß genau, daß z.B. die eigene Freundin niemals einen derartigen Autounfall erlebt hat. Wenn man ihn dann aber als Bild schaut, ist dieses Erlebnis tief erschütternd. Auch wenn diese Bilder wie Erinnerungsbilder wirken, so „weiß" man doch, daß die betreffenden Ereignisse erst in der Zukunft eintreten werden. Dieses Evidenzerlebnis empfindet man in ähnlicher Art wie man weiß, daß Erinnerungsbilder sich auf konkrete Ereignisse der Vergangenheit beziehen. Aus den Schilderungen, die mir gegeben worden sind, geht hervor, daß die Bilder zukünftiger Ereignisse nicht unvermittelt im stillen Kämmerlein eintraten, sondern während einer Begegnung oder auch im Nachklang einer Begegnung.

Ätherhellsehen auf einem Gang durch die Natur

In bezug auf das Äthersehen bedarf es nur ganz gezielter Anstrengungen, die man normalerweise nicht erbringt, um hier einen Durchbruch zu neuen Wahrnehmungen zu erreichen. Man kann durch gewisse Verdichtungsprozesse in der Seele Eindrücke aus einer Landschaft empfangen, die sich nicht an den sinnlichen Gegebenheiten festmachen lassen.

W.W.: An welche Methoden denkst Du dabei?

N. Rohlfs: Es würde sehr weit führen, die gesamte Methodik hier darzustellen. Aber kurz gesagt, kannst Du Dir vorstellen, daß man das Ätherhellsehen ganz bewußt auf einem Gang durch eine Landschaft hervorrufen kann. Das kann dann gelingen, wenn man wenigstens im Ansatz sämtliche Gewohnheiten, mit denen man sonst durch eine Landschaft geht, zu ändern vermag. Man muß alle Gewohnheiten bewußt rausschmeißen: das Tempo der Bewegung, die Beobachtungsgewohnheiten, die Gestimmtheit des Gemüts, die Zielgerichtetheit des Blicks, die Art des Gehens und des Schauens und auch die Art des Verweilens.

Man muß diese festgefahrenen Gewohnheiten bewußt ändern und die Aufmerksamkeit durch kleine Übungen in eine andere Richtung als die gewohnte lenken. Beispielsweise kann man bei einem solchen Gang durch die Natur immer wieder einmal fünf Minuten stehenbleiben, die Augen schließen und einfach nur lauschen. Desweiteren lassen sich die verschiedensten Beobachtungen machen, z.B. wenn man einen Baum oder einen gewundenen Weg so mit dem Blick entlangfährt, daß man sehr langsam und ganz intensiv ihrer Form folgt. Dazu gehört, daß man wie tastend mit seinem Blick an dem Baum nach oben und wieder herabgleitet. Genauso kann man auch das Firmament ganz langsam mit seinem Blick abfahren.

Wenn man diese Übungen mit Menschen macht, ist es eine große Hilfe, sie nach dem Gang durch eine Landschaft zeichnen zu lassen. Wichtig dabei ist aber, daß man sich beim Zeichnen nicht an die sinnlichen Begebenheiten hält, sondern daß man das aufzugreifen versucht, was man in dieser Landschaft empfunden hat. Bei diesen Zehn-Minuten-Skizzen kommen oft verblüffende Dinge heraus. Wenn wir anschließend über die Skizzen und unsere Empfindungen sprechen, dann heißt es z.B. von einem Teilnehmer: „Als wir an diesem Punkt der Landschaft standen und die Augen schlossen, trat bei mir ein ganz bestimmter Farbeindruck auf." Und ich erlebe es häufig, daß andere Teilnehmer einen gleichartigen Farbeindruck erlebt haben. Natürlich können die Menschen immer viel erzählen, aber wenn man zuerst eine Zeichnung anfertigt, dann verobjektiviert sich dieser Eindruck, und man trifft immer wieder auf die gleichen Farben und sogar Formen.

Wenn man dann in der anschließenden Besprechung fragt, wie die jeweiligen Teilnehmer zum Eindruck dieser ganz bestimmten Farbe gekommen sind, dann schildern sie ihr Erlebnis in der Landschaft, z.B. als wir in einem kleinen Erlenwäldchen standen und lauschten. Und dann stellt sich heraus, daß viele Teilnehmer das gleiche Motiv und die gleichen Farben gezeichnet haben, um ihr Erlebnis auszudrücken.

An diese neuen Wahrnehmungen kommt man in aller Regel leicht heran, zumindest jüngere Menschen. Ältere Menschen haben es damit bedeutend schwerer. Solche Übungen waren für mich der Einstieg zu diesem neuen Äthersehen. Ich habe mir bestimmte Landschaften gewählt und sie eine Zeitlang immer wieder aufgesucht. Eines Tages habe ich dann sehr überraschend beim Übertritt von einem Landschaftstyp in einen anderen etwas gespürt. In diesem Grenzbereich stellten sich plötzlich in meinem inneren Erleben zwei verschiedene Empfindungen ein. Die eine hatte einen ganz ausgeprägten Bewegungscharakter, den ich in einer bestimmten Körperregion empfand. Und zwar wurde ich in eine Bewegung mit hineingenommen, die zu dem entsprechenden Landschaftstyp zu gehören schien. Diese Bewegung hatte auch einen Farbcharakter. Andererseits empfand ich ein besonderes Schwere-Leichte-Verhältnis, das mit dem Charakter des zweiten Landschaftstyps verbunden schien.

Das sind empfundene Lebensqualitäten, die mit den ätherischen Kräften in Verbindung stehen. Das kann z.B. auch ein Erleben sein, daß man sich wie leicht über den Boden erhoben fühlt und meint, man gehe gar nicht mehr fest mit den Füßen auf der Erde. In einer anderen Landschaft, einem gerade umgepflügten Ackerboden, kann man dagegen das Gefühl haben, daß man bis zur oberen Wadenhöhe in den Boden gesogen wird. Da ist eine keilförmige Bewegung, die man als Sog spürt.

Wenn man die Begegnung mit der Landschaft übt, können die Wahrnehmungen wesentlich gesteigert werden. Man gelangt dann in eine Art Grenzbereich, von dem ich den Eindruck habe, daß es eine Sphäre ist, in der sich von der anderen Seite her die Elementarwesen nähern. Wenn ein Mensch so intensiv in die Landschaft eindringt, erregt er ihr Interesse. Man erlebt dann plötzlich, daß man gesehen wird.

W.W.: Und sie bemerken, daß Du beginnst, sie zu schauen.

N. Rohlfs: Das kommt hinzu. Sie sehen nicht nur den Menschen, sondern werden aufmerksam darauf, daß sich jemand für ihren Bereich interessiert.

Der karmische Ausgleich

W.W.: Eine zweite Fähigkeit wird auftreten: Menschen werden Bilder sehen, von denen sie den sicheren Eindruck haben, daß sie mit ihnen zu tun haben. Aber sie werden sich nicht an entsprechende vergangene Ereignisse erinnern können, weil die Bilder eine zukünftige Wirkung, den karmischen Ausgleich einer gerade vollbrachten Tat zeigen. Kennst Du Menschen, die solche Erlebnisse haben?

N. Rohlfs: Das ist ein schwieriges Feld, denn es gibt gewisse Phänomene, die man unterschiedlich deuten kann. Allerdings kenne ich keinen Menschen, der mir je dezidiert erzählt hätte, daß er diese Bilder des karmischen Ausgleichs bereits erlebt habe. Ich kenne aber folgendes: Es tritt ein seelischer Eindruck auf, welcher mit einem starken Evidenzerlebnis einhergeht. Man hat aufgrund eintretender Bilder den deutlichen Eindruck des Wiedererkennens einzelner Personen, die sich in dem Geschehen zeigen, obwohl es keine konkreten Erinnerungsbilder des jetzigen Erdenlebens sind. Dieses Bildergeschehen ist nun so geartet, daß man zunächst geneigt ist anzunehmen, daß es sich um Bilder einer früheren Inkarnation handelt. Wenn man aber jahrelang mit diesen Bildern umgeht, kann der Moment eintreten, daß sich das Bildgeschehen innerlich wendet und man gegen den Widerstand der eigenen Seele – die nicht zulassen will, daß es sich *nicht* um ein Ereignis aus einem früheren Leben handelt – zu dem Schluß kommt, daß sich hier ein Folgeereignis einer bestimmten Situation verbildlicht. Ich möchte es aber vorerst bei diesen abstrakten Ausführungen belassen, denn auf diesem Gebiet stecke ich innerlich noch mitten in der Arbeit.

Erinnerungsartige Bilder vergangener Inkarnationen

W.W.: Damit sprichst Du gleichzeitig die dritte Fähigkeit an, von der Steiner sagt, daß sie sich nach und nach wie naturgemäß bei den Menschen in die Zukunft hinein entwickeln werde: das bild- oder stimmungshafte Wahrnehmen früherer Inkarnationen. Stehst Du mit vielen Menschen in Kontakt, die solche Wahrnehmungen haben?

N. Rohlfs: Seit den letzten zwei Jahren habe ich mich mit dem Thema dieser neuen Seelenfähigkeiten in die Öffentlichkeit begeben, so daß ich zahlreiche Kontakte zu Menschen bekommen habe, die die unterschiedlichsten übersinnlichen Wahrnehmungen gemacht haben. Ich wurde selbst überrascht von der Menge und der Vielfalt der einzelnen Schilderungen. Beurteilen und interpretieren möchte ich die einzelnen Phänomene zunächst nicht, erst einmal muß ich ernst nehmen, was die Menschen mir im einzelnen schildern. Meist sind es erinnerungsartige bzw. erinnerungsähnliche bildhafte Eindrücke. Allerdings müssen es nicht unbedingt Bilder sein, sondern es können auch Eindrücke sein, die eine Art verdichteten Empfindungscharakter haben. Es gibt immer wieder Menschen, die keine Schauungen haben, aber ganz deutliche Empfindungen schildern. Und diese verdichteten Empfindungen können bei den betreffenden Menschen in der Folge auch zu Bildern werden.

Wenn solche Empfindungen bzw. Bilder bei den Menschen zum ersten Mal auftreten, hat es meist eine erschütternde Wirkung. Es läuft z.B. jemand mit einer ganz bestimmten Seelenstimmung durchs Leben, die ihn sehr quält. Ich denke dabei nicht an etwas Pathologisches, sondern an eine Seelenstimmung, die der Betreffende so stark empfindet, daß er sich dadurch gänzlich von den meisten Mitmenschen unterscheidet. Man kann jetzt versuchen, diese innere Gestimmtheit nicht nur zu erleben, sondern durch Meditation oder auch nur durch eine stärkere Besinnung aufzurufen und zu intensivieren. Dadurch macht man die innere Seelenstimmung zu einem bewußten Vorgang und erhält ihr gegenüber einen gewissen Abstand, den man sonst nicht hat.

Durch diesen Konzentrationsvorgang entsteht in der Seele zunächst eine Stimmung, die in die Vergangenheit weist und den betreffenden Menschen in eine ganz bestimmte Zeit und eine ganz bestimmte Landschaft zurückführt. – Während dieses seelischen Verdichtungsvorgangs ruft man schließlich Bilder aus den Gefühlsstimmungen hervor, die in eine andere zeitliche Dimension führen. Aus diesem Stimmungsprozeß entsteht z.B. plötzlich die Empfindung: 30jähriger Krieg, eine norddeutsche oder polnische Landschaft, ärmliche Verhältnisse, überall Zerstörung. Vor dieser Stimmungskulisse, die schließlich in Bilder übergeht, können dann ganz bestimmte Personen bzw. Gestalten auftauchen, auch ganz bestimmte Gebäude oder eine Dorfsituation und vieles mehr.

Spontan auftretende Bilder

W.W.: Treten diese Stimmungen und Bilder eher spontan auf oder erst nach entsprechenden Vorbereitungen, z.B. durch Karmaübungen, Meditationen oder Regressionen?

N. Rohlfs: Bei dem eben geschilderten Beispiel mußte ein bestimmter Schritt unternommen werden, damit die Bilder sozusagen aus der Stimmung herausbefördert werden konnten. Auf der anderen Seite – das kenne ich von mir selbst und auch aus Schilderungen anderer Menschen – treten heutzutage meist spontane Erlebnisse auf. Sie sind nicht Folge einer bewußten Konzentration, sondern treten völlig überraschend mitten im Leben auf.

W.W.: Könntest Du einmal ein Beispiel aus Deinem eigenen Erleben schildern?

N. Rohlfs: Hintergrund eines Erlebnisses ist z.B. eine bestimmte soziale Situation mit mehreren beteiligten Personen. Meist wird es so sein, daß die zwischenmenschlichen Beziehungen dieser Menschen schwierig oder angespannt sind. Es liegen z.B. deutliche Antipathien vor, deren Ursachen man nicht kennt und die sich an den verschiedensten Kleinigkeiten festmachen und das soziale Miteinander belasten.

In dieser Konstellation kann folgendes geschehen, was ich auch selbst sehr gut kenne: Man erlebt sich zunächst in einer Art Abwehrhaltung gegenüber einem Menschen und glaubt, daß der andere so ist, wie er einem aufgrund der eigenen Antipathie erscheint. Man lebt in der Annahme, daß der andere seelisch etwas schräg ist, und deswegen reagiert man entsprechend darauf. Es kann im Laufe der Zeit aber ein Verwandlungsprozeß eintreten, und man wird bemerken, daß die eigene Antipathie im Grunde wenig über den anderen Menschen als vielmehr etwas über das Verhältnis zwischen uns beiden aussagt. Wenn man so weit ist, hat man sich schon ein wenig von dem anfangs gefällten Antipathieurteil entfernt. Schreitet dieser Verwandlungsprozeß fort, kann man erleben, daß es das eigene Unvermögen ist, die eigene Begrenztheit, die mich den anderen so einseitig erleben läßt. Meine eigene Begrenztheit ist also der Grund, daß ich dem anderen nur durch meine Antipathie begegnen kann.

Diese Erfahrung kann zu einer Art Schmerzerlebnis führen. Man merkt dann dabei z.B., daß man gewisse Widerstände, die einen prägen, nicht überwinden kann. Man schafft es kaum, dem anderen Menschen anders als durch den eigenen beschränkten Urteilsblickwinkel zu begegnen. Wenn das Schmerzerlebnis eintritt, weil man aus der eigenen Beschränktheit nicht herauskommt, dann kann es sein, daß man sich innerlich umwendet.

Der Herr mit den flammenden Bewegungen

Wie dieser Prozeß weitergehen kann, zeige ich am besten an einem Beispiel: Ich kenne einen Menschen, dessen Gedankenführung ich immer wieder erlebt habe. Aufgrund seiner Art zu denken und zu sprechen traten bei mir gewisse Antipathien auf. Ich hatte mehrfach den inneren Versuch unternommen, gegen diese anzukämpfen, aber es ist mir nicht gelungen. Schließlich habe ich mir gestattet, gegenüber diesem Menschen eine Art positive Resignation einzunehmen, indem ich mir klargemacht habe, daß ich die Antipathien so nicht beherrschen kann. Und ich habe diese Bemühungen eingestellt.

Gleichzeitig habe ich mich aber bemüht, zu diesem Menschen einen anderen Zugang zu finden. Man kann nämlich seine Aufmerksamkeit auf ganz andere Dinge lenken als nur auf die geäußerten Gedanken, z.B. auf bestimmte Bewegungen oder Gesten, die der Betreffende macht. Bei der von mir geschilderten Person bin ich auf den Bereich der Arme aufmerksam geworden, vor allem darauf, wie er seine Arme während des Sprechens bewegt. Dabei habe ich Entdeckungen gemacht, die bisher völlig an meinem Bewußtsein vorbeigeglitten waren. Die Bewegung der Arme lockte etwas in mir hervor, mein Interesse wurde dadurch angezogen, und ich folgte ihm wie selbstverständlich in die Bewegung der Hände hinein. Meine Aufmerksamkeit war voll präsent, und sie verdichtete sich in die Bewegung der Finger hinein, bis ich bemerkte, daß dieser Vortragsredner Bewegungen mit seinen Fingern machte, die in einer Art kleiner Flammen ausliefen. Es trat zunächst eine Art aurischer Eindruck um die Hände herum auf. Vermutlich – das habe ich allerdings nicht nachgeprüft – reicht diese Flammenbewegung bis in die Elementarwelt hinein. Im nächsten Moment trat dann plötzlich ein ganz bestimmtes Antlitz vor mein Bewußtsein, und zwar im Sinne eines Erinnerungseindrucks.

Das ist ein Charakteristikum der sogenannten spontanen Eindrücke, sofern sie nicht auf Regressionen beruhen. Im Grunde liegt im Vorlauf dieses spontanen Eindrucks schon eine gewisse innere Bemühung.

Man kann z.B. darauf aufmerksam werden, auf welche Weise sich ein gehbehindertes Mädchen fortbewegt. Man kann dann in der Begegnung mit diesem Menschen überraschenderweise etwas entdecken, was man noch nie bemerkt hat, obwohl der Kontakt zu diesem Menschen schon lange andauert. Vielleicht entsteht dann eine Situation – beispielsweise bei einem Fest, bei dem man dieses Mädchen ein wenig aus dem Hintergrund beobachten kann –, in der man darauf aufmerksam wird, wie sie die Ferse auf den Boden setzt. Das kann eine ganz besondere Art von Härte sein, verbunden mit einem markanten Geräusch. Wenn man sich jetzt vorstellt, daß man die ganzen einzelnen Wahrnehmungen, die man von diesem Menschen hat, höchst verdichtet in eine einzelne Wahrnehmung preßt, dann kann sich aus dieser körperlichen Kleinigkeit ein Bild ergeben, z.B. das Bild eines Soldaten höheren Grades, der ein Holzbein hat und einer Soldatengruppe voran in den Kampf stapft.

W.W.: Ist solch ein auftauchendes Bild nun ein Bild aus einem früheren Erdenleben des betreffenden Menschen?

N. Rohlfs: Das ist die Frage, die man sich dann natürlich stellen muß. Zunächst hat es den Charakter eines Erinnerungsbildes. Man erkennt auch nähere Einzelheiten, z.B. Uniformabzeichen, die Farbe der Uniform, und man hat den Eindruck, daß man in eine ganz bestimmte Zeit hineingeführt wird, z.B. in die der Französischen Revolution.

W.W.: Vielleicht kannst Du zum besseren Verständnis der Leserinnen und Leser noch ein weiteres Beispiel aus Deinem eigenen Erleben geben, z.B. wie bei Dir zum ersten Mal Bilder auftauchten?

N. Rohlfs: Mein erstes Erlebnis möchte ich nur insofern berühren, als es charakteristische Züge für das Auftreten innerer Bilder zu besitzen scheint. Ich war damals 25 oder 26 Jahre alt und befand mich in einer innerlich recht schwierigen Situation. Die äußeren Umstände waren zwar verhältnismäßig harmlos, aber innerlich traten Widerstände auf, die in keinem vernünftigen Verhältnis zu den äußeren Anlässen standen. In dem sozialen Zusammenhang, in dem ich mich damals befand, entschied ich mich, einen ganz bestimmten Schritt auf die Quelle des Widerstands zu vollziehen. Diese Quelle war eine ganz bestimmte Menschengruppe, von der dieser Seelenwiderstand auszugehen schien. Ich kam mit diesen Menschen nicht zurecht, und aus meiner damals empfundenen Einsamkeit heraus versuchte ich immer wieder, mit ihnen in eine Begegnung zu kommen. Diese Bemühung war wohl der entscheidende Faktor, daß eines Tages ein Bilderlebnis in der Seele ausgelöst wurde, das, wie es schien, Erinnerungscharakter trug. Erst Jahre später wurde mir bewußt, daß es eine verblüffende Erklärung für den Widerstand zu beinhalten schien, der in der eigenen Seele den betreffenden Menschen gegenüber aufgetreten war.

Die weißgekleidete Frauengestalt

Konkreter kann ich auf ein Beispiel eingehen, das ich vor einigen Jahren erlebt habe. Es hatte einen gewissen Vorlauf, den ich ebenfalls schildern muß. Die Anfangssituationen vor dem Eintreten solcher Eindrücke kennt im Grunde wohl jeder, sie sind nichts Besonderes. – Nach einem harmonischen, ruhigen und intimen Gespräch mit einer Frau stand ich neben ihr. Sie saß auf einem Stuhl, und ich legte ihr meine linke Hand auf die rechte Schulter. Hinzu kam eine ganz bestimmte Lichtsituation; es war nachmittags. Das Licht kam von ihrer Seite, von links, durch ein Fenster. In dieser Position verharrten wir eine kurze Zeit und ließen das Gespräch nachklingen. In diesem kurzen Moment – und das ist dasjenige, was meines Erachtens jeder Mensch in der heutigen Zeit kennt – durchfuhr mich wie ein starker Ruck die Empfindung: „Diese Situation kennst du!“ Es war ein Gefühlserlebnis, und zwar ein sehr starkes und intensives. Sonst geschah nichts.

Diese merkwürdige Empfindung des Wiedererkennens berührte mich sehr, und ich wollte ihr in der folgenden Zeit nachgehen. Durch erneutes Aufrufen jener Situation in der Erinnerung versetzte ich mich einige Tage später nochmals in dieselbe: unsere Position, die Wärme- und Lichtverhältnisse und das Gespräch selbst. Dabei war ich bemüht, die Einzelheiten so exakt wie möglich nachzuzeichnen. Infolge einer solchen Bemühung kann nun entweder überhaupt nichts geschehen, oder man bemerkt, wie man wieder in die schon einmal erlebte Stimmung eintaucht. Aber auch dann wird meist nichts weiter geschehen. Setzt man jetzt diese Übung fort, ruft man sich die entsprechende Situation häufig und exakt wieder auf, dann kann es sein – und das passierte bei mir in dem geschilderten Fall –, daß sich im Nachklang solcher Bemühung aus der herrschenden Stimmung plötzlich innere Bilder herauslösen.

Es trat dann etwas Merkwürdiges und mir bislang Unbekanntes ein. Während des Konzentrationsvorgangs ruckte ich plötzlich zusammen, und ich weiß noch genau, wie ich innerlich ziemlich ärgerlich zu mir selbst sagte: „Nothart, du sollst doch nicht singen, sondern dich konzentrieren." Unmittelbar nach diesem Bewußtseinsruck entdeckte ich, daß ich in eine Melodie eingestimmt hatte, die – als rein innerer Vorgang – „von außen" an mich heranzuklingen schien. Ich summte diese Melodie innerlich mit, verbunden mit einem schwer zu beschreibenden Glücksgefühl. Gleichzeitig wurde mir gefühlsmäßig klar, daß ich diese Melodie irgendwoher gut kannte. Während sie nach und nach verklang, bildete sich vor meinem inneren Bild eine eigenartige Helligkeit. Diese schien in einem gewissen Abstand vor mir aufzutreten, und ich hatte den Eindruck, daß ich mich ihrer Quelle gegenüber in einer deutlich bestimmbaren Position befand. Ich empfand oder „sah" das sich ausbreitende Licht von schräg oben aus einer gewissen Entfernung.

Das sich anschließende Bildgeschehen, sich aus dem Geschilderten wie herauskonturierend und verdichtend, war ein nach und nach sich entfaltender Prozeß. Ich bemerkte zunächst, daß das beschriebene Licht von einer prächtig in Weiß gekleideten Frau auszugehen schien. Diese befand sich, so der immer deutlicher werdende innere Eindruck, auf einer Art Gefährt, ähnlich einer einfachen offenen Kutsche, das von ebenfalls weißen Pferden langsam eine holprige Kopfsteinpflasterstraße entlanggezogen wurde. Gleichzeitig wurde mir der Standort bewußt, von dem aus „ich" das angedeutete Geschehen verfolgte. Es schien sich um die Sicht aus einem im Obergeschoß befindlichen Fenster eines Hauses zu handeln, das die Straße flankierte. Die Melodie, die ich wiederzuerkennen meinte, hatte mich wie in den Schauungsvorgang hineingeleitet und schien das geschaute Geschehen anfangs zu begleiten, von irgendwoher erklingend. Das Verfolgen der Szene auf der Straße, und besonders das Gewahrwerden der innerlich an mich heranklingenden Musik löste stärkste, kaum beschreibbare Gefühle der Freude in mir aus, die mir bis dahin völlig fremd waren. Es war als ob die Gesamtheit der eigenen Seele gänzlich mit längst vergessenen und geradezu tastbaren Erinnerungen einer lang vergangenen Zeit durchtränkt würde. Diese Erfahrung war überwältigend.

Ich habe es zwar seither nie getan, meine mich aber jederzeit wieder in die damals auftretende Stimmung und in die entsprechende Szene hineinversetzen zu können.

W.W.: Die Identität zwischen dem Erlebten und dem auslösenden Gespräch lag also vor allem in dem Glücksgefühl, weniger in dem Gespräch?

N. Rohlfs: Ja, die nach dem Gespräch herrschende Stimmung bildete sozusagen eine Art Schlüsselloch, durch das ich in das dargestellte Geschehen eintauchen konnte. Das durchgängige Element bildete dabei eben jene Stimmung, die sich beim Anklingen der Melodie und angesichts der Szene auf der Straße in das Gefühl der Freude zu wandeln schien.

Das Erlebnis ging wesentlich weiter, als ich hier ausführen kann. Nur eines noch: Während die ganze Szene wieder zu verblassen begann, trat im Verklingen der Eindrücke ein Wort in meinem Bewußtsein auf, dem ich zunächst ganz verständnislos gegenüberstand. Es war das Wort „Abbey". Nach dem Ausklingen des Erlebten ging ich, innerlich noch ganz erfüllt, ins Nebenzimmer, schilderte meiner Freundin das Erlebte und nannte dabei jenes Wort, das sich in mir noch ständig wiederholte. Abbey, Abbey, Abbey ... Ich verstand immer noch nichts.

Sie entgegnete mir daraufhin mit größter Selbstverständlichkeit: „Westminster Abbey". – Wie ein Blitz ging es durch mich hindurch.

Ich bin dem geschilderten Erlebnis später weiter nachgegangen, denn ich hatte Arbeitsmaterial, das ich in der Meditation wieder aufrufen konnte. Ich stellte mir die Frage, in welcher Zeit und wo das erlebte Geschehen sich abgespielt und in welcher Beziehung ich dazu gestanden haben mochte. Tatsächlich schlossen sich weitere Eindrücke an. Ich sah Szenen, die mir den Eindruck vermittelten, daß es sich um das elisabethanische Zeitalter handeln könne. – Konnte jener Zug der weißen Frauengestalt durch die Straße aus einem solchen Zusammenhang erklärlich werden, dessen Stimmung so stark auf mich gewirkt hatte? Handelte es sich um die Fahrt einer jungen Königin zum Ort der bevorstehenden Krönung? Alles deutete in der Tat auf ein ganz außergewöhnliches und freudiges Ereignis hin. Zusätzlich stellte ich mir die Frage, was das Geschaute möglicherweise mit mir selbst zu tun hatte – ich hatte mich nicht im entferntesten jemals mit dieser Zeit in England beschäftigt – und wieso sich jene starken seelischen Regungen zu dem Geschauten bei mir eingestellt hatten.

W.W.: Hast Du Dich in den Erlebnissen, die Du später hattest, auch als eigenständige Gestalt gesehen, oder hast Du Deine Umgebung nur aus Dir selbst heraus wahrgenommen?

N. Rohlfs: Bei dem beschriebenen Geschehen habe ich niemand geschaut, den ich mit mir selbst in Verbindung brachte. Ich erlebte vielmehr die ganze Szene aus der Perspektive von jemandem, der diese, aus einem Fenster schauend, zu verfolgen schien. Es ist damit natürlich nichts darüber ausgesagt, ob das im streng geisteswissenschaftlichen Sinne „ich" war. Durch das Bewußtsein dieses Betrachters war ich dabei, anderes konnte ich über meine eigene Stellung nicht in Erfahrung bringen. – Darum ging es mir allerdings auch gar nicht. Ich nahm völlig verzaubert hin, was sich mir darstellte, und ich hatte währenddessen keine Fragen nach mir selbst.

Wenn man sich selbst begegnet

Bei anderen Erlebnissen schien es viel eindeutiger so, daß ich selbst eine der handelnden Personen war. Eine spontan in der Seele auftretende Gefühlssicherheit wirkt dabei so, daß man leicht meinen kann, sich ganz unzweifelhaft mit einer der geschauten Gestalten identifizieren zu müssen.

W.W.: Wie kann man sich selbst dann noch von anderen Personen unterscheiden, und wie vermeidet man diesbezügliche Irrtümer?

N. Rohlfs: Auf einer spirituell-naiven Ebene des ersten Eindrucks ist es genauso wie im Alltagsbewußtsein: Ich weiß, daß Du Wolfgang Weirauch bist und daß ich Nothart Rohlfs bin. Ein bestimmter Seelenteil reagiert also auf das Geschaute mit einer eindeutig zuordnenden Interpretation. Die dabei auftretende Gefühlssicherheit kann im Augenblick des Erlebens sogar als stärker und eindeutiger erlebt werden als das sozusagen schon „gewohnheitsmäßig" äußere Erkennen: dies hier ist ein Tisch, das dort oben eine Lampe. – Auf einer nächsten Ebene ist es genauso, wie wenn man sich an das Mittagessen von gestern erinnert, das man mit drei verschiedenen Personen zusammen eingenommen hat, und man in der Erinnerung die beteiligten Personen aufruft.

Auch in bezug auf innerlich Geschautes der hier beschriebenen Art antwortet die Seele so, als könne sie sich mehr oder weniger leicht daran erinnern, welche Personen des heutigen Lebensumkreises sie mit welchen Gestalten der geschauten Eindrücke zu identifizieren hat.

W.W.: Aber wenn Du in ein vergangenes Leben zurückschaust, mußt Du doch eine Gestalt sehen, die völlig anders aussieht als Du. Ist diese Gestalt nicht überraschend anders, und ist man wirklich so sicher, daß man selbst diese Gestalt war?

N. Rohlfs: Die Überraschung kann groß sein, die auftretende Gestalt sieht selbstverständlich völlig anders aus, trotzdem kann das sichere Gefühl auftreten, daß „man selbst" eine der handelnden Personen, eine ganz bestimmte Gestalt im jeweiligen Geschehen sei. Zumindest ist dies oft der Fall, natürlich nicht immer. Selbstverständlich sind es keine gestochen scharfen Filmbilder, die man schaut, es handelt sich vielmehr um verschieden intensive Vorgänge, die mitunter auch außerordentlich vage sein können. Meistens entfaltet sich ein derartiges Bildgeschehen sozusagen gleitend, vergleichbar dem Öffnungsvorgang einer Blüte, indem z.B., wie von einer Quelle ausgehend, die Helligkeit zunimmt, aus der sich wiederum Gestalten oder ganze Szenen herausgestalten. Es kann sich aus dieser Helligkeit heraus auch ein Antlitz zeigen, und manchmal bekommen die einzelnen Szenen sogar die Qualität außerordentlich deutlicher und reicher Bilder. Man erhält dann beispielsweise den Eindruck zweier Personen mit vielen erfaßbaren Einzelheiten, etwas abseits befindet sich eine weitere Gestalt, und schon im Augenblick des Gewahrwerdens stellt sich die starke Empfindung ein, daß man selbst z.B. diese dritte Person sei.

„Die schwarzen Augen durchbohrten mich"

Auslöser eines solchen Erlebnisses kann auch der Blick eines Menschen sein, dem man im Leben begegnet. Man kann einem Blick immer wieder ausgesetzt sein, so daß er einen nicht mehr losläßt, oder man sieht einen Menschen zum ersten Mal, schaut ihm in die Augen, und es schlägt wie ein Blitz des Wiedererkennens in einen ein. Ein Blick kann nun das Eingangstor für einen eintretenden Eindruck sein. Ich habe es mehrfach erlebt, daß der Blick das Gefährt ist, mit dem ich in eine andere Bewußtseinsebene hineinkomme. Entweder arbeite ich entsprechende Eindrücke dann aktiv nach und nach heraus, oder sie treten ganz spontan auf.

W.W.: Kannst Du dazu ein konkretes Beispiel geben?

N. Rohlfs: Ich fühlte mich in einem Schauungserlebnis intensiv gesehen, ja durchbohrt von dem Blick eines schwarzen Augenpaares. Diese Augen, die ich auf mich gerichtet empfand, hatten eine enorme Kraft. Von ihnen gleichsam ausgehend, erhellte sich der Umkreis eines größeren Zusammenhangs in seinen Einzelheiten. Zunächst gliederte sich eine menschliche Gestalt um diese Augen. Ich wurde auf eine Männergestalt aufmerksam, die von Kopf bis Fuß in Weiß gehüllt war. Es schien sich um einen Araber, einen Sarazenen o.ä. zu handeln.

Während des inneren Prozesses war ich durch jenen stechenden Blick, dem ich mich wie ausgesetzt empfand, eine ganze Weile fixiert, bis sich allmählich eine zweite Person herauskristallisierte. Das war eine junge Frau, die ebenfalls ganz in Weiß gekleidet war. Auch von ihr sah ich deutlich die Augen. Sie hatte schwarze Haare, die andeutungsweise sichtbar wurden; genauso wie bei dem Mann ein schwarzer Bart sichtbar wurde.

Erst nachdem ich diesen beiden Gestalten eine Zeitlang gegenübergestanden hatte – dabei in den Zusammenhang mit ihnen wie immer weiter eintauchend –, trat vor mein inneres Auge eine dritte Gestalt, aus deren Perspektive ich die beiden ersteren betrachtet hatte, wie es mir nun mit einem Mal vorkam. Diese dritte Person war völlig anders gekleidet, im Gegensatz zu den beiden anderen nämlich sehr bunt und farbenfroh, und sie hatte etwas von einem Ritter oder einem Landsknecht. Sie kniete in einigem Abstand auf dem Boden, deutlich an den älteren weißgekleideten Mann gewandt. – Bei diesem Erlebnis geschah es unmittelbar, daß meine Seele mit großer Eindeutigkeit und Bestimmtheit eine Identifikation zwischen den im inneren Bilde aufgetretenen Gestalten und Menschen des jetzigen Lebens vornahm.

W.W.: Konntest Du auch das Gefühl spüren, das Du damals bei dieser Begegnung hattest?

N. Rohlfs: Ja, ganz deutlich. Man nimmt keineswegs nur Bilder wahr, sondern die eigene Seele wird von intensivsten Gefühlen und Empfindungen erfüllt.

Innerlich kamen ganze Welten ins Zittern

W.W.: Welche Gefühlsdramatik spielte sich in dem Bild zwischen Euch dreien ab?

N. Rohlfs: Es ergab sich mit äußerster Klarheit aus dem erlebten Geschehen, daß der junge Mann die Frau liebte und um ihre Hand anhielt, daß aber der ältere Mann, der über sie zu verfügen schien, diese Verbindung nicht zuließ. Die junge Frau fügte sich trotz ihrer eigenen Liebe in ihr Schicksal, und der junge Mann erlitt einen tiefen Schmerz.

Wenn solche Bilder mit einer entsprechenden Gefühlsdramatik einhergehen, kann man auch in diesem Leben davon eine Art verwandelter Nachwirkung spüren, die sich deutlich aus den alltäglichen zwischenmenschlichen Beziehungen heraushebt. In aller Regel sind es Spezialsituationen, so auch in diesem Fall. Es besteht in diesem Leben eine menschliche Konstellation, es liegen gewisse äußerliche Gegebenheiten vor, denen Emotionen gegenüberstehen, die in keinem vernünftigen Verhältnis zur äußerlichen Situation stehen. Äußerlich handelt es sich um etwas ganz Unscheinbares, dem enorme innere Empfindungsregungen gegenüberstehen. Man weiß nicht im geringsten, warum das so ist. So etwas kennt wohl jeder Mensch, diese Verhältnisse prägen unser soziales Miteinander. Meines Erachtens ist diese Unverhältnismäßigkeit in aller Regel ein Hinweis auf das Einfallstor karmischer Zusammenhänge.

So war es auch im geschilderten Fall. Anhand kleiner äußerlicher Begebenheiten kamen innerlich ganze Welten ins Zittern. Nachdem diese Emotionen immer wieder, ohne äußeren entsprechenden Anlaß, hervorbrachen, wurde das von mir geschilderte Bildgeschehen plötzlich und spontan vor mein Bewußtsein gehoben. Mir wurde anschließend deutlich, daß aus der damaligen dramatisch getönten Konstellation Nachklänge in völlig gewandelter Einkleidung in das jetzige Leben und die Begegnungen der betreffenden Menschen gleichsam von unten hereinspielen, wie aus der Tiefe aufsteigende vulkanische Dämpfe, die den Seelenverhältnissen der derzeitigen Inkarnation ein ganz bestimmtes Gepräge verleihen.

Durch die Bilder vergangener Begegnungssituationen, sofern sie im Arbeitsprozeß als solche aufgefaßt werden dürfen, können sich Erklärungen rätselhafter, oft schwieriger Situationen der Gegenwart ergeben, indem man frühere Konstellationen zwischen den betreffenden Menschen erfährt. In dem von mir geschilderten Beispiel liebte die Frau den jungen Mann und er sie, aber sie befolgte absolut das Gebot ihres Vaters, Vormunds oder wer auch immer er gewesen ist. Sie fügte sich ohne Regung des Widerstands. Der ältere Mann lehnte ihre Verbindung entschieden ab. Es ging von ihm sogar so etwas wie Haß aus. Obendrein schien es mir auch so, daß der junge Mann in der betreffenden Gegend ein nicht sehr angenehmes Schicksal erleiden mußte.

Das Verhältnis zwischen den beiden jungen Menschen des geschilderten Bildes scheint bereits im damaligen Leben recht kompliziert gewesen zu sein, denn seine Zuneigung zu ihr ging so weit, daß er bereit schien, in eine andere Kultur einzutauchen, indem er um ihre Hand anhielt. Abgesehen von der Zurückweisung seiner Bitte trug ihm diese unangenehme Folgen ein. Sie empfand offensichtlich die gleiche Zuneigung, beugte sich aber entgegen ihrer Zuneigung traditionellen Gegebenheiten und Verhältnissen. Das war keine individuelle Entscheidung.

Ein derartig geprägtes Verhältnis zweier Menschen in einem früheren Leben wird sich in einem späteren Leben natürlich entsprechend verwandelt wiederfinden. Oft lassen sich Auswirkungen und Folgen früherer menschlicher Begegnungen bis in Einzelheiten im jeweiligen gegenwärtigen Leibesgefüge und im Wechselspiel der heutigen menschlichen Begegnungen aufzeigen und verfolgen. – Das sind jedoch Dinge, die man sich in kleinen Arbeitszusammenhängen auf entsprechender Vertrauensgrundlage gemeinsam anschauen und erarbeiten kann. Dazu muß man sehr direkt und konkret werden.

Allgemein besteht die Tendenz, daß sich Menschen wie die drei geschilderten in späteren Leben immer wieder begegnen werden. Und ihre Begegnungen werden durch seelische u.a. Elemente geprägt sein, in denen die Folgen damaliger Verhaltensweisen liegen. Die heutigen Sozialverhältnisse können durch solche Bilder deutliche Erklärungen erfahren.

Bildgestalt und heutige Wirklichkeit werden eins

W.W.: Kannst Du noch einmal grundlegend darstellen, wie Du mit Deinen Bildern umgehst? Wenn spontan ein Bild eines Menschenblickes, in einer schwierigen zwischenmenschlichen Situation oder anschließend an ein Glücksgefühl bei einem Gespräch auftaucht, welche Methode wendest Du im Anschluß in der Bearbeitung dieses ersten Bildes an?

N. Rohlfs: Das hat sich im Laufe der Jahre sehr gewandelt und wandelt und vertieft sich auch jetzt noch ständig. Das Ganze hat den Charakter eines experimentellen Vorgehens. Zuerst versuche ich, so viel wie möglich von dem heranzuziehen, was ich bei Rudolf Steiner studieren kann. Aber ich möchte betonen, daß ich nicht durch mein Studium an diese Erlebnisse herangekommen bin, sondern aus irgendwelchen anderen Untergründen heraus. In den ersten Jahren, nachdem derlei Dinge auftraten, habe ich zunächst alle entsprechenden Erlebnisse sozusagen auf die „inneren Seelenregale" gelegt, da ich den Eindruck hatte, daß es besser sei, sie innerlich ruhen zu lassen. – Wenn ich im nachhinein auf diese Phase meines Lebens zurückschaue, muß ich sagen, daß ich gar nicht in der Lage gewesen wäre, mit der erforderlichen Gelassenheit und seelischem Abstand diese Erlebnisse zu bearbeiten. Man braucht nämlich zum Forschungsobjekt einen gewissen inneren Abstand, der ruhiges Betrachten ermöglicht, obwohl dasselbe als seelisches Phänomen absolut ernstgenommen werden muß und nicht unter den eigenen Bewußtseinsteppich gekehrt werden darf. Man muß eine Art inneren Spagat ausüben. Diese Haltung hätte ich damals nicht aufbringen können.

Damit ist bereits etwas Methodisches angedeutet. Zuallererst muß man die auftretenden Bilder und Seelenstimmungen vollkommen ernst nehmen und darf sie nicht den eigenen Wünschen, Ängsten usw. entsprechend irgendwo hinschieben, vergrößern oder verkleinern, von vornherein für subjektiv und irrelevant erklären usw. Auf der anderen Seite muß man bei der Interpretation der Bilder außerordentlich sorgfältig, geduldig, ruhig, abwartend und streng sein. Wenn diese anfängliche Gliederung – hier das Phänomen, dort die Interpretation – nicht vollzogen wird, dann kann man diese Arbeit mit diesen Dingen getrost sein lassen; es käme ohnehin nur Unsinn dabei heraus.

In diesem Sinne orientiere ich mich im Ansatz an dem, was ich bei Rudolf Steiner dazu finde. Sich mit der Interpretation zurückzuhalten, ist natürlich sehr schwierig, denn im Auftreten innerer Eindrücke hat die Seele bereits die Neigung, sozusagen „zuzuschlagen", sprich die Erlebnisse zu interpretieren. Vermeintliche Bilder aus früheren Zeiten und aktuelle Lebenssituationen können dann wie unmittelbar zusammenhängend, ja auseinander hervorgehend erlebt werden, und die erlebende Seele ist geneigt, das sich einstellende Verständnis des inneren Zusammenhangs sozusagen naiv anzunehmen. Das ist für die Forschung auf diesem Felde jedoch geradezu das Ende vom Anfang. Denn es handelt sich um zwei getrennte Seelenvorgänge. Zum einen taucht die Seele in ein inneres Bilderleben ein und bildet selbst einen Teil desselben. Zum anderen antworten bestimmte Seelenteile mit Deutung und Interpretation des Erlebten, die sich auf das jetzige Leben beziehen. – Das Auftreten der Bilder und Empfindungen, überhaupt derartiger Erfahrungen, muß ich mit Ernsthaftigkeit, Interesse und Sorgfalt behandeln, die Antwort der Seele auf die Erlebnisse mit Strenge, Geduld und Disziplin.

Irrtümer

W.W.: Kannst Du diesen methodischen Ansatz im Umgang mit dem auftauchenden Bild und der Seelenantwort anhand eines weiteren Beispieles darstellen?

N. Rohlfs: Ich möchte bei dem jetzt zu gebenden Beispiel vorher noch einmal unterstreichen, daß es meine Arbeitshypothese ist, daß die geschauten Zusammenhänge so wirken, als stammten sie aus früheren Leben. Es könnte sich aber im Verlauf der Prüfung ergeben, daß dies nicht der Fall ist. Auch so weit müssen Sorgfalt und Strenge gehen.

Im inneren Erleben trat ungefähr folgende Situation auf: Es erscheinen Szenen aus der Zeit des Mittelalters. Durch das Land zog eine Art Wanderprediger oder Missionar, ein charismatischer Mensch, der eine religiöse Haltung und Auffassung zu vertreten schien, die damals von seiten der Kirche wohl als Ketzerei bezeichnet wurde. Während er durch das Land zog, sprach er in allen möglichen Zusammenhängen und bei vielen Gelegenheiten zu den Menschen, die zuhören wollten. Aufgrund seiner flammenden Reden schlossen sich ihm immer mehr Menschen an. Wie ein Kometenschweif zogen sie mit ihm durch die Lande. Sie verließen dafür Haus und Hof und ihre bürgerlichen Verhältnisse. – Vor diesem allgemeinen Hintergrund ergab sich der inneren Anschauung, daß dieser Wanderprediger mit seinem Anhang an einem kleinen Herrenhof vorbeikam. Die Frau des Hofbesitzers hörte seine Reden, und diese schlugen bei ihr so tief ein, daß sie sich ihm bedenkenlos anschloß, alles zurücklassend, womit sie bislang verbunden gewesen war. Ich halte es für möglich, daß durch den Prediger spirituelle Dinge vermittelt wurden, die vielleicht wirklich zukunftsweisend waren, auf der anderen Seite hatte sein Handeln jedoch krasseste, schwierigste soziale Folgen. Es entstanden dramatische und tragische Situationen in bisher intakten sozialen Gemeinschaften mit allen nur denkbaren Folgen.

Auch in diesem Fall ergab sich mir ein deutlicher Bezug zu heute lebenden Menschen. Und ich erlebte stark, daß meine Seele nicht geneigt war, die sich ihr ergebende Zuordnung in Frage zu stellen. Es trat deutlich die Empfindung ein, ich selbst sei das „Opfer“ der damaligen Geschehnisse, also der einsam zurückbleibende kleine Adelige.

In aller Regel sinkt nun ein solches Erlebnis nach einer gewissen Zeit ab und ruht eine ganze Weile. Dieses Absinkenlassen hat auch einen ganz besonderen Wert, denn dadurch kommt eine Art „Seelen-Humus“ zustande, auf dem man den eigenen Weg in der Beschäftigung mit derartigen Themen fruchtbar fortsetzen kann. Im geschilderten Fall war es nun folgendermaßen: Nach drei bis vier Jahren tauchte das inzwischen vergessene Bildgeschehen aus unbekannten Gründen in meiner Seele wieder auf. In der äußeren Biographie fand ich keinen direkten Anlaß für dieses Wiederauftauchen. Die Konstellation der Menschen, die das Erlebnis damals ausgelöst zu haben schien, bestand nicht mehr. Es kam also wie eine Erinnerung hoch und klopfte gewissermaßen an meine Seele.

Das bekannte Bild trat wiederum auf, erschien aber mit einer völlig anderen Stimmung verbunden. Ich bemerkte beim Auftreten der Erinnerung, daß diese in sich eine Art Kraft enthielt, die meine Seele von der früheren Interpretation abbringen wollte. Gleichzeitig entfaltete sich gegen diese Kraft ein ebenfalls seelischer Widerstand, der nun nicht zulassen wollte, die damalige Interpretation des Erlebten in Frage zu stellen. – Die Dinge sind schwer zu schildern, da es sich um feine und intime, rein seelisch-ätherische Vorgänge handelt, auf die man dabei aufmerksam werden muß. Indem ich zu verstehen begann, daß mich der innere Kräftevorgang – eine Art seelisches „Drehmoment" – von der damals gebildeten Anschauung weg und zu etwas Neuem hinführen wollte, ließ ich mich zögernd darauf ein. Und nun bemerkte ich, wie mir das damalige Verständnis des Erlebten durch jene innere Kraftwirkung wie aus den Händen gerungen wurde und sich ein gegenteiliges Verständnis einzustellen begann. Es wurde in mir – zunächst gegen den eigenen Willen – die frühere Zuordnung von Opfer und Täter in Frage gestellt und zunehmend sozusagen herumgedreht. Und je weiter ich die neu sich einstellende Interpretation zuließ und das „Seelendrehmoment" als Phänomen ernst nahm, mich also nicht weiter dagegen sperrte, um so mehr fand ich mich dazu bereit, anzuschauen und zu akzeptieren, was als Neues auf mich zukam. Der Vorgang führte letztlich dazu, daß mir klar wurde, daß mein ehemaliges Verständnis des Erlebten nicht stimmte. Ganz eindeutig, so sehe ich es heute, war meine Seele beim ersten Eintreten jenes Erlebnisses nicht reif genug, die Situation wahrhaftig und umfassend genug zu beurteilen. Sie konnte nicht zulassen, sich selbst als den „Täter" zu erkennen, der soziales Unheil angerichtet hatte und mit dessen Folgen sie heute wieder konfrontiert wurde.

Wenn man nicht entsprechend ernsthaft interessiert vorgeht, sondern lieber einmal gebildete Urteile aufrecht erhalten will, wird man derlei intime Kräftewirkungen im eigenen Leibesgefüge kaum oder gar nicht bemerken. Dann kann man geneigt sein zu glauben, daß die erste unmittelbare Seelenantwort auf das Auftreten eines inneren Eindrucks auf jeden Fall die richtige Interpretation beinhaltet. Man stellt dann jedoch nicht in Rechnung, daß die eigene Seele bestimmte Zusammenhänge unter Umständen einfach nicht sehen will noch kann und mit allen Mitteln dahin wirken wird, daß Wahrheiten, die sie selbst betreffen, nicht ans Tageslicht kommen.

Ich schildere diesen Umdrehungsvorgang deshalb so ausführlich, weil er mir entscheidend zu sein scheint für jegliches Prüfen und Untersuchen derartiger Erfahrungen. Dieses spielt sich mitunter in derlei intimen, kaum feststellbaren Formen ab. In bezug auf den methodischen Verlauf des inneren Umgangs mit dem Erlebten war der geschilderte Vorgang für mich außerordentlich lehrreich und eindrucksvoll. Und aus dem zeitlichen Abstand muß ich auch sagen, daß wesentlich mehr dafür spricht, daß sich die Angelegenheit so abgespielt hat, wie es sich nach der Umdrehung abzeichnete. Aber meine Seele konnte diesen Tatbestand am Anfang ganz offensichtlich nicht zulassen; es fehlte die eigene innere Reife.

W.W.: Was ist in den dazwischen liegenden Jahren mit Dir und Deinem Umkreis geschehen, daß Deine Seele diese andere Deutung akzeptieren konnte?

N. Rohlfs: Die Konstellation der betreffenden Menschen blieb noch eine geraume Zeit bestehen, und wir machten einiges miteinander durch. Zudem geschah natürlich vieles, was man vordergründig nicht mit dem dargestellten Erlebnis und dem Wandel seiner Deutung in Verbindung bringen würde, was aber letztlich doch einen wesentlichen Einfluß auf den ganzen Prozeß hatte.

Dazu gehört, nur um eines zu nennen, z.B. das tägliche Üben der Rückschau. Diese und andere Übungen haben einen sehr wertvollen Effekt, den man gewöhnlich unterschätzt, da man ihn nicht direkt festmachen kann. Aber sie wirken auf das gesamte Seelenleben und damit auch auf das geschilderte Erlebnis und sein Seelenumfeld. Insofern geht es weniger darum, was man über die Jahre direkt mit diesem einen Erlebnis „anstellt", sondern es ist viel wichtiger, dieses sinken zu lassen, auf anderem Felde aber beständig weiterzuarbeiten und zu üben. Die Gesamtheit der Beschäftigungen, inneren Arbeiten und Übungen verändert die Seele. Eines Tages ist es dann so weit, daß die Seele die Möglichkeit hat, ein Geschehnis anders zu sehen.

W.W.: Vielleicht dreht es sich eines Tages noch einmal!

N. Rohlfs: Genau, ich will keineswegs ausschließen, daß ich die Angelegenheit eines Tages noch einmal ganz anders betrachten werde.

Karmaübungen in der Gruppenarbeit

W.W.: Du führst in Kursen praktische Karmaübungen mit Menschen durch. Wie gehst Du dabei vor?

N. Rohlfs: Aus den Karmaübungen Rudolf Steiners kann man ganz bestimmte Qualitäten und Methoden herausarbeiten. In den Karmaübungen aus dem Jahre 1912 (GA 135/23.01.1912) empfiehlt Steiner, auf all die Begebenheiten näher zu schauen, die man als Zufälle auffaßt und von denen man sagen muß, daß die eigenen Fähigkeiten und Unfähigkeiten damit in keinem Zusammenhang stehen. Auf der anderen Seite empfiehlt er, auf das zu schauen, was man nicht gewollt hat, was aber doch im Leben geschehen ist. Ich nenne das jetzt einmal Lebenswiderstände. Das können z.B. Umstände sein, die einen über viele Jahre des Lebens begleiten und die einen schmerzen, weil man nicht mit ihnen fertig wird.

Das sind zwei individuelle Übungselemente, die man aber auch in die Arbeit mit einer Gruppe von Menschen umformen kann. Ich stelle den Seminarteilnehmern die Aufgabe, sich ein biographisches Ereignis im eigenen Leben zu suchen, das überschaubar ist und schon eine gewisse Zeit zurückliegt. Das biographische Motiv soll zumindest eines der beiden Übungselemente – Zufall bzw. Lebenswiderstand – enthalten.

In der Regel arbeite ich mit ungefähr 15 Leuten und teile sie in drei Gruppen ein. Ich fordere die Teilnehmer dann auf, sich dieses Ereignis möglichst intensiv in der Erinnerung vor sich hinzustellen, und gebe ihnen die Aufgabe, einander das gewählte Beispiel in der kleinen Gruppe zu schildern. Alle sollen ein möglichst anschauliches Bild der äußeren und auch der inneren Situation eines jeden zum Zeitpunkt des jeweiligen Ereignisses bekommen. Bis hierher ist den Seminarteilnehmern die Arbeitsaufgabe bekannt, dann aber kommt ein Schritt, der ihnen noch nicht bekannt ist. Dieser zweite Schritt beinhaltet eine Auflistung gewisser charakteristischer Elemente des eigenen Lebens. Dieser zweite Schritt soll die Teilnehmer dazu anregen, das erinnerte Ereignis so zu betrachten, daß sie es selbst gewollt haben könnten. Denn es ist bei dieser Art der Betrachtung entscheidend, daß man die Ereignisse des Lebens auch einmal so betrachtet, daß nicht die Menschen meines Umkreises an meinem Unglück schuld sind, sondern daß ich es selbst so gewollt habe.

Während die Teilnehmer in den kleinen Gruppen arbeiten, pendele ich zwischen diesen Gruppen hin und her. Für einen dritten Schritt steigen alle Teilnehmer der jeweiligen Gruppe in einen Auswertungsvorgang ein, an dessen Schluß die Wahl eines der Beispiele steht, das dann gemeinsam weiterbearbeitet wird.

In einem nächsten Schritt versuchen wir, die Menschenbegegnungen, die in der gewählten Begebenheit enthalten sind, aus den äußeren Kleinigkeiten herauszuheben und sie sorgfältig charakterisierend zu beschreiben. Indem man die zwischenmenschlichen Beziehungen in ihrer Qualität beschreibt, hebt man sich von den sinnlichen Gegebenheiten ab. Genauso wie wir die Qualität der Menschenbegegnungen zu ergründen versuchen, versuchen wir auch, das seelische Verhältnis des Betreffenden zu seiner Arbeit, seiner Umwelt usw. zu beschreiben. Es ergeben sich durch dieses Vorgehen etwas wie Kompositionen von Qualitäten, die man in ihrer Vielfalt, ihren Beziehungen untereinander innerlich vor sich zu sehen beginnt. Und darum geht es. Diese Qualitäten sind größtenteils seelischer und lebensmäßiger Natur, zum Teil aber auch geistiger Art.

In einem weiteren Schritt werden auf der Grundlage des eben Dargestellten kleine Farbskizzen gemalt. Die Teilnehmer zeichnen dabei etwas von dem, was sie als wesentlich an dem gemeinsam bearbeiteten Beispiel erfaßt haben. Dabei sollen die sinnlichen Gegebenheiten nur die Unterlage bilden, selbst aber möglichst nicht abgebildet werden. Indem man den Vorgang auf eine andere Ebene transponiert, erhebt man sich noch einmal ein Stück von der sinnlichen Welt der Einzelheiten, die aber als Grundlage außerordentlich präsent sein müssen.

Diese Skizzen bilden wiederum den Boden für eine Weiterbearbeitung der gewählten drei Beispiele. Das kann wieder in der großen Gruppe geschehen. Wenn wir uns im Plenum treffen, wähle ich ein Beispiel aus, mit dem wir beginnen, und es wird dann von einer anderen als der betroffenen Person dargestellt. Darauf muß man sich vorher gut vorbereiten. Es geht vor allem darum, dieses Beispiel möglichst exakt wiederzugeben. Auch jetzt versuchen wir, die wesentlichen Qualitäten herauszuarbeiten. Das kann z.B. die Hauptachse zwischen zwei Personen sein, bei der sich anfangs vorhandene Seelenqualitäten im Verlauf des behandelten Ereignisses in ihr Gegenteil verkehren.

Wir versuchen nun, eine Empfindung dafür auszubilden, ob die geschilderten Geschehnisse dieses Lebens in der Art, wie wir sie bis dahin herausgearbeitet haben, eher in einer Art auf- oder absteigender Linie, in einem kontinuierlichen Bogen zu verlaufen scheinen, oder ob es eher so wirkt, als liege eine Art Umpolung in Gegensätzliches vor. Es entstehen dann mitunter recht präzise Fragen, die sozusagen „nach rückwärts", auf die vorgeburtlichen Bildungs- und Verwandlungsvorgänge sowie in frühere Leben verweisen können. – Das sind natürlich anfängliche Versuche, die aber doch die Blickrichtung auf die karmischen Verwandlungsvorgänge zu lenken vermögen.

Wenn wir dann ein karmisches Motiv betrachten, kann es bei dem Gespräch in der großen Gruppe sehr in die Tiefe gehen, denn es bleibt meist nicht nur bei anfänglichen Empfindungen oder der Darstellung von Qualitäten. Man kehrt z.B. auch hin und wieder ein geschildertes Geschehnis ins Gegenteil um.

W.W.: Wie ist das zu verstehen?

N. Rohlfs: Wenn z.B. ein Mensch von einem anderen immer wieder verbal stark angegriffen wird, dann kann man sich als Arbeitsrichtung einmal fragen, wie eine solche Situation aus einer Art „Gegenteil" entstanden sein könnte. Das hört sich vielleicht etwas simpel an, aber es ist hilfreich, diese Blickrichtung einmal anzunehmen. Es kann natürlich auch die Neuauflage einer gleichen Geste in neuer Umkleidung sein. Auf diese Weise arbeiten wir in den Kursen, und es ist sehr unterschiedlich, wie weit man dabei kommt.

Die erste Karmaübung

W.W.: In Eurer Gruppenarbeit verwendet Ihr die erste Karmaübung von Rudolf Steiner (GA 135/23.01.1912). Wie würdest Du einem Menschen empfehlen, diese Karmaübung allein für sich zu machen?

N. Rohlfs: Am besten ist es, für die Übung ein Ereignis zu wählen, das nicht allzu lange zurückliegt. Es kann ein Zufallsereignis sein oder ein Lebenswiderstand bzw. etwas Unangenehmes, das einem im Miteinander mit anderen Menschen entgegengekommen ist. Eine erste Übung ist es bereits, auf so etwas überhaupt in aller Ruhe aufmerksam zu werden, denn wir haben doch vielfach die Tendenz, Unangenehmes überhaupt nicht bemerken zu wollen. Es kann natürlich auch sein, daß man die Widerstände und Unannehmlichkeiten aufbläht. Man versucht also bei dieser ersten Karmaübung, die Begegnung mit einem Menschen genau zu erinnern und z.B. die spitzen Bemerkungen, die zwischen dem anderen und einem selbst gefallen sind, die Beleidigung, die schließlich von einer Seite fiel, das darauf folgende abrupte Auseinandergehen usw. sich sorgfältig zu vergegenwärtigen. Am besten macht man diese Übung gegen Abend, aber nicht so spät, daß man darüber einschläft. Man sollte versuchen, den Vorfall möglichst plastisch und anschaulich in der eigenen Vorstellung aufzubauen und die eigene seelische Stimmung, die einem während des Vorfalls vielleicht wenig ins Bewußtsein getreten ist, näher zu greifen. Wenn möglich, sollte man auch versuchen, die seelische Beteiligung des anderen zu beschreiben.

Gelingt diese Bemühung, wird man in der Begegnung Elemente entdekken, die einem unangenehm sind, die man nicht gewollt hat. Dehnt man diese Übung auch auf andere Begebenheiten aus, kann man die Qualitäten, die in allen Elementen liegen, zu einer Art Einheit bzw. Ganzheit zusammenfügen, indem man sich eine Gestalt vorstellt, die alles das, was man im Leben nicht gewollt hat, beinhaltet. Man muß sich also vorstellen, daß diese Gestalt sämtliche Eigenschaften und Willensimpulse hat, die einem selbst unangenehm sind, die man im eigenen Leben nicht gewünscht hat, die man selbst abgestoßen hat. Man muß sich auch versuchsweise sagen, daß diese Gestalt nicht das Böse der Welt verkörpert, das einem übel mitspielen will, sondern daß man alles das, was diese Gestalt ausmacht, sozusagen probeweise ins eigene Wesen miteinbezieht, und daß man sogar das, was diese Gestalt an Eigenschaften hat, aktiv will. Man stelle sich also vor, daß diese Gestalt eine Seite der eigenen Wesenheit ist, und versuche obendrein, diese Vorstellungen in die eigene Empfindung zu bekommen.

Wenn man dieses übt, dann wird sich – so sagt es Steiner – eine Art Gemütserinnerung an frühere Leben einstellen. Man wird zunächst keine Schauungen haben, vielmehr die Stimmung eines früheren Erdenlebens zu empfinden beginnen.

W.W.: Wenn man nun alle Unbill des Lebens – die eigenen Unfähigkeiten, sämtliche Widerstände und Unglücke – dieser Gestalt zumißt, kann es dann nicht geschehen, daß man aus dem Rahmen der Übung herausrutscht und sich die Meinung bei einem festsetzt, daß wirklich sämtliche Unbill dieses Lebens Karma sind? Mit vielen Dingen wird dies sicherlich auch so sein, aber nicht mit allen. Siehst Du darin eine Schwierigkeit?

N. Rohlfs: Nein, denn man kann diese Übung als Arbeitshypothese nehmen. Man sollte diese Übung einfach durchführen und abwarten, was geschieht. Es ist so, als würde man eine Art Kleiderständer mit den verschiedensten Eigenschaften und Willensimpulsen behängen, die alle damit zusammenhängen, was ich nicht will, was mir zuwidergelaufen ist usw. Natürlich muß ich innerlich eine Gliederung vornehmen können, um nicht in derartige Spekulationen zu verfallen, wie Du sie gerade eben erwähntest.

Die zweite Karmaübung

W.W.: Im Jahre 1924 gibt Steiner zwei weitere Karmaübungen. Am 04.05.1924 diejenige, in der man den sichtbaren Menschen in drei Stufen in seinem Bewußtsein auslöschen soll, so daß das Geistige zum Vorschein kommen kann, und die andere im Vortrag vom 09.05.1924 (beide GA 236). Die Aufgabe ist hier, sich z.B. ein Gespräch oder ein Ereignis ins Bewußtsein zu rufen, und zwar möglichst jede Einzelheit. Kannst Du die Karmaübung vom 09.05.1924 ein wenig konkreter darstellen?

N. Rohlfs: Rudolf Steiner knüpft an die Karmaübung aus dem Jahre 1912 an und führt sie weiter aus, indem er ein Beispiel gibt: Ein Freund sagt einem etwas Unangenehmes, und die eigene Seele reagiert entsprechend verletzt darauf. Man kann sich jetzt diese kleine Begebenheit am Abend noch einmal vornehmen, indem man sich das Geschehnis möglichst intensiv und anschaulich vergegenwärtigt. Wenn man diese Übung durchführt, wird man bemerken, daß man tiefer in das Geschehnis einsteigen kann, weil man weitere Einzelheiten bemerkt als unmittelbar während des Vorfalls. Durch diese Übung wird das Geschehnis intensiver in die eigene Seele hineinplastiziert, und darauf beruht dann letztendlich die Wirkung der Übung.

Steiner schildert für den weiteren Verlauf dieser Übung, daß das durch die Vorstellung aufgebaute Erinnerungsbild nachts vom Astralleib aus dem schlafenden physischen und Ätherleib herausgehoben und in den Weltenäther eingeprägt wird. Dort entsteht dann eine der Begebenheit entsprechende ätherische Gestalt. Beim nächsten Aufwachen – dem zweiten Tag – nimmt der Astralleib des Menschen die mit Ätherischen angefüllte Gestalt wieder mit hinab und prägt sie dem Ätherleib des Menschen ein.

Steiner spricht darüber, daß bereits während dieses Vorgangs parallel bestimmte Stimmungen, z.B. säuerliche Stimmungen entstehen können. Meine Erfahrung mit dieser Übung ist, daß man am ersten Tag ein Höchstmaß von aktiver Erinnerungs- und Vorstellungskraft aufbringen muß, während man dagegen am zweiten Tag den Willen nicht aktiviert, um etwas hervorzubringen, sondern um etwas aufzunehmen. Ich muß also versuchen, auf den Vorgang aufmerksam zu werden, daß der Astralleib das ätherisch angefüllte Bild in mein Wesensgefüge hineinplastiziert hat. Das ist eine Begegnung des Astralischen mit dem Ätherischen, und ich muß besonders wach sein, wenn ich davon etwas mitbekommen will. Man kann das versuchen, indem man morgens beim Aufwachen zuallererst die Aufmerksamkeit auf diesen Vorgang richtet.

Was dem Ätherleib eingeprägt worden ist, macht wiederum eine Metamorphose durch, geht durch die nächste Nacht und wird am dritten Tag dem physischen Leib eingeprägt. Wenn dieses Erlebnis anfangs so kräftig erinnert worden ist, daß es über die Tage nicht verlorengeht, wird es in der Nacht zum vierten Tag vom physischen Leib vergeistigt. Durch diese Vergeistigung können am Morgen des vierten Tages starke Empfindungen – Steiner spricht von der Empfindung, in einen Schraubstock eingespannt zu sein, den eigenen Willen in gewisser Weise nicht betätigen zu können – und deutliche Bilder im Bewußtsein des betreffenden Menschen auftreten. Durch diesen Vergeistigungsprozeß wird ein Bild aus der Leiblichkeit herausgelöst, das als Bild eines früheren Lebens in einem ursächlichen Zusammenhang zu dem Ereignis in diesem Leben steht, das erinnert wurde.

W.W.: Ruft man sich am zweiten, dritten und vierten Tag dieser Karmaübung das Erinnerungsbild noch einmal kraftvoll ins Bewußtsein, oder macht man diese Übung nur am ersten Tag?

N. Rohlfs: Ich kenne es nur so, daß man es möglichst kraftvoll am ersten Tag macht. Natürlich könnte man es auch in den folgenden Tagen üben und mit weiteren Erinnerungen anreichern. Aber ich kann nur aus meiner eigenen Erfahrung sprechen, und so habe ich es bisher nicht gemacht.

Allerdings habe ich etwas anderes durchgeführt, und zwar habe ich mir während des ersten Tages verschiedene Begebenheiten vorgenommen, um sie dann alle abends vor meine Seele zu stellen, und sie ins Bewußtsein zurückzurufen. Steiner hat darauf hingewiesen, daß es von Vorteil sein kann, mehrere Ereignisse in die Karmaübung mit aufzunehmen. Er betont, daß dies nicht zu einer Verwirrung führen, sondern daß das, was zusammengehört, auch zusammenfinden würde.

Rückführungen

W.W.: Bei den Karmaübungen Steiners können Bilder aus früheren Inkarnationen aufsteigen. Der gleiche Anspruch wird für die Regressionen erhoben. Um was handelt es sich bei den während einer Regression zum Vorschein kommenden Bilder?

N. Rohlfs: Ich möchte da gerne etwas Ergänzendes sagen, was bei dem heute üblichen Selbstverständnis der Reinkarnationstherapie meines Erachtens mangels entsprechender Begrifflichkeit oder auch mangels entsprechender okkulter Studien und Erfahrungen kaum berücksichtigt wird. Es könnte aber das Verständnis der auftretenden Phänomene u.U. von einer gewissen Seite sehr bereichern. Das folgende hat sich mir als eine Möglichkeit aus verschiedenen Gründen ergeben, die ich hier nicht im einzelnen anführen kann.

Es bleiben nach dem Tod des Menschen in den übersinnlichen Sphären um die Erde herum Teile der sich auflösenden Äther- und Astralleiber erhalten; sie gehen nicht den allgemeinen Entwicklungsgang, machen also den Weg der Auflösung im Weltenäther bzw. in der Astralwelt nicht mit, sondern bleiben als eine Art ätherische oder astralische Entitäten, als „Verklumpungen“ um die Erde herum erhalten und haben, sehr verkürzt gesprochen, die Tendenz, sich zu materialisieren bzw. sich sozusagen „inkarnieren“ zu wollen.

Wenn sich nun die geistige Individualität des Menschen zur Inkarnation anschickt und sich mit einem neuen Astral- und Ätherleib umkleidet, so nimmt sie ihren Weg auch durch jene Sphären, in denen sich die erwähnten ätherischen und astralischen Leibesreste befinden und zumindest eine Zeitlang eine Art Eigenleben führen. Während die Individualität den ihr zukommenden neuen Astral- und Ätherleib aufbaut, bewegt sie sich durch diese „dickflüssige" Substantialität der Äther- und Astralleib-Leichname. Es scheint nun so zu sein, als würden unter gewissen Bedingungen beim Inkarnationsvorgang des Menschen diese verfestigten Formen in die regulär aufgebauten Wesensglieder mit hineingenommen. Mit den Überresten solcher Leiblichkeiten sind nun aber immer ungelöste Schicksalsprobleme verbunden, z.B. begierdenhafter Art, die gerade die Auflösungsvorgänge behindern oder gar zum Teil verunmöglichen, die ansonsten mit Äther- und Astralleibern stattfinden. Und diese Reste verbinden sich nun möglicherweise bei Inkarnationsvorgängen mit den sich bildenden Leibern, sitzen nun – bildhaft gesprochen – in diesen drinnen und führen eine Art Fremd- oder Eigendasein in der Leiblichkeit sich inkarnierender Individualitäten, bis sie möglicherweise auf irgendeine Art erkannt und aufgelöst werden.

Ich vermute nun, daß mit Hilfe von Rückführungen und Reinkarnationstherapie neben anderem auch ein Zugang zu den Erinnerungsfetzen fremder Leibesüberbleibsel gewonnen werden könnte. Wenn das so sein sollte, so wäre in den entsprechenden Fällen der Name Reinkarnationstherapie zwar irreführend, da es sich dann um ganz andere Tatbestände als die eigenen früheren Erdenleben handeln würde. Sinn und Bedeutung dieser Therapieform wären unter diesem Gesichtspunkt jedoch klar erkennbar.

Bestätigt wird mir übrigens meine Vermutung derartiger Zusammenhänge dadurch, daß in der Reinkarnationstherapie vielfach Erlebnisse von sexuellem Mißbrauch und Gewalttaten zum Vorschein kommen. Auch verschiedenste Arten von Suchtverhalten nehmen einen großen Raum ein. Das sind drei Elemente, die den Menschen sehr stark an das Materielle fesseln. Insofern wäre es nicht verwunderlich, wenn ätherisch-astralische Überreste entsprechender Prägungen eines Menschen sich in erdnahen Sphären befänden, von der Begierde nach materiellem Dasein angezogen und festgehalten.

W.W.: Dann müßte man also die Reinkarnationstherapie Ätherleib-Leichnams-Befreiungstherapie nennen.

N. Rohlfs: Ja, vielleicht. Insofern scheint mir, daß von einer ernstzunehmenden Reinkarnationstherapie wirklich etwas außerordentlich Wesentliches vollbracht werden kann. – Das von mir jetzt Dargestellte ist wohlgemerkt als Ergänzung des Selbstverständnisses dieser Therapieform zu verstehen. Und es ist natürlich nicht die einzig mögliche.

Gemeinsam zu einer tieferen Schicht vordringen

W.W.: Wir haben heute über verschiedene Aspekte gesprochen, wie man zu seinen früheren Inkarnationen einen anfänglichen Zugang bekommen kann. Oft sind diese Bemühungen aber von Sensation und Neugier begleitet, was aber sicherlich ein Irrweg ist. Was sollte der tiefere Sinn sein, sich mit derartigen Fragen zu beschäftigen, ohne daß man in den Egoismus abgleitet?

N. Rohlfs: Ein Aspekt ist mir besonders durch die sozialen Zusammenhänge deutlich geworden, durch die solche Bildeindrücke immer wieder ausgelöst werden. Das Auftreten von Eindrücken aus früheren Inkarnationen könnte möglicherweise den Sinn haben, einander in einer tieferen Dimension zu erkennen und zu begegnen als der, in der dies im Alltagsbewußtsein heute der Fall ist. Es könnte sein, daß wir zunehmend einer ins Karmische vertieften Erkenntnis voneinander bedürfen, um nicht sozial gesehen in eine total zerstörerische Atomisierung zu geraten und in dieser völlig aufzugehen.

In sozialen Zusammenhängen, z.B. in einem Kollegium, kann man die Notwendigkeit, solche Grundlagen zu erarbeiten, daran erkennen, daß man individuell üben kann, so viel man will, daß man gewissenhaft die Nebenübungen durchführen kann, aber gemeinsam trotzdem nicht weiterkommt. Soziale Probleme werden dadurch nicht gelöst, daß man individuell übt. Solange man nur als einzelner Übungen durchführt, kommt man gemeinsam nicht zu einem Durchbruch, denn für den Durchbruch ist ein Bewußtseinsschritt aller Beteiligten notwendig. Dieser in Gemeinschaften entscheidende Erkenntnisschritt kann nur in die Richtung gehen, die Steiner mit der Aufgabe des Erwachens am Geistig-Seelischen des anderen Menschen vorgezeichnet hat. Daraus kann ein in Gemeinschaft vollzogener höherer Bewußtseinszustand resultieren. Und ein solches Erwachen bildet wiederum die Grundlage für karmisches Schauen, das dann zu einem vertieften Erkennen führen kann.

Blick durch den Schleier der Vergangenheit

Interview mit Johannes W. Schneider

von Wolfgang Weirauch

Dr. Johannes W. Schneider, *geb. 1928. Nach dem Studium von Pädagogik, Psychologie und Geschichte ein einjähriges heilpädagogisches Praktikum in Schweden. Dann zehn Jahre Lehrer an einer süddeutschen Waldorfschule. Seit 1965 als Vortragsredner und Seminarleiter tätig, seit 1970 auch in der Ausbildung von Kindergärtnerinnen und Altenpflegerinnen. Sein besonderes Interesse gilt neben der Entwicklungspsychologie den ostasiatischen Kulturen.*

Buchveröffentlichungen: „Michael und seine Verehrung im Abendland" (Dornach 1981); „Erinnerungen an frühere Erdenleben?" (Dornach 1996).

Die Zeiten, in denen man die übersinnliche Welt schlicht verleugnete, werden bald zu den Relikten einer versunkenen Epoche gehören. Eine neue Zeit bricht bereits herein – die Epoche, in der man zunehmend konkretere übersinnliche Erlebnisse haben wird. Es begann in diesem Jahrhundert vor allem mit den Nah-Todeserfahrungen. Millionen von Menschen bezeugen mittlerweile ihre Einsicht in nichtsinnliche Sphären und schildern detaillierte Begegnungen mit den Erinnerungseindrücken des eigenen vergangenen Lebens und mit Verstorbenen und anderen geistigen Wesen.

Nun hebt sich aber nicht nur der Schleier von der Pforte des Todes, sondern auch der Schleier am anderen Pol des menschlichen Lebens, der Geburt, wird zunehmend dünner. Immer mehr Menschen sind in der Lage, in den vorgeburtlichen Zustand, vor allem aber in frühere Erdenleben zu schauen. Plötzlich tauchen mitten im Tagesgeschehen Bilder in ihrem Bewußtsein auf, die sich nicht aus dem jetzigen Erdenleben erklären lassen, aber doch einen Bezug zu den Menschen haben. Es können Bilder einer früheren Inkarnation sein, aber sie können auch einen anderen Ursprung haben. Auf Zukunft gesehen wird man sich für die immer häufiger auftretenden übersinnlichen Erlebnisse eine exakte geistige Unterscheidungskraft erarbeiten müssen.

Ich sprach mit Johannes W. Schneider über die karmischen Beziehungen der Menschen, die erwähnten Bilder aus vergangenen Erdenleben und über östliche Reinkarnationsvorstellungen.

Träume

Wolfgang Weirauch: Mit dem einen Menschen ist man karmisch verbunden, mit dem anderen nicht. Träumt man von beiden in gleicher Weise?

Johannes W. Schneider: Wenn ich einem Menschen begegne, mit dem ich keine karmische Beziehung habe, werde ich in der ersten Zeit nach dieser Begegnung nicht von ihm träumen. Wenn ich aber mit diesem Menschen über Jahre in regem Kontakt stehe, können auch Träume von ihm auftreten. Allerdings gibt es eine Tatsache, die immer wieder Anlaß zu Irrtümern ist: Ich kann das Traumbild eines Menschen haben, obwohl ich gar nicht von diesem Menschen träume. Ich träume z.B., wie Nachbars Kinder vor meinen Füßen herumwuseln, aber in Wirklichkeit sind das gar nicht diese Kinder, sondern meine zweifelnden, irrlichtelierenden Gedanken, für die nur das Bild der Nachbarskinder im Traum herhalten muß. Selbst wenn ich während des Traumes genau weiß, um welche Menschen es sich handelt, träume ich nicht wirklich von ihnen. Es sind andere Dinge, die in die Bilder dieser Menschen eingekleidet werden.

Ein berühmter Traum in diesem Zusammenhang ist z.B. der eines Philosophieprofessors. Er träumt von seinen Studenten, die im Hörsaal sitzen, und er bemerkt, wie sie im Laufe des Traumes nach und nach den Hörsaal verlassen. Er versucht, die herausgehenden Studenten zurückzuhalten, indem er lauter spricht und einfachere Worte wählt, aber er findet keine Möglichkeit, sie aufzuhalten. Da kommt ihm der erleichternde Gedanke, er sei gar nicht Professor an dieser Universität, sondern komme von der königlichen Universität im hohen Norden, zu der er noch vor Ostern zurückkehren werde. – Die Bedeutung des Traumes ist, daß seine Lebenskräfte nach und nach schwinden. Im Bild sind das die Studenten. Und tatsächlich wurde dieser Professor nach Weihnachten an einem schon vorgeschrittenen Krebs operiert, aber er wollte von seinem bevorstehenden Tod nichts wissen, der dann vor Ostern eintrat. Das ist ein typisches Beispiel für das Träumen von Menschen, die aber in Wirklichkeit gar nicht gemeint sind.

W.W.: Wie kann man unterscheiden, ob im Traum tatsächlich die Individualität gemeint ist oder ob es nur das Bild irgendeines Menschen ist?

J.W. Schneider: Ein verhältnismäßig sicheres Zeichen dafür, daß die Individualität gemeint ist, ist, daß dieser Mensch mich im Traum ansieht, mich anspricht oder auf mich gerichtet handelt.

Die Schicksalsbeziehung liegt im Willen

W.W.: Welche Unterschiede bestehen in bezug auf das Karma zwischen den Menschenbegegnungen in der ersten Lebenshälfte und denen in der zweiten?

J.W. Schneider: Eine Tendenz des Schicksals ist, daß man einem Menschen in einem späteren Leben in einer anderen Situation begegnet, z.B. in einem anderen Alter als im vorigen Leben. Altersfreundschaften des einen Lebens werden oft zu Beziehungen innerhalb der ersten Lebenshälfte eines folgenden Erdenlebens. Das muß aber nicht immer bei beiden Partnern der Fall sein, denn es kann auch vorkommen, daß der eine das Kind wird, der andere z.B. ein Elternteil. Deswegen kann man nicht mit Sicherheit annehmen, daß man jemandem, den man in der zweiten Lebenshälfte kennenlernt, im nächsten Leben in der ersten begegnen wird. Aber wenn man sich als gereifte Persönlichkeit begegnet, entsteht eine gewisse Sehnsucht, sich auch einmal als Werdender, z.B. als Kind oder Jugendlicher, zu erleben.

Man kann folgende Erfahrung machen: Wenn sich Menschen begegnen, haben sie eine gewisse Stellung zueinander, z.B. die Eltern und ihre Kinder. Das Natürliche ist, daß die Kinder zu ihren Eltern aufschauen, daß sie von ihnen durch das Leben geführt werden. Es kann aber auch sein, daß die Mutter oder der Vater bei einem ihrer Kinder eine sehr starke Orientierung suchen. Bei einem derartigen Verhältnis kann vorliegen, daß in einem vorigen Leben das jetzige Kind z.B. der Lehrer seiner jetzigen Eltern gewesen ist und diese damals zu ihm aufgeschaut haben. Diese innere Geste der Orientierungssuche hat sich bis ins nächste Leben fortgesetzt. – Wenn so etwas vorliegt, gewinnt man nicht nur Sicherheit, daß überhaupt eine karmische Beziehung besteht, sondern man kann schon etwas näher abtasten, aus welchem Zusammenhang, aus welcher Stellung man einander kennt. Manchmal!

W.W.: Steiner betont hin und wieder die Wichtigkeit der Begegnungen mit anderen Menschen zwischen dem 30. und 40. Lebensjahr. Was hat es damit auf sich?

J.W. Schneider: Das ist eine besondere Situation. Meist handelt es sich dabei um ungefähr gleichaltrige Menschen. Mit den Menschen, denen man in dieser Zeit begegnet, lebt man z.B. eine bestimmte Möglichkeit der partnerschaftlichen Beziehung aus. Diese Begegnung in einer gleichgestellten Situation kann der Beginn einer Beziehung sein, aus der die Sehnsucht erwächst, sich später in einer anderen Situation – z.B. als Eltern und Kinder – zu begegnen. Begegnungen in der Lebensmitte sind häufig zukunftsorientierte Begegnungen.

W.W.: Wodurch erkennt man, daß eine karmische Beziehung zwischen Menschen besteht? Wie ist dagegen das Verhältnis von Menschen, die sich zum ersten Mal begegnen?

J.W. Schneider: Als Grundphänomen kann man sagen, daß die Schicksalsbeziehung im Willen liegt. Wenn mein Wille in der Begegnung mit einem anderen Menschen angesprochen ist, weist das auf eine alte Beziehung hin. Gedanklich ist das leicht zu fassen, in der Praxis aber nur schwer zu unterscheiden. Es kann mir z.B. jemand sehr sympathisch sein, aber diese Person kann trotzdem im Leben auswechselbar sein. Der angenehme Nachbar ist meist durch einen anderen angenehmen ersetzbar. Zwischen solchem Nachbarn und mir besteht keine tiefere persönliche Beziehung. Etwas Ähnliches liegt vor, wenn man nur ästhetisches Gefallen an einem Menschen findet. Ein derartiges Verhältnis ist keine Willensbeziehung. Wenn ich dagegen von einem anderen Menschen nicht loskomme, wenn mein Wille festhakt, dann deutet das eher auf eine karmische Beziehung hin.

Daraus resultieren auch die besonderen Träume. Ich kann z.B. einem Menschen in einer größeren Versammlung begegnen, und ich beachte ihn kaum. Aber mein Wille interessiert sich für diesen Menschen. Wenn sich dann die bewußte Gedankenführung ausschaltet, also wenn ich in den Schlaf übergehe, meldet sich der Wille zu Wort, und das Bild diescs Menschen erscheint im Traum. Ich kann z.B. sehr plastisch und konkret von einem Menschen träumen, er ist alles andere als eine Randfigur im Traumgeschehen, und im Aufwachen sage ich mir: Diesen Menschen kenne ich überhaupt nicht, eigentlich dürfte ich nicht von ihm träumen, aber gerade eben habe ich sogar sehr intensiv von ihm geträumt. – Im nachträglichen Besinnen auf diesen Menschen wird mir dann vielleicht deutlich, daß es jemand ist, den ich vor einigen Tagen getroffen, dem ich aber keine Aufmerksamkeit geschenkt habe. Wenn dann von so einem Menschen im Traum ein dynamisches, sehr anschauliches Bild heraufkommt, dann liegt eine karmische Beziehung vor. Aber dieses Traumgeschehen sagt nur etwas darüber aus, *daß* wir uns kennen, aber nicht aus welchem Zusammenhang heraus und in welcher Art.

Oft reicht ein Blick von wenigen Sekunden

W.W.: Wie und wann entstehen in diesem Leben Schicksalsbeziehungen? Was muß zwischen zwei Menschen vorfallen, damit überhaupt Karma entsteht? Reicht dafür eine flüchtige Begegnung aus, oder muß eine gute bzw. schlechte Beziehung intensiver und langfristig sein?

J.W. Schneider: Es kommt darauf an, ob mir der andere Mensch wesentlich wird. Ich gehe z.B. durch eine belebte Straße in Bangkok, und dort sitzen wie immer einige Bettler, und ich gehe vorbei. Als ich schon weit weg bin, fällt mir plötzlich der eine der Bettler ein, denn er hatte eine verkrüppelte rechte Hand, die er mir entgegenstreckte. Im ersten Moment war es mir nicht bewußt, daß es dort keine Invalidenversicherungen gibt und daß dieser Mensch, selbst wenn er arbeiten will, keine Arbeit finden wird. Diese Begegnung ist mir wesentlich, ich könnte auch sagen schicksalhaft geworden.

Ähnlich geht es einem natürlich mit vielen anderen Menschen. Es reicht manchmal der Blick von wenigen Sekunden, damit eine Begegnung menschlich-wesentlich wird. Eine solche Menschenbegegnung begründet Schicksalsbeziehung. Dagegen kann ich mit einem Kollegen jahrelang zusammensitzen, und wir unterhalten uns über das Wetter und das letzte Fußballspiel, aber es entsteht keine Schicksalsbeziehung, weil das Verhältnis nur an der Oberfläche bleibt. Es greift nicht in den Willen ein.

Ich begründe also eine Schicksalsbeziehung durch das Interesse am anderen als einmaliger Persönlichkeit. Indem ich für das Individuelle aufwache, entsteht Schicksal; auch wenn das im wahrsten Sinne des Wortes nur ein Augenblick ist. Ich entsinne mich an eine ganze Anzahl von Menschenbegegnungen, die mir wichtig geworden sind, die aber nicht länger als wenige Sekunden gedauert haben.

Auch die Art der Schicksalsbeziehung kann man erkennen. Es gibt z.B. Menschen, in deren Gegenwart es mir schwerfällt, frei zu atmen. Das wirkt dann wie ein Alpdruck. Und es gibt Menschen, in deren Gegenwart mir die Luft dünn wird. Dann aber gibt es auch Menschen, in deren Gegenwart ein wirklich freier Atemzug möglich wird. Diese verschiedenen Wahrnehmungen sagen nicht aus, *ob* eine Schicksalsbeziehung vorhanden ist, sondern *wie* sie ist. Man muß natürlich sehr aufmerksam werden, um so etwas wahrzunehmen. Es reicht nicht, den eben erwähnten Alpdruck damit zu erklären, daß einem ein anderer Mensch schlicht unsympathisch ist. Es muß schon etwas Lastendes vorliegen, das sich auf meinen Atem niedersenkt. Auf der anderen Seite reicht auch nicht die bloße Sympathie zur Erklärung, sondern das erwähnte freie Atmen ist z.B. Ausdruck dafür, daß man sich in einem Gespräch mit diesem Menschen frei austauschen kann. Zwischen Menschen, die das wirklich können, besteht eine gute Schicksalsbeziehung.

Es kann aber auch sein, daß mir ein Mensch außerordentlich unsympathisch ist und dem keine schlechte Schicksalsbeziehung zugrunde liegt, sondern ich bemerke halbbewußt, daß mich dieser Mensch an mein letztes Leben erinnert. Die Antipathie zeigt in einem solchen Fall, daß ich mich unbewußt gegen mein letztes Leben wehre und nur mit meinem jetzigen Leben zu tun haben möchte. Der andere wird mir dadurch unsympathisch, daß er mir meine verschütteten Erinnerungen an das letzte Leben ein wenig näher bringt. Vielleicht ist das ein Mensch, von dem ich gleich nach unserem Kennenlernen träume.

Aber daß er mir unsympathisch ist, bedeutet nicht unbedingt, daß er mir auch im letzten Leben unsympathisch gewesen sein muß. Eine derartige Beziehung kann sehr leicht zu einer Täuschung über die Art einer zwischenmenschlichen Beziehung führen.

Das Antlitz des Verstorbenen ist sein letztes Wort

W.W.: Wie wirkt bei einem sterbenden Menschen sein abgelaufenes Erdenleben nach? Wie löst er sich?

J.W. Schneider: Bei einem sterbenden Menschen bemerken wir ganz allgemein eine Verengung seines Lebenskreises. Er spricht nur noch von wenigen Menschen. Das müssen nicht einmal alle Familienangehörigen sein; vielleicht ist auch ganz überraschend jemand aus der weiteren Bekanntschaft darunter. Das zeigt bereits, daß der Sterbende und auch der verstorbene Mensch Sehnsucht nach ganz bestimmten Menschen hat. Er hat nicht Sehnsucht nach allen vertrauten Menschen, sondern nach wenigen, die vielleicht während des Lebens nicht einmal besonders hervorgetreten sein müssen. So kann man schon kurz nach dem Tode bemerken, daß der Verstorbene nur ganz bestimmten Menschen sehr nahe und wie gegenwärtig spürbar ist.

Wir kennen ja aus der Kriegszeit die zahlreichen Erzählungen, daß z.B. am Todestag der gefallene Sohn der Mutter erscheint. Er steht mit einem Mal im Zimmer, oder es klopft plötzlich ans Fenster. Bei der Beziehung des Sohnes zur Mutter scheint dies naheliegend, aber die Erscheinung eines Verstorbenen wird hin und wieder auch von Menschen erlebt, die dem Verstorbenen vordergründig nicht so nahe stehen. Wenn der Verstorbene auf diese Menschen einen besonderen Wert legt, so werden diese in ihrem Gedenken auch besonders viel für den Verstorbenen erreichen können.

Am Sarg in einem Aufbahrungsraum kann man die Nähe eines Verstorbenen sehr deutlich spüren. Wenn ich in einen Aufbahrungsraum hineingehe, bemerke ich eigentlich jedesmal, daß die oder der Verstorbene eine eigene Stimmung um sich verbreitet, die ganz anders sein kann als die Seelenlage, in der sich der Verstorbene noch kurz vor seinem Tod befand. Ich komme z.B. in den Aufbahrungsraum, in dem ein über Hundertjähriger liegt, der in den letzten Wochen seines Lebens nicht mehr so ganz vorzeigbar war. Aber in dem Aufbahrungsraum empfinde ich eine erhabene Stimmung, etwas von Weite und Klarheit. Es kann aber auch bei einem im Leben sehr vergnüglichen Menschen etwas wie Unerlöstheit im Aufbahrungsraum schweben. Diese individuell verschiedene charakteristische Stimmung gehört zu dem Verstorbenen, und es ist wichtig, sie wahrzunehmen.

Genauso ist jedes Totenantlitz ganz eigengeprägt. Das gilt selbstverständlich nur unter natürlichen Bedingungen, wenn nicht kosmetisch eingegriffen worden ist. Das Totenantlitz kann das Charakteristische eines Menschen noch einmal gültig zum Ausdruck bringen. Im Tode zeigt er sich vielleicht wieder so, wie man ihn in seinen besten Lebensaugenblicken erlebt hat. Man kann aber in anderen Fällen auch etwas anderes wahrnehmen: Ein mir durchaus vertrauter Mensch ist zunächst gar nicht zu erkennen. Ich vergewissere mich noch einmal an der Tür des Aufbahrungsraumes, ob dort auch der Name steht – so verändert ist bisweilen das Antlitz eines Toten. Diese Phänomene sind sehr wichtig wahrzunehmen, denn das Totenantlitz ist das letzte Wort des Verstorbenen, und man sollte nicht versäumen, es wahrzunehmen. Der Verstorbene sagt noch einmal etwas über sich aus.

Die früheren Inkarnationen prägen manchmal das Antlitz des Toten

Das Totenantlitz kann die Erhabenheit des jetzigen Erlebens des Verstorbenen ausdrücken, z.B. ein sehr ernstes oder ein sehr verschwiegenes Gesicht. In die Gesichtszüge kann sich aber auch der Ausdruck von einer oder zwei vorhergehenden Inkarnationen hineinmischen. Unterscheiden kann man dies dergestalt, daß die stärkere frühere Inkarnation im Frontalanblick erkennbar wird, eine nicht so stark ausgeprägte Inkarnation mehr im Profil. Um den Ausdruck vergangener Inkarnationen im Antlitz deuten zu können, braucht man vorher meist ein ungefähres Wissen, zumindest eine Ahnung der vorhergehenden Leben des Verstorbenen. Dann erhält man durch das Totenantlitz die Bestätigung. Diese Phänomene sind für mich als Betrachter außerordentlich wichtig, denn dadurch erkenne ich, daß der Verstorbene über seine vorhergehenden Leben spricht; und das bedeutet, daß ich nun auch darüber sprechen kann.

Es kann aber auch geschehen, daß ich durch eine ganz unerwartete Veränderung im Gesicht des Verstorbenen erst auf die Kulturströmung aufmerksam werde, aus der er stammt. Man spürt dann unmittelbar, daß die sichtbar werdende Lebenshaltung nicht die des jetzigen Lebens war. Aber ein verborgener Zug des Lebens wird mir plötzlich verständlich. Die Betrachtung des Totenantlitzes ist sehr wichtig, vor allem auch für die Beziehung zu dem Verstorbenen nach seinem Tode.

W.W.: Wie ist es zu erklären, daß sich Wesensmerkmale vergangener Leben in das Antlitz eines Verstorbenen zeichnen?

J.W. Schneider: Der Gesichtsausdruck des jetzigen Lebens wird von innen her geformt. Durch das Gesicht spricht die Seele von innen heraus. Aber bereits an der Todesschwelle beginnt eine Formung des Gesichts von außen her, besonders an den Schläfen und am Nasenrücken. Diese Formung resultiert nicht mehr aus dem inneren Erleben, sondern drückt schon etwas von dem leibbefreiten Menschen aus. Dieser leibbefreite Mensch formt das Totenantlitz von außen her. Das tritt sehr rasch nach dem Tod ein, und bereits nach Minuten können ganz charakteristische Wesenszüge auftreten. Weil der Verstorbene jetzt von seinem Schicksal erwartet wird, können sich die vergangenen Erdenleben besonders deutlich aussprechen. Das muß nicht so sein, aber es kann eintreten. – Es gibt auch die Totenantlitze, von denen man den Eindruck bekommt, daß sie das Lebenstableau widerspiegeln. Der Ernst und die Erhabenheit des Lebenstableaus übertönt dann alle anderen Charaktermerkmale.

W.W.: Könnten Sie das Beispiel eines Menschen geben, bei dem eine vergangene Inkarnation in das Totenantlitz trat?

J.W. Schneider: Nehmen wir z.B. einen Menschen, der noch nicht sehr alt war, als er starb. Trotzdem war er schon in seinem Lebenswerk ganz deutlich als Persönlichkeit hervorgetreten. Bei diesem Menschen habe ich schon während seines Lebens gespürt, daß bei ihm eine alte Naturverbundenheit, ein altes Wissen um Naturzusammenhänge vorlag. Es könnte auch eine Sternenweisheit gewesen sein. Als er verstarb, trat in sein Totenantlitz frontal das Bild eines alten Weisen, den ich fast ohne Zweifel nach Irland versetzen könnte, wie er dort in früheren Zeiten auf einem Felsen das Verhältnis zwischen Natur und Himmelswirken ergründet. Als ich diesen verstorbenen Mann von der Seite her betrachtete, kam ganz deutlich ein weibliches Gesicht heraus, obwohl er in seinem jetzt abgeschlossenen Leben weder weibliche Gesichtszüge noch einen weiblichen Wesenszug hatte. Mit diesen weiblichen Zügen zeigte sich ein Gesichtsausdruck, der nicht sehr glücklich war. Er offenbarte etwas Hingebungsvolles, war aber doch von Enttäuschung geprägt.

Der Tote beginnt, in die Ferne hineinzulauschen

Die schicksalhafte Ausdruckskraft eines Totenantlitzes zeigt sich in den ersten ein bis zwei Tagen nach dem Tod und tritt dann gegen Ende des vom Verstorbenen geschauten Lebenstableaus zurück. Gegen den dritten Tag hin werden die Totenantlitze einander ähnlicher, und man hat den Eindruck, daß sie in die Ferne hineinlauschen. Mitunter tritt sogar ein leichtes Lächeln auf. Man bemerkt also, wie der innere Blick in eine weite Ferne hinausgeht und dem sich entfernenden Lebenstableau nachsieht. Wenn man sich ein wenig schult, kann man schon bemerken, wann das Lebenstableau allmählich abklingt.

Dann tritt etwas ein, was man meist nicht mehr wahrnimmt, da dann der Sarg bereits geschlossen ist: Etwa einen halben Tag nach dem glücklichen In-die-Ferne-Lauschen tritt ein rapider Verfall ein. Das Gesicht wird völlig leer und ausdruckslos. Die gestaltende Beziehung des Verstorbenen von außen ist dann verebbt.

W.W.: In welcher Weise blickt der Verstorbene auf seine karmischen Beziehungen zurück bzw. auf die Menschen, mit denen er im vergangenen Leben eine besondere Verbindung eingegangen ist?

J.W. Schneider: Entscheidend sind für den Verstorbenen die Menschen, mit denen er eine neue Schicksalsverbindung geknüpft hat. Im allgemeinen kann man sagen, daß diejenigen Menschen, mit denen keine weitere Schicksalsbeziehung entstanden ist, nach dem Tod sehr schnell aus dem Blick des Toten verschwinden. Es ist oft sogar auffallend, daß bereits der Sterbende viele Menschen nicht wiedererkennt, obwohl ihm ihre Gesichter bestens bekannt waren. Es kann sein, daß ein langjähriger Berufskollege an sein Bett tritt, und der Sterbende fragt, wer dies sei. Darin, daß ein Sterbender einige Menschen nicht mehr wiedererkennt, von anderen aber auf Anhieb den Namen sagt, drückt sich die ins Nachtodliche, in die Zukunft weisende Beziehung aus. Diejenigen, auf die der Sterbende kurz vor seinem Tod überhaupt noch zugeht, sind für seine Zukunft von Bedeutung. Natürlich bleibt es offen, welche Rolle diese Menschen spielen werden.

Ätherleib- und Astralleib-Leichname

W.W.: Nach dem Tod stehen sämtliche Lebenseindrücke im Lebenspanorama vor dem Verstorbenen. Normalerweise lösen sich Ätherleib und Astralleib in der Äther- und Astralwelt auf. Trotzdem kann es sein, daß unabhängig von der Ich-Wesenheit Reste als Ätherleib- und Astralleib-Leichname bestehen bleiben. Gibt es bestimmte Todesarten oder Lebensweisen, die dazu prädestinieren, daß sich diese Leichname nicht auflösen?

J.W. Schneider: Das Normale ist, daß sich sowohl Ätherleib als auch Astralleib vollständig auflösen. Gewöhnlich treten hier keine Schwierigkeiten auf. Nun gibt es zwei Möglichkeiten, daß sich nicht alles auflöst. Die erste ist die positive: Bilder, in denen man während des Lebens intensiv mit seinem Ich gelebt hat, Lebenserfahrungen, durch die man sich verwandelt hat, können zu etwas heranreifen, was Rudolf Steiner die Lebensessenz bzw.

den Lebensextrakt nennt. Am ehesten wird dieser Lebensextrakt aus den Erlebnissen und Erfahrungen des Astralleibes gestaltet, teilweise auch aus den Erinnerungen, die sich während des Lebens in den Ätherleib eingezeichnet haben, wenig dagegen aus dem physischen Leib. Aber gerade in seinen frühen Vorträgen spricht Steiner darüber, daß es eine Essenz der drei Leiber gibt, zumindest der Möglichkeit nach. Diese Essenz nimmt man durch die Zeit zwischen Tod und neuer Geburt mit zur nächsten Inkarnation.

Auf der anderen Seite besteht die Möglichkeit, daß sich ein Teil des Äther- oder Astralleibes gegen die Auflösung wehrt. Diese Leiber tragen also etwas in sich, was dem normalen, gesunden Prozeß des Auflösens Widerstand leistet. Zum einen sind das die Nachwirkungen routinierter Tätigkeiten, die sich während des Lebens in den Ätherleib eingeprägt haben, oder feste Formen, die z.B. durch das automatische Wissen von Geburtsdaten, Telefonnummern u.ä. entstanden sind, also durch Dinge, die man ohne nachzudenken aufsagen konnte. Zum anderen wehren sich gegen die Auflösung emotional geladene Erlebnisinhalte. – Wenn sich der Ätherleib nach Tagen auflöst, können Ätherrückstände bestehen bleiben, und wenn sich der Astralleib nach Jahrzehnten weitgehend aufgelöst hat, können auch von ihm Rückstände ein eigenständiges Dasein fristen. Unter Umständen halten sich diese Rückstände sehr lange, vielleicht über Jahrhunderte.

W.W.: Was geschieht, wenn sich ein Ich wiederverkörpert und sich mit einem neuen Astral- und Ätherleib umkleidet, aber noch Rückstände des Äther- oder Astralleibes des letzten Lebens vorhanden sind?

J.W. Schneider: Dann werden diese Reste angezogen. Wenn während dieses Lebens z.B. spontane Erinnerungen an ein letztes Leben auftreten, die teilweise sehr überraschend sein können, dann sind das oft diese unaufgelösten Ätherrückstände des letzten Lebens. Das gilt in ganz besonderem Maße für den gewaltsamen Tod. Natürlich gilt das nur für den gewaltsamen Tod, der vorzeitig ist, denn schließlich kann auch ein fristgemäßer gewaltsamer Tod im Lebensbogen drinnenliegen. Diese Äther- und Astralleib-Leichname belasten das jetzige Leben. Nehmen wir an, jemand sei im letzten Leben vor ca. 200 Jahren verurteilt und hingerichtet worden. Er hat diesen Prozeß mit emotionaler Aufladung durchlebt. Diese Bilder können im nächsten Leben als Erinnerungen auftreten, und sie haben die Eigentümlichkeit, daß sie datierbar und lokalisierbar sind, obwohl der Bildinhalt das gar nicht hergibt. Der Betreffende weiß also, daß dieses Ereignis z.B. 1790 in Rom war, obwohl in diesem Bild kein römisches Bauwerk oder ähnliches erkannt wird.

Charakteristisch ist also, daß Gewißheiten auftreten, ohne die Deckung durch einen Bildinhalt. Ähnliches kennen wir von Wahrträumen: Man bringt aus dem Tiefschlaf etwas ganz Wesentliches mit, das nicht zum Traumbild wird, einem aber beim Aufwachen zur untrüglichen Sicherheit wird. Ähnlich tritt bei diesen eben erwähnten Erinnerungen die Datierbarkeit und Lokalisierbarkeit eines Bildes aus dem letzten Leben als Gewißheit ein. Die Bilder sind auch sehr ausgeprägt und gut konturiert, unter Umständen sogar farbig.

Bei einer gesunden Erinnerung an ein letztes Leben, bei der man umfassender in dem Stil und dem Klima des letzten Lebens lebt, vollzieht sich eher ein allmählicher Prozeß, und das einzelne Bild ist keine Überwältigung, sondern eine Bestätigung dessen, was man eigentlich schon wußte.

Träger fremder Erinnerungen

W.W.: Bisher haben Sie Menschen geschildert, bei denen sich der eigene Äther- oder Astralleibrest des letzten Lebens mit den Wesensgliedern in einer nächsten Inkarnation verbinden kann. Ist es auch möglich, daß sich der Äther- oder Astralleibrest eines anderen Menschen mit einem verbinden kann? Kann es sein, daß sich ein derart unaufgelöstes Gebilde so mit einem verbindet, daß Bilder auftreten und man sich an Geschehnisse erinnert, die man nicht *selbst* in einem früheren Leben erlebt hat?

J.W. Schneider: Ja, das ist auch möglich. Es kann sein, daß festgeformte oder emotionsgeladene Teile des Lebenstableaus von einem anderen Menschen übernommen werden. Selbstverständlich muß bei dem Menschen, der sie übernimmt, eine gewisse Veranlagung dazu bestehen. Sicherlich wird auch eine innere Verwandtschaft zu den Motiven, die noch in den unaufgelösten Äther- oder Astralleibleichnamen klingen, vorliegen.

Es gibt Untersuchungen von Ian Stevenson, der viele Kinder über ein vergangenes Leben befragt hat. Das Merkwürdige ist, daß bei sehr vielen Kindern eine Erinnerung an einen gewaltsamen Tod auftaucht, und sie gaben oft sogar an, daß sie obendrein wüßten, daß dieser oder jener bestimmte heute noch lebende Mensch sie im letzten Leben ermordet hätte. Ein solches Wissen müßte eigentlich aber so stark sein, daß es nicht während der Folgejahre verschwindet. Denn es müßte einen so stark betreffen, daß man immer gegenüber diesem vermeintlichen Mörder Komplexe hätte.

Das Merkwürdige ist aber, daß meistens mit acht oder neun Jahren nicht nur dieses Wissen bei den Kindern verschwindet, sondern auch das Wissen, daß sie etwas gewußt haben.

Ehe Ian Stevenson seine Ergebnisse veröffentlichte, hat der japanische Dichter Yukio Mishima etwas Ähnliches geschildert. In seinem Reinkarnationsroman „Der Tempel der Morgenröte“ beschreibt er eine thailändische Prinzessin, die sich gut an ihr voriges Leben in Japan erinnern kann, in ihrem jetzigen Leben auch nach Japan zum Studium kommt, die aber schließlich alle Erinnerungen an ihr letztes Leben vergißt. Sie ist später nicht einmal daraufhin ansprechbar. Sie weiß gar nicht mehr, daß sie so etwas gewußt hat. Mishima hat gespürt, welche Phänomene hier vorliegen können, und hat sie dichterisch bearbeitet, ehe sie wissenschaftlich untersucht worden sind.

W.W.: Wie sind die Phänomene, daß man sich als Kind an etwas erinnert, das man später dann vergißt, anthroposophisch zu erklären?

J.W. Schneider: Wahrscheinlich wird sich hier ein fremdes zurückgelassenes Stück vom Lebenstableau in der Seele eines jetzt lebenden Menschen auflösen, und zwar schneller auflösen als ohne die Aufnahme durch diesen Menschen. Ohne diese Aufnahme würden diese Ätherleib-Leichname sicherlich noch länger herumflattern. Eigentlich ist es also etwas Gutes, was diese Menschen für die Ätherwelt tun, es besteht nur der Irrtum, daß es sich bei der Erinnerung um das eigene frühere Leben handelt.

W.W.: Das erklärt auch, warum die Menschen bei den Rückführungen so oft davon sprechen, daß sie eines gewaltsamen Todes gestorben seien. Denn Sie führten vorhin aus, daß gerade bei einem gewaltsamen vorzeitigen Tod oft Äther- und Astralleibleichname bestehen bleiben.

J.W. Schneider: Ja. Zusätzlich spielen bei den Rückführungen auch die routinierten, oft banalen Dinge eine vordringliche Rolle. Diese meist sehr unwesentlichen Begebenheiten sind häufig gut überprüfbar, also z.B. Straßennamen, Hausnummern, Berufe, welche Zeitungen man gelesen hat usw. Das ist ja gerade das Faszinierende bei diesen Rückführungen, denn wie soll ein Mensch aus unserer Gegend plötzlich einen Straßennamen aus Straßburg und den Namen eines früher dort wohnhaften Menschen kennen? Bei all diesen Dingen handelt es sich um bloß informatorisches Wissen bzw. routinierte Fähigkeiten. Ein ähnliches Phänomen kennen wir auch aus dem Alltag: Tätigkeiten, die über Jahrzehnte in einem Beruf ausgeführt werden, bleiben oft noch als Fähigkeiten bis ins hohe Alter bestehen oder treten sogar kurz vor der Todesschwelle noch einmal besonders ausgeprägt hervor.

Regressionen

W.W.: Welche Rückführungsmethoden gibt es, und welche charakteristischen Merkmale lassen sich aus den Rückführungsprotokollen ablesen?

J.W. Schneider: Auf diese Methoden kam man fast durch Zufall, eigentlich in einer Art Gesellschaftsspiel. Es war ein Spiel mit Hypnose. Man versetzte jemanden in einer kleineren Gesellschaft in Hypnose und ließ ihn zur Belustigung der anderen Teilnehmer aus seiner Kindheit erzählen. Man ging dann versuchsweise weiter zurück in die Embryonalzeit, und plötzlich tauchte ein Bild aus einem „letzten Leben" auf. – Diese Praktik ist verhältnismäßig leicht und schnell. Allerdings hat die hypnotische Rückführung einen großen Nachteil. Der Reinkarnationstherapeut kennt nun zwar die Zusammenhänge aus dem scheinbaren früheren Leben seines Klienten, aber die Akzeptanz des Klienten ist schwer zu erreichen, denn er weiß nichts von dem, was er während seiner Hypnose gesprochen hat. Vielleicht wird er sich sogar wehren, seine eigenen Aussagen auf seine früheren Inkarnationen zu beziehen, weil er es im hypnotischen Zustand ausgesprochen hat. Abgesehen davon macht die Hypnose vom Hypnotiseur abhängig, zumindest besteht diese Gefahr in hohem Grad.

Deswegen ist man zur Gesprächstherapie ohne Hypnose übergegangen. Im Gespräch werden gewisse Reizworte oder Reizeindrücke herausgefunden, die nicht aus dem jetzigen Leben des Menschen erklärbar sind, und indem man an diesen Stellen bohrt, kann plötzlich eine Andeutung eines früheren Lebens auftauchen. Allerdings ist die Frage, ob es wirklich das eigene frühere Leben ist. Als Charaktermerkmal der Rückführung zeigt sich sehr häufig, daß das letzte Leben dem jetzigen in vielem sehr ähnlich ist: gleiches Geschlecht, gleiche Lebenssituation, gleiche Problematik ...

W.W.: ... gleiche Krankheiten, gleiches Aussehen usw.

J.W. Schneider: Genau. Diese Merkmale tauchen auch bei Mishima auf, z.B. daß man jemanden wieder an dem gleichen Muttermal erkenne. Gerade an diesen auffallenden und gleichbleibenden Merkmalen macht man manchmal während der Reinkarnationstherapie fest, daß es sich um denselben Menschen handeln müsse. In Wirklichkeit ist es aber so, daß man mit einem ungelösten Problem in dem gegenwärtigen Leben aus der Äther- oder Astralwelt etwas anzieht, was diesem Problem entspricht. Es werden also Äther- oder Astralleibleichname von anderen Menschen angezogen, die ein ähnliches Problem hatten, das sich verfestigt und sich nicht in der Äther- oder Astralwelt aufgelöst hat.

„Ich habe noch keinen Menschen getroffen, der in diesem Jahrhundert schon einmal gelebt hat“

W.W.: In jedem Schlaf durchzieht der Mensch seine gesamten Inkarnationen in abgekürzter Weise. Kommt man bei Regressionen auch mit diesem Bereich in Kontakt?

J.W. Schneider: Von vornherein ausschließen würde ich es nicht, aber es liegt nicht sehr nahe, daß diese Schichten des Schlafes dann bewußter werden.

Wahrscheinlicher ist vielmehr, daß an bestimmten Orten der uns umgebenden Astralwelt von Menschen Spuren hinterlassen worden sind, die in meinen eigenen Schlafbereich hereinkommen. Insbesondere würde das dort gelten, wo Menschen gequält worden sind. Wenn ich in der Nähe eines solchen Ortes schlafe, bin ich für die Astralwelt rundherum offen, so daß von diesen hinterlassenen Spuren etwas in mich hineinkommen kann.

W.W.: Hängt damit auch zusammen, daß viele Menschen bei den Rückführungen davon sprechen, daß sie Opfer des Holocaust seien?

J.W. Schneider: Ich denke ja. Es liegt ein Sinn darin, diese hinterlassenen Spuren, die unerlösten Leichname zu erlösen, aber das bedeutet nicht, daß die Menschen, die das berichten, selbst Opfer des Holocaust gewesen sind. Allerdings sollte man auch mit der Möglichkeit rechnen, daß solche zu Tode gequälten Menschen sehr rasch wiederkommen. Aber ich habe in meinem Leben noch keinen einzigen Menschen kennengelernt, bei dem ich sicher wäre, daß er in diesem Jahrhundert schon einmal gelebt hat. Menschen, die sich an eine vermeintliche Inkarnation in diesem Jahrhundert erinnern, habe ich dagegen mehrfach getroffen. Sie schauen die Bilder eines Menschenlebens, das aber keineswegs ihr eigenes sein muß. Wenn Bilder der wirklichen früheren Inkarnation auftauchen würden, dann wäre nicht damit zu rechnen, daß sich diese Bilder wieder verdünnen bzw. ganz verflüchtigen. Diese vorhin erwähnte Verflüchtigung der Bilder bzw. das vollständige Vergessen dieser Bilder spricht eher dafür, daß man Bilder aus dem Lebenstableau eines anderen Menschen übernommen hat.

Das Interesse der Verstorbenen für die Zeitereignisse

W.W.: In atlantischen Zeiten tauchten bei den Menschen während des Schlafes die Ahnen auf, und die Menschen hielten sich selbst für diese Vorfahren. In der ersten nachatlantischen Kulturepoche tauchten Bilder aus den Zeiten auf, in denen ihre Vorfahren lebten. Kann es sein, daß bei den Regressionen etwas Ähnliches wahrgenommen wird, daß man also mit Zeitepochen Kontakt aufnimmt, in denen man nicht inkarniert war?

J.W. Schneider: Es gab einen Brauch im alten China, daß man für drei Generationen einen Ahnenkult durchführte. Man gedachte des verstorbenen Vaters, Großvaters und des Urgroßvaters, aber man ging nicht weiter zurück. Daraus ist voreilig geschlußfolgert worden, daß man an eine Wiederverkörperung nach 100 Jahren geglaubt habe. Hintergrund dieser alten Tradition ist wohl eher, daß nach 100 Jahren von den Spuren eines Verstorbenen kaum noch etwas übrig ist, daß er sich so weit von der Erde und den Menschen entfernt hat, daß eine Ahnenverehrung nicht mehr erforderlich und sinnvoll ist.

Ein Mensch kann mit der zurückgelassenen Welt – den Erdenverhältnissen – nach seinem Tod länger oder kürzer verbunden sein. Ein Mensch kann so stark in den Zeitgeschehnissen stehen, so aktiv und verantwortlich in den Erdenverhältnissen handeln, daß er auch als Verstorbener weiterhin an dem Erdengeschehen einen intensiven Anteil nimmt. Früher gab es diese Anteilnahme an den Zeitereignissen wahrscheinlich nicht in dieser Intensität, aber es gab das Interesse an der Generationenreihe. Und die auf der Erde Verbliebenen – etwa in China – spürten, daß dieses Interesse der Verstorbenen an ihrer nachfolgenden Generationenreihe etwa nach 100 Jahren verblaßte.

Bestimmte Menschen können allerdings sehr lange Zeit noch außerordentlich nahe sein. Zum Beispiel habe ich den Eindruck, daß Gandhi nach wie vor sehr nahe ist. Natürlich nicht nur, weil er so verantwortlich tätig war, sondern auch weil innerhalb der Menschheit ein Verständnis für seinen Friedensimpuls vorhanden ist. Die Verbindung zu einem solchen Menschen ist vorhanden, wenn Menschen es wollen. Die Verbindung zwischen den Verstorbenen und den Lebenden ist nicht abgerissen. Bei manchen Verstorbenen merkt man aber, daß sie mit einer außerordentlichen Kraft auf ihr Kamaloka und das gesamte nachtodliche Sein zugehen, daß sie sich schnell und weit von der Erde entfernen.

Die Verbindung mit der Nachkommen- bzw. Ahnenreihe wird sicherlich in Zukunft zurücktreten, ebenso die Verbindung mit dem eigenen Volk. Die Verbindung mit den Zeitereignissen wird dagegen wohl intensiver werden. Ich habe auch den Eindruck, daß es bestimmte Zeitepochen gibt, zu denen sich die Menschen besonders hingezogen fühlen, obwohl sie nicht in dieser Zeit verkörpert waren. Ich denke dabei an Zeiten, die auch für den

Blick von Verstorbenen eine bestimmte Anziehungskraft haben. Mir scheint dies bei der Goethezeit vorzuliegen, genauso bei der Staufferzeit. Das waren Epochen, für die die Verstorbenen ein starkes Interesse hatten. Und wenn es heute so scheint, als hätten viele Menschen in dieser Zeit gelebt, dann liegt das möglicherweise daran, daß sie als Verstorbene mit dieser Zeit besonders verbunden waren.

Es gibt noch ein sichereres Kennzeichen: Wer sich für die Geschichte interessiert, wird bemerken, daß ihm manche Epochen außerordentlich langweilig vorkommen. Man hegt keine großen Sympathien für diese Zeiten, aber auch keine starken Antipathien, man findet einfach alles nur langweilig. Eine derartige Haltung ist ein ziemlich sicheres Indiz, daß man mit dieser Zeit wirklich nichts zu tun hat. Wenn man dagegen eine starke Antipathie gegen irgendeine Zeit entwickelt, könnte das ein Indiz dafür sein, daß man in dieser Zeit gelebt hat. Das gleiche gilt für eine entsprechende Sympathie. – Wenn man aber eine innere Verwandtschaft zu einer Zeit spürt, muß dies nicht unbedingt heißen, daß man in dieser Zeit inkarniert war. Wenn man z.B. mit der Goethezeit innerlich mitschwingen kann, bedeutet das noch lange nicht, daß man in dieser Zeit gelebt hat. Deswegen sollte man besonders darauf achten, welcher Wesenszug es ist, der einem besonders auffällt: Ist es mehr die klassische Ruhe, ist es vielleicht eher die Durchbruchstimmung dieser Epoche oder etwas Ähnliches. Das, was zwischen den Zeilen hervorschimmert, schafft die Verwandtschaft.

„Und damals war ich ein Mann!“

W.W.: Nehmen wir an, im Bewußtsein tritt ein Bild aus vergangenen Inkarnationen auf; entweder spontan oder durch eine Karmaübung oder eine Regression hervorgerufen. Wie kann man unterscheiden, ob dieses Bild wirklich aus einem seiner vergangenen Leben stammt oder lediglich eine Wunschvorstellung ist?

J.W. Schneider: Ein Wichtiges ist zunächst einmal das Gewißheitserlebnis. Oft taucht mit dem Bild direkt ein Gewißheitserlebnis auf. Deswegen muß man genau beobachten, was einem die Gewißheit selbst sagt, nicht das anschließende Nachdenken darüber. Das Bild eines Menschen kann mit der Gewißheit auftreten: früheres Leben! Das bedeutet aber noch lange nicht, daß es sich um mich in einem früheren Leben handelt. Es kann aber auch mit der Gewißheit auftreten: Ich! Auf die Art der Gewißheit muß man also sehr feinsinnig achten.

Noch sicherer kann man eigentlich sein, wenn an dem Bild nichts Erstaunliches ist. Dann wird es kaum ein Bild aus dem vorigen Leben sein. Wenn man eine Gestalt schaut, und im Grunde mit ihr in allem konform geht, dann ist es sehr wahrscheinlich, daß einem von außen ein Wunschbild entgegenkommt. Es kann natürlich auch ein befürchtetes Bild sein. Wenn es aber ein echtes geistiges Erlebnis aus einem früheren Erdenleben ist, dann ist an diesem Bild immer etwas Erstaunliches, Überraschendes.

Eine Feministin erzählte mir ein derartiges Erlebnis. Nachdem sie mir ihre Schauungen geschildert hatte, fügte sie zum Schluß noch mit dem Ausdruck des Entsetzens an: „Und damals war ich ein Mann!" Das hat sie richtig getroffen. Dieser Überraschungsschock ist etwas Charakteristisches. Irgend etwas wird immer erstaunlich sein, wenn es sich um ein Bild von einem selbst aus einem letzten Leben handelt. Wenn so etwas nicht eintritt, dann hätte ich Zweifel.

Wenn die Gestalt den Blick senkt

W.W.: Wie kann man unterscheiden, ob man einen anderen Menschen oder sich selbst sieht?

J.W. Schneider: Ein wichtiges Kriterium habe ich schon in meiner Schrift „Erinnerungen an frühere Erdenleben?" (Dornach 1996) näher ausgeführt: Wenn mich die betreffende Gestalt anschaut, ist es ziemlich sicher, daß ich es nicht selbst bin. Wenn es sich um ein Bild einer früheren Inkarnation von einem selbst handelt, wird die Gestalt den Blick senken. Sie wird charakteristischerweise auch etwas unterhalb der Augenhöhe erscheinen. Wenn das Bild über der Augenhöhe erscheint und die Gestalt freundlich, gütig zu mir herabschaut, dann bin ich das sicher nicht gewesen. Dann ist es eher ein Mensch gewesen, zu dem ich aufgeschaut habe: Eltern, geschätzte Freunde, ein Lehrer usw.

Etwas burschikos ausgedrückt kann man sagen: Wenn diese Gestalt, die ich gewesen bin, jetzt hier ins Zimmer käme, dann hätte ich es gerne, daß sie sich möglichst weit entfernt hinsetzen würde. Eine Gestalt dagegen, mit der ich es in einem früheren Leben zu tun hatte, würde ich eher in meiner Nähe platznehmen lassen. Wenn die Empfindung auftritt, daß man hofft, daß die entsprechende Gestalt einem nicht zu nahe kommt, dann wird es sich eher um einen selbst handeln.

W.W.: Sind die Bilder von einem selbst unterschiedlich, je nachdem wie lange die letzte Inkarnation zurückliegt?

J.W. Schneider: Es kann eine Gestalt auftreten, wenn man die Karmaübungen Steiners macht. Und Steiner spricht u.a. davon, daß diese Gestalt in einer gewissen Entfernung erscheint, je nachdem wie lange die entsprechende Inkarnation zurückliegt. – Das, was ich bisher kenne, ist dagegen mehr ein Erlebnis in der Nähe, so daß eine unterschiedliche Entfernung mir bisher nicht wesentlich geworden ist. Es ist auch nicht das gleiche Erlebnis, das Rudolf Steiner meint. Was ich beschreibe, ist eine unwillkürlich auftretende Erinnerung, die einfach in der fortschreitenden Bewußtseinsentwicklung liegt. Solche Erinnerungen kommen immer häufiger vor, und wir müssen auf das aufmerksam werden, was in der heutigen Zeit vorliegt. Das sind Fähigkeiten, die heraufkommen. Man schaut auch Bilder der letzten Inkarnation, selbst wenn diese sehr lange zurückliegt. Es tauchen auch bei Zeitgenossen Erinnerungen an Verkörperungen auf, die 1.000 Jahre zurückliegen. Aber ob das die letzte Verkörperung war, kann man meines Erachtens nicht mit Sicherheit sagen. Auch am Totenantlitz kann man nicht ablesen, wann diese Inkarnationen waren, die sich in die Physiognomie des Verstorbenen abzeichnen. Es machen sich oft diejenigen Inkarnationen geltend, die bedeutend waren und entsprechende Spuren hinterlassen haben. In den Bildern wird eher das auftauchen, was mich grundlegend verändert hat, während dagegen nicht so bedeutende Zwischeninkarnationen eher zurücktreten.

W.W.: Steiner spricht davon, daß sich in diesem Jahrhundert beginnend neue Seelenfähigkeiten bei den Menschen entwickeln werden, z.B. das Äthersehen, das Schauen von Bildern vergangener Inkarnationen, aber auch das Schauen des karmischen Ausgleichs. Letzteres ist ein Blick in die Zukunft. Kennen Sie Menschen, bei denen bereits diese letztgenannte Fähigkeit aufgetreten ist?

J.W. Schneider: Nein. Aber ich habe eine andere Fähigkeit bemerkt, die langsam hervorkommt, und zwar bei einer ganzen Anzahl jüngerer Menschen. Bei älteren Menschen dagegen bin ich ihr noch nicht begegnet. Man sieht dabei nicht die karmische Ausgleichshandlung irgendeiner Tat, sondern man nimmt wahr, was das höhere Ich augenblicklich zu einer geplanten Handlung sagt. Es wird also ein nachtodliches Erlebnis hereingeholt. Das Kamaloka ist ja eine Beurteilung des Menschen, allerdings nicht vom göttlichen Gesichtspunkt aus, auch nicht vom Engelgesichtspunkt aus, sondern vom Gesichtspunkt des höheren Ich des Menschen. Man erlebt also im Kamaloka, aus welchen Gründen z.B. eine ausgeführte Tat vom Gesichtspunkt des höheren Ich nicht gut war.

Und bei der erwähnten neuen Fähigkeit wird diese Beurteilung schon vorweggenommen. Man erlebt es so, daß neben einem selbst noch ein anderer auftaucht, und der ist man auch selbst. Der eine sagt, was ich im Alltag will, der andere sagt, was ICH will, also was mein höheres Ich will. Ehe man gehandelt hat, ahnt bzw. kennt man bereits die Beurteilung einer Tat durch das höhere Ich. Das ist natürlich eine Fähigkeit, die ganz wesentlich in die Gestaltung des Schicksals eingreift, denn ich brauche überhaupt nicht mehr abzuwarten, was die Folgen meiner Taten sein werden, ich kenne bereits vorher die Beurteilung durch mein höheres Selbst. Das ist eine Möglichkeit, um aus Geistesgegenwart heraus in das Schicksal einzugreifen. Im Grunde ist es eine Weiterentwicklung der Stimme des Gewissens.

Östliche Reinkarnationsvorstellungen

W.W.: Was versteht man im Hinduismus unter Seelenwanderung?

J.W. Schneider: Es ist problematisch, wenn man allgemein von Hinduismus oder dem östlichen bzw. indischen Geistesleben spricht, denn es gibt dort sehr viele verschiedene Auffassungen. Nehmen wir z.B. die Sankhya-Philosophie. Dort finden wir den Gedanken, daß ein Teil des menschlichen Wesens im Paradies zurückgeblieben ist, gewissermaßen eine reine Schwesterseele des Menschen. Diese Schwesterseele ist noch nie in eine Verkörperung eingetreten, und diese Schwesterseele wartet auf mich. Es ist demnach also nur ein abgespaltener Teil des Ich, der sich wiederverkörpert.

500 Jahre vor Christus, im Jainismus, haben wir die Auffassung, daß sich das ganze Ich verkörpert und daß es durch den Kontakt mit der Erde verunreinigt wird. Eine sehr interessante Auffassung finden wir im Mahayana-Buddhismus vor etwa 2.000 Jahren. Das ist eine Strömung, die zu dem Gedanken kommt, daß der Mensch sich überhaupt nicht wiederverkörpert, weder eine Seele noch ein Ich. Das einzige, was sich wiederverkörpert, ist das Schicksal. Wenn ich ein edles Leben führe, habe ich in meinem nächsten Leben nichts davon, sondern ein anderer. Darin drückt sich ein Zug christlicher Nächstenliebe aus, denn ich bereite einem anderen Menschen ein gutes Schicksal, indem ich jetzt anständig lebe.

W.W.: Welche Stellung hat die Wiederverkörperung im Zen-Buddhismus?

J.W. Schneider: Im Zen-Buddhismus ist die Wiederverkörperung kein zentrales Motiv. Im indischen Buddhismus dagegen schon. Denn Buddha ist in der Nacht seiner Erleuchtung innerlich durch alle seine vorigen Inkarnationen gegangen, bis er vor seiner ersten Inkarnation im Ursprungszustand anlangte. Im Grunde genommen verblaßt aber dieses ganze Thema im Zen-Buddhismus, und man hat das Bestreben, direkt in den Ursprungszustand einzutreten. Das ist die augenblickliche Erleuchtung. Man sieht dann die Welt mit einem paradiesischen Blick, gewissermaßen wie Adam und Eva. Diese Erleuchtung – Satori – kommt sehr plötzlich. Man bereitet den Schüler lange darauf vor. Der Durchbruch zu dieser Erleuchtung geht mit dem berühmten Schrei einher, und der Lehrer, der z.B. drei Häuser weiter wohnt, erkennt an diesem Schrei, ob die Erleuchtung echt ist.

Geht man vom Zen-Buddhismus zurück zu seiner Vorform, dem chinesischen Chan-Buddhismus, dann findet man dort weniger die plötzliche Erleuchtung, sondern eher einen Weg in mehreren Schritten. – Aber beim japanischen Zen-Buddhismus rückt das Wiederverkörperungsproblem ganz an den Rand. Deswegen sucht Yukio Mishima, der vom Wiederverkörperungsgedanken fasziniert ist, seine Orientierung in Indien. Kaum bekannt ist übrigens, daß Yukio Mishima wenige Wochen vor seinem Tod noch den Kontakt zur Anthroposophie gesucht hat, aber es ist zu keinem Gespräch mehr gekommen. Möglicherweise hätte er Fragen in bezug auf die Wiederverkörperung gestellt. In seinen Büchern wertet er die europäischen Gedanken zur Wiederverkörperung zwar völlig ab, aber er kennt offenbar nur merkwürdige Seitenerscheinungen. Der zentrale Reinkarnationsgedanke, wie wir ihn z.B. bei Goethe, Schelling und Lessing finden, scheint ihm überhaupt nicht bekannt gewesen zu sein.

Ursprung, Weg und Ziel

W.W.: Warum spielt der Gedanke der Wiederverkörperung im Zen-Buddhismus eine so geringe Rolle?

J.W. Schneider: Vor allem ist es der Gedanke der Entwicklung, der keine Rolle spielt. Es kommt darauf an, den Menschen durch geschickte Eingriffe der Erleuchtung nahezubringen. Man muß dann den Augenblick abwarten, an dem es dem Schüler wie Schuppen von den Augen fällt. Und wenn man sein eigenes Antlitz vom Ursprung sieht – so wird es dort formuliert –, dann ist mit einem Male die Aussicht auf Wiederverkörperung uninteressant. Denn man ist nun am Wesentlichen. Das Wesentliche aber ist der Ursprung. Am Anfang liegt die Wahrheit, und deswegen macht die Wiederverkörperung für den Zen-Buddhisten eigentlich keinen Sinn. Der Sinn liegt einzig in der Rückkehr zum Ursprung. Das ist der eigentliche und entscheidende Unterschied zum westlichen Wiederverkörperungsgedanken. Denn wenn man sich den Wiederverkörperungsgedanken Steiners anschaut, dann gibt es ein Ziel aller Lebensläufe, und auf dem Weg zu diesem Ziel findet Entwicklung statt.

W.W.: Aber ist es – wie im indischen Buddhismus – nicht auch ein Ziel, sich nach und nach von seinem Karma und den Erdenverhältnissen zu lösen?

J.W. Schneider: Ja, das ist ein Ziel, aber es beinhaltet, wieder an den Anfang zurückzukehren. Man könnte nun sagen: Wenn ich an den Anfang zurückkehre, dann sehe ich, daß mein bisheriger Weg ein Irrweg gewesen ist, und ich werde diesen Weg nicht wieder gehen. In das zyklische Denken der Inder ist das aber nicht inbegriffen. Denn nach einer Weile werden wieder Menschen diesen Drang nach einem Sondersein haben, und der ganze Kreislauf beginnt von neuem. Dann wird man wieder erkennen, daß die Vereinzelung sinnlos gewesen ist, und man wird wieder bestrebt sein, zum Ursprung zurückzukehren usw.

Demgegenüber steht der Gedanke von Fichte, der fast ein ostasiatisches Element hat: Wie viele Verkörperungen ich hinter mir und vor mir habe, ist mir eigentlich gleichgültig. Mich interessiert, daß ich in diesem Augenblick mein Ich in die Wirklichkeit hineinbekomme. Das ist fast Satori.

Aber den anthroposophischen Schicksalsgedanken, daß Schicksal ein Weg des Lernens ist, finden wir nicht in dieser Weise im Osten. In der Anthroposophie ist der Weg als solcher bereits sinnvoll. Es geht nicht darum, im Handumdrehen an ein Ziel zu gelangen, sondern daß man auf seinem Weg lernt, über die Erdenexistenz hinaus Früchte für die Ewigkeit mitzunehmen. Ich lerne, ich selbst zu sein. So etwas geht nur auf einem Weg, auf dem auch Irrwege inbegriffen sind. Denn auch die Irrwege haben einen Sinn. Indem ich etwas als Irrtum erkenne, lerne ich ein Stück mehr, ich selbst zu sein. Schicksal ist also zu lernen, ich selbst zu sein bzw. mehr zu mir selbst zu kommen.

W.W.: Wie spiegelt es sich im Alltag der asiatischen Menschen, wenn dieser anthroposophische Schicksalsgedanke, dieser Entwicklungsgedanke des Lernens fehlt?

J.W. Schneider: In Indien und auch in Südostasien haben wir deswegen die Hochschätzung des Asketen. Wer auf die irdischen Genüsse verzichtet, sich überhaupt nicht mehr an das Irdische bindet, kommt nach Ansicht der dort lebenden Menschen viel schneller zum Ursprung zurück. Im chinesischen und japanischen Kulturraum lebt dieser Gedanke nicht so stark, aber besonders für Südindien und Südostasien ist dieser Gedanke sehr charakteristisch. Man ist z.B. glücklich, einem Mönch ein Geschenk zu machen. Wenn ein Mönch morgens durch die Straßen Bangkoks geht und etwas Reis geschenkt bekommt, dann dankt er überhaupt nicht dafür, sondern der Geber dankt, daß er dem Mönch etwas hat bieten können. In Japan lebt diese Gesinnung nicht. Dort huldigt man eher einer regelmäßigen Besinnung, indem man z.B. alle zwei Jahre eine Woche in ein Kloster zur Zen-Übung geht.

Schicksal wird zu etwas Menschheitsverbindendem

W.W.: Oft wird das Nirvana mit Nichts übersetzt, was sicherlich nicht richtig ist. Kann man unter Nirvana das verstehen, was man in der Anthroposophie als die geistige Welt bezeichnet?

J.W. Schneider: Wenn man Nirvana sinngemäß übersetzt, müßte man eigentlich sagen: die Welt, die zu nichts macht. Das Irdische wird zu nichts gemacht, weil es nicht in die geistige Welt hineinpaßt.

Sehr viel besser würde für Nirvana der Begriff „leeres Bewußtsein" passen. Wenn ich in die Inspiration, in die reale Begegnung mit geistigen Wesen hineinkommen will, muß ich durch ein leeres Bewußtsein hindurchgehen, währenddessen nichts anderes mehr als meine eigene Initiative wirksam ist, die durch nichts von außen angeregt wird. Das wäre eigentlich Nirvana.

Der sterbende Buddha geht nicht nur ins Nirvana ein, sondern er geht von der irdischen Welt durch das Nirvana in die Über-Nirvana-Welt, von dort wieder zurück ins Nirvana und wieder auf die Erde, wo er sich dann von seinen Schülern verabschiedet. Er kann souverän den Weg in beiden Richtungen gehen. Das ist die eigentliche Meisterschaft. Es geht nicht darum, ins Nirvana zu entschwinden, sondern darum, in beiden Richtungen zu gehen. Dieses Motiv taucht auch im Johannesevangelium bei den Ich-bin-Worten auf. Christus ist die Tür für beide Richtungen (Joh. 10, 7–10). Im Evangelium finden wir also im Grunde das gleiche wie in der Buddha-Legende. Mit dieser Meisterschaft wächst man natürlich auch über das Asketenideal hinaus.

Im Mahayana-Buddhismus wird dies im sogenannten Bodhisattva-Gelübde deutlich. Wer einen religiösen oder einen Meditationsweg beginnt, legt dieses Gelübde ab: Ich werde alle Fähigkeiten, die ich auf diesem Wege erringe, nicht für meine eigene Erlösung verwenden. Diese will ich erst, wenn alle Geschöpfe miterlöst sind. – Gemeint ist damit die gesamte Menschheit, aber auch alle anderen Geschöpfe der Erde. Damit ist Schicksal nicht mehr etwas Persönliches, sondern wird etwas Menschheitsverbindendes. An dieser Stelle kann man die Brücke zur Anthroposophie sehr gut schlagen. Denn durch die Anthroposophie erkennen wir genauso, daß das Schicksal kein persönlicher Weg ist, sondern letztlich in die Verbindung mit Christus mündet.

W.W.: Kann man denn überhaupt eine Spiritualität entwickeln, die die ganze Welt umfaßt? Ist die Verbindung mit Christus für Ost und West gleichermaßen das Ziel?

J.W. Schneider: Das ist ein gewaltiges Problem. Im Grunde genommen ist dieser gemeinsame Weg das, was wir in der heutigen Zeit brauchen. Aber kein einzelner Mensch kann diese Spiritualität entwickeln. Sie kann sich nur im Lauschen auf den anderen Menschen entwickeln. Erst dann, wenn ich mich im Lauschen auf den anderen Menschen selbst verstehe, kann ich eine solche Spiritualität entwickeln, die auch für den anderen von Bedeutung ist. Wir brauchen also eine Anthroposophie, die im Lauschen auf das asiatische, afrikanische oder südamerikanische Selbstverständnis des Menschen gewonnen und weiterentwickelt wird. Erst wenn wir nicht nur aus den mitteleuropäischen Quellen, sondern auch aus den eben genannten Erfahrungen Anthroposophie entwickeln, erst wenn uns Anthroposophie z.B. aus der Seele eines Asiaten entgegenklingt, können wir diese weltweite Spiritualität entwickeln. Aber hier stehen wir noch sehr am Anfang.

Wer die Türen zur Vergangenheit öffnet

Interview mit Petra Angelika Peick

von Wolfgang Weirauch

© Foto: S. Bachmann

Petra Angelika Peick, *Airline-Organisatorin, u.a. als Führungskraft; grad. Sozialpädagogin (Heilpädagogik, Kindertherapie, Eltern- und Erzieherberatung, Gruppendynamik); Dipl.-Psychologin (Gesprächspsychotherapie und Schul- und Kommunikationspsychologie, Entwicklung einer Supervisionsmethode für soziale und therapeutische Berufe); Studium klassischer Astrologie; Ausbildung in der Reinkarnationstherapie und Esoterischen Psychologie; 25 Jahre Kriya-Yoga-Praxis. – Zwölf Jahre Dozentin in der VHS Norderstedt; sieben Jahre geschäftsführende Vorsitzende der Studiengesellschaft für geistige Synthese e.V.; Entwicklung eines Beratungskonzepts zur Integration spiritueller Prinzipien in* *wirtschaftliches Denken und Handeln (EWP, in Kooperation mit L.-R. Lütge); Entwicklung der* Intuitions-Anwendungsmethode *(I-AM) zur Ausbildung und praktischen Anwendung intuitiver Intelligenz und Kreativität im Beruf. Beratung und Schulung in Hamburg.*

Veröffentlichungen: „Selbsthilfe für Helfer" (zus. mit W. Klawe, München 1980); „Der Weg zum Inneren Wissen" (Neuwied 1991); „Wiedergeburt – eine Reise in frühere Erdenleben" (Esotera, Tb. 1987); „Reinkarnation?" (Verlag im Forum 3, Stuttgart 1990).

Die Anfänge der Rückführungen reichen weit zurück. Begann die Arbeit ursprünglich mit Hypnose, so ist man längst dazu übergegangen, die Menschen durch verschiedene psychologische Methoden rückzuführen.

Menschen, die für diese Form der Regression offen sind, erleben ihr jetziges Erdenleben bis zum Moment der Geburt anhand exemplarischer Motive, dringen aber noch weiter in die Vergangenheit ein: Den Berichten zufolge erleben sie in Gefühlen, Stimmungen oder Bildern Ausschnitte ihres vorgeburtlichen Zustands und ihrer früheren Erdenleben. Erstaunlich dabei ist, wie plastisch und konkret die Schilderungen oftmals sind. Natürlich ist Vorsicht bei der Interpretation geboten, denn das Feld ist weit, und man sollte sich nicht zu Spekulationen verleiten lassen.

Die bekannte Intuitions-Psychologin Petra Angelika Peick hat über zwei Jahrzehnte hinweg Erfahrungen mit Rückführungen gesammelt, aber darüber hinaus auch Übungen entwickelt, um einen Weg zu dem inneren bzw. göttlichen Wissen zu öffnen. Es ist ein Weg, auf dem sie ihre Schüler anleitet, ihren inneren göttlichen Ich-Funken aus den eigenen Schattenseiten zu befreien, damit sie zu sich selbst finden und ihren eigenen inneren Weg beschreiten können. In dem folgenden Gespräch berichtet sie aus ihrer Arbeit.

Wolfgang Weirauch: Seit wann gibt es systematische Rückführungen, und wer hat damit begonnen?

Petra Angelika Peick: Die ersten Rückführungen fanden in den USA unter Hypnose statt, und zwar bereits in den 50er Jahren. Stevenson war dann der erste, der in den 60er Jahren sehr viele durch Hypnose entstandene Berichte aufgezeichnet hat. Thorwald Dethlefsen begann damit in Deutschland, und er ist es gewesen, der eine fundierte therapeutische Systematik entwickelt hat. Da aber in den USA Parallelentwicklungen gelaufen sind, ist es schwer festzustellen, wer genau damit begonnen hat.

W.W.: Welche unterschiedlichen Rückführungsmethoden gibt es?

P.A. Peick: Es gibt einmal die Rückführung unter Hypnose, und eine Form der regressiven Tiefenentspannung. Bei dieser Methode wird das Bewußtsein auf den Zwischenbereich zwischen Wach- und Schlafbewußtsein eingestellt. Dann gibt es eine Methode, die von Chris Griscom angewandt wird, bei der der Körper manipuliert wird, indem gewisse Körperstellen gedrückt oder gestrichen werden. Durch diese Art von Massage werden Energien freigesetzt und Bewußtseinssprünge ermöglicht. Erinnerungen an vergangene Zeiten werden so aktiviert. – Es gibt auch spontan auftauchende Reinkarnationserlebnisse, die bei bestimmten Erregungszuständen auftreten, oder auch während des Traumzustandes. Dazu gehören die sogenannten Déjà-vu-Erlebnisse, wenn man an einen bestimmten Ort oder in eine bestimmte Situation kommt und plötzlich den Eindruck hat, die aktuelle Szenerie schon einmal erlebt zu haben.

Das Lebensthema wird in der Einführungsphase herausgearbeitet

W.W.: Wie gehen Sie im einzelnen vor, wenn jemand zu Ihnen kommt und um eine Rückführung bittet?

P.A. Peick: Früher habe ich auf solche Anfragen sehr vorsichtig reagiert, denn wer die Türen zur Vergangenheit öffnet, muß die entsprechenden Konsequenzen tragen. Die Einsichten, die man erhält, muß man im Alltag umsetzen können. Wer innere Türen öffnet, ist für das verantwortlich, was er danach erfahren hat. Mittlerweile warne ich die Menschen nicht mehr so stark wie früher, da ich festgestellt habe, daß fast alle Interessenten sehr gut vorbereitet zu mir kommen. Jede Rückführung binde ich aber in eine Intuitions-Schulung ein, in der ich den Zugang zum inneren Wissen fördere. Ein Aspekt davon ist die Regression in die Anfangsphase dieses Lebens und in ein früheres Leben hinein.

W.W.: Wie läuft das erste Gespräch ab?

P.A. Peick: Vorab vereinbare ich vier verbindliche Eingangssitzungen. Zuallererst lasse ich mir erzählen, in welcher Lebenssituation der betreffende Mensch sich gerade befindet, was ihn bewegt, zu mir zu kommen, und welche Thematik er bearbeiten möchte. Unter Thematik verstehe ich allerdings keinen Krankheitsprozeß, sondern eine Lebensfrage, eine Sinnfrage, eine Frage nach verschiedenen Bedeutungszusammenhängen in seinem Leben. Ich höre ihm dabei gut zu, versuche zu erfahren, welche tiefere Lebensfrage er hat, bis wir dann zusammen ein bestimmtes Lebensthema herausarbeiten. Wenn der Betreffende mehrere Lebensthemen betrachten möchte, beschränken wir uns vorerst auf eines, und ich präzisiere es noch einmal, um zu sehen, ob er sich damit verstanden fühlt.

Ich bitte ihn dann, sich auf die Couch hier in diesem Zimmer zu legen, und mache eine einführende Entspannungsübung. Dabei führe ich meine Schüler systematisch aus dem Tagesbewußtsein in eine Verinnerlichung hinein. Das bedeutet, daß er oder sie sämtliche Außeneindrücke, auch mich selbst, zurücklassen sollte, um sich ganz auf sich selbst konzentrieren zu können. Bei dieser stufenweisen Entspannung werden sämtliche Körperbereiche nacheinander bewußt gemacht, bis ich den Schüler aus dem Körperraum in einen Seelenraum hineinversetzen kann. Ich leite sein Bewußtsein auf eine speziell von mir entwickelte Art dazu an, sich in einer Tiefe der psychischen Innenwelt zu fokussieren.

Ich sehe, wo die Menschen ihr Bewußtsein zentriert haben, wo sie ihr Ichgefühl bzw. ihr Ich-bin-Gefühl empfinden. Meist ist dies hinter der Stirn. Deswegen übe ich mit meinen Schülern, diesen Konzentrationspunkt loszulassen, um sich tiefer in die Körpermitte zu versenken.

Ich leite sie weiter dazu an, die psychische Energie zu spüren, die im Zusammenhang mit dem Thema lebendig wird. Dazu wiederhole ich immer wieder das Lebensthema und biete an, die damit zusammenhängenden Gefühle zuzulassen. Parallel versenke ich mich selbst in einen meditativen Zustand und kann dann spüren, ob sie die mit ihrem Lebensthema zusammenhängenden Gefühle intensiv erleben. Ich begleite meine Schüler dabei so weit, als würde ich mich auch in ihrem Bewußtseinsraum befinden. Wenn sie in diesen Gefühlen leben, beginnen wir mit der Regression.

W.W.: Sprechen Sie während dieser Phase allein, oder ist es bereits ein Dialog?

P.A. Peick: Der Dialog kommt erst später. In dieser Einführungsphase spreche ich meist allein, was natürlich nicht ausschließt, daß die Schüler jederzeit etwas sagen können, denn schließlich sind sie voll bewußt. Hin und wieder sprechen sie auch, aber eigentlich ist es für jeden sehr wohltuend, sein Bewußtsein auf einen ganz bestimmten Bewußtseinsbereich zu fokussieren. Für stark intellektuelle Menschen ist das Zulassen dieser Gefühlsbereitschaft sehr schwierig und muß erst eingeübt werden. – Erst wenn der Schritt erreicht wurde, ein Lebensthema mit dem Gefühl zu verbinden, zeige ich ihnen, wie sie jetzt ihr Bewußtsein zurückversetzen können.

Der Astralraum bzw. der innere Raum der Seele korrespondiert natürlich nicht mehr mit unseren Zeitverhältnissen, insofern ist dort alles gegenwärtig. Wer sich bewußtseinsmäßig in diesen inneren Raum hineinbegibt, verliert selbst auch das Zeitgefühl, denn er befindet sich in einer Zeitlosigkeit. Um das Bewußtsein lenken zu können, benutze ich trotzdem die Idee, in der „Zeit“ zurückzuführen. Eigentlich ist es mehr eine Bewegung des Bewußtseins durch seinen allgegenwärtigen psychischen Innenraum.

Zurück in den pränatalen Zustand

W.W.: Wie vollzieht sich der Übergang von der Kindheit in den pränatalen Zustand?

P.A. Peick: Meine vier Sitzungen sind so aufgebaut, daß wir in der ersten Sitzung üben, bis zur frühen Kindheit zurückzugehen. In dieser Phase ist es wichtig, daß man überhaupt erst einmal übt, sich als Kind wahrzunehmen und als Kind zu fühlen. Zusätzlich üben wir auch, die sinnliche Umgebung wahrzunehmen, die das Kind umgab. Meine Schüler müssen wieder erleben lernen, welche Menschen in ihrem Umkreis gewirkt und was sie gesprochen haben, welche Gerüche sie selbst wahrgenommen, mit welchem Spielzeug sie gespielt haben usw.

Wenn wir zusammen bis in die ersten Lebensmonate zurückgegangen sind, sich mein Schüler auch als Kleinkind im Bett oder auf dem Arm der Mutter empfunden hat, gehen wir in der Folgesitzung in die vorgeburtliche Phase hinein.

In dieser vorgeburtlichen Phase sieht man natürlich nicht viel. Dort ist alles vom Fühlen abhängig. Deswegen ist es wichtig, daß die Schüler ihre Gefühle zulassen können, denn sonst kann ich nicht mit ihnen arbeiten. Sie müssen lernen, einen Gefühlszustand wie eine Welle durch sich hindurchfließen zu lassen. Wer so weit gekommen ist, wird bemerken, daß die verschiedensten Gefühle – z.B. Wut, Trauer oder Glück – nacheinander in ihm auftauchen und wieder verschwinden können.

W.W.: Welche Fragen stellen Sie in bezug auf den pränatalen Zustand?

P.A. Peick: Ich frage nach der Körperhaltung im Bauch der Mutter, ob irgendwelche Geräusche gehört werden, etwas von der Umgebung, in der sich die Mutter befindet, wahrgenommen wird. Ich frage nach der Stimmungslage der Mutter und den Personen, die mit ihr in Kontakt stehen. Wichtig ist auch, ob die Betreffenden während der Schwangerschaft ein Ereignis gestört oder verletzt hat. Ich frage, ob sie etwas von ihren Eigenschaften und Absichten kennen, die sie mit in die Inkarnation bringen, oder ob sie bestimmte Aufgaben mitbekommen haben.

W.W.: Können die Menschen wirklich etwas über ihre Gefühle während der pränatalen Phase und ihre Inkarnationsabsichten aussagen?

P.A. Peick: Ja, die Menschen äußern sich sehr genau, oft zu ihrem eigenen Erstaunen. Oftmals sind diese Aussagen sehr weise, weiser als alles, was die betreffenden Menschen jemals im Alltag von sich geben könnten.

W.W.: Können Sie dazu ein konkretes Beispiel geben?

P.A. Peick: Es werden präzise Eigenschaften genannt, die die Betreffenden zu überwinden haben, z.B. die Eifersucht, Feindseligkeit gegen sich selbst, fehlende Liebesfähigkeit, Trotz und verschiedene Härten im Charakter. Außerdem gibt es Aussagen über den Menschenkreis, in dem man sich inkarniert. Beispielsweise heißt es dann, daß einen diese Menschen überhaupt nicht interessieren und man eigentlich zu ganz anderen Menschen gewollt habe. Alle diese Äußerungen sind sehr präzise und gehen über die Lebensreife des Erwachsenen weit hinaus.

W.W.: Gibt es auch Äußerungen darüber, daß jemand nicht zur Inkarnation herabsteigen will?

P.A. Peick: Auch das kommt ziemlich häufig vor, und es heißt dann z.B.: „Ich will nicht in diese Welt, dort ist alles so schrecklich."

W.W.: Die betreffenden Menschen reden also so, als befänden sie sich noch im pränatalen Zustand?

P.A. Peick: Genau. Sie reden auch in einer ihnen ziemlich unüblichen Sprache. Es ist zwar deutsch, aber ihre Formulierungen sind ganz anders als ihre gewöhnliche Alltagssprache. Die Wortwahl ist feiner und reifer, so als spreche durch sie eine höhere Weisheit, zu der der Mensch sonst keinen Zugang hat. Es werden auch sehr treffsichere Aussagen über die Familie gemacht.

W.W.: Werden auch Aussagen über andere Wesen in der vorgeburtlichen Welt gemacht?

P.A. Peick: Ja, oft wird ein Bezug zu solchen Wesen hergestellt. Das sind Wesen, die den zur Inkarnation herabsteigenden Menschen begleiten oder ihn zur Erde geschickt haben.

W.W.: Sind das Menschen, die noch im Bereich zwischen Tod und neuer Geburt leben?

P.A. Peick: Sie werden als Wesen bezeichnet, die einer anderen Dimension angehören. Oft werden sie als Lichtwesen beschrieben. Licht ist auch der Seinszustand, aus dem die meisten herauskommen, wenn sie sich wieder inkarnieren wollen. Allerdings gibt es auch einige, die sagen, daß sie aus grauen oder finsteren Regionen kommen. Alle Örtlichkeiten werden oft in

Farb- und Stimmungszuständen beschrieben.

W.W.: Beschreiben Ihre Schüler auch andere karmisch mit ihnen verbundene Menschen, mit denen sie zusammen zur Inkarnation herabsteigen?

P.A. Peick: Eher weniger. Man äußert höchstens, daß man irgendwen treffen will, aber wo und wer dies ist, wird meist nicht konkret ausgesprochen.

Irgendwann wird man daran erinnert, daß man zur Erde muß

W.W.: Wie wird die Inkarnation und die Erde aus Sicht der Seele, die sich inkarnieren will, beschrieben?

P.A. Peick: Die Situation nach der Geburt wird im allgemeinen als unangenehm, schwer, hart, kalt, herausfordernd und schwer zu bewältigen wahrgenommen. Alle müssen sich überwinden, sich mit dieser Welt zu konfrontieren. Aber man nimmt diese Mühe in Kauf, um einen bestimmten Lernprozeß zu absolvieren bzw. eine bestimmte Aufgabe zu erfüllen.

W.W.: Gibt es unterschiedliche Aussagen über Aufgaben, die man freiwillig übernehmen will, und solche, die man erfüllen muß?

P.A. Peick: Es gibt Geistseelen (ein inkarniertes Wesen ist im geistseelischen Zustand, erst inkarniert kann man es Person bzw. Mensch nennen; Geistseele = Wesen in der Zwischenwelt), die lernunwillig sind und die sich lieber in den Zwischenzuständen aufhalten, statt sich zu inkarnieren. Sie empfinden die Weltsituation und das, was sie dabei lernen können, als so unangenehm, daß sie sich einer Inkarnation am liebsten verweigern würden. Sie möchten lieber in diesem dumpfen Zwischenzustand verbleiben. Das dürfen sie auch eine längere Zeit, aber wenn sich die betreffende Geistseele zu lange verweigert, wird sie abgeholt. Die Menschen, die bei mir sind, beschreiben es so, daß dann irgendwelche Wesen auf sie zukommen, um sie daran zu erinnern, daß es weitergehen muß und sie nicht stehenbleiben können. Und der Weitergang bedeutet, in eine Geburt zu gehen.

Diese etwas unwilligen Geistseelen versuchen, sich der Geburt zu widersetzen, müssen aber doch erkennen, daß die Inkarnation zwangsläufig ist. Es ist so, als würden die inkarnierenden Wesen zwei verschiedene Willen in sich tragen. Der eine widersetzt sich, eine andere Willensebene ist einsichtig und läßt sich auf die Inkarnation ein.

Für die Inkarnation wird den Betreffenden dann gesagt, was sie zu lernen haben, z.B. Frieden mit verschiedenen Menschen zu schließen, die man in einem vorigen Leben gehaßt hat, oder daß man mit den Menschen allgemein bzw. mit sich Frieden schließen solle. Oft wird auch gesagt, daß man liebevoller werden müsse und daß man sich, um diese Aufgabe zu erfüllen, auf den Weg machen solle. Letztlich ist es immer eine Art innerer Übereinkunft mit der betreffenden Geistseele, und sie läßt sich schließlich auf die Inkarnation ein.

W.W.: Welche charakteristischen Merkmale gehen aus den Berichten derjenigen Menschen hervor, die mit einem starken Willen zur Erde drängen, weil sie eine bestimmte Aufgabe erfüllen wollen?

P.A. Peick: Das sind sehr eifrige Menschen, die mit Begeisterung etwas lernen und sich entwickeln wollen. Sie wollen sich trotz aller Lebenswiderstände vervollkommnen. Aber obwohl sie sehr bereitwillig zur Empfängnis und Inkarnation drängen, bemerken sie doch mit zunehmender Nähe zur Geburt, daß sie einer schwierigen Zeit entgegengehen und daß sie unwilliger werden und Angst vor dem bekommen, was vor ihnen liegt. Überhaupt wird vor der Geburt sehr viel Angst erlebt, und fast jeder möchte sich kurz vorher dieser Notwendigkeit verweigern.

Dann gibt es aber noch eine dritte Gruppe, die ich einmal mit Engelmenschen bezeichnen möchte und die sich als Träger einer kosmischen Aufgabe fühlen. Sie wissen, daß sie eine bestimmte Aufgabe für die Menschheit haben und daß sie unter uns Menschen etwas ganz Bestimmtes entwickeln oder unterstützen sollen. Meist geht es dabei um Eigenschaften, die sie innerhalb einer bestimmten Menschengruppe repräsentieren sollen. Sie haben den innigen Wunsch, diese Aufgabe zu erfüllen, sind aber auch erschreckt vor den Bedingungen, die sie auf der Erde unter den Menschen vorfinden. Trotzdem haben sie eine große Bereitschaft, auf die mit ihnen zusammengehörigen Menschen zuzugehen. Sie haben meistens die Fähigkeit, die Stimmung der Menschen aufzuhellen, sie fröhlich und heiter zu machen, und sie versuchen, diese Haltung über das ganze Leben hin zu bewahren. Das sind die Menschen, die bevorzugt zu mir kommen. Sie haben die größte Erinnerungsfähigkeit und sind sich über ihren Weg am bewußtesten. Sie wollen auch das Wissen, das sie früher einmal hatten, nicht wieder verlieren, sondern sie wollen es sich wieder verfügbar machen.

Vorgeburtliche Impulse versickern

W.W.: Gibt es Widersprüche zwischen dem, was man sich vor der Geburt vorgenommen hat, und dem, was man in der konkreten Lebenssituation von den eigenen Absichten verwirklicht hat?

P.A. Peick: Erhebliche! Es wird oft erlebt, daß die zu bewältigenden Aufgaben sehr schwer sind und sich kaum erfüllen lassen. Man macht die Erfahrung, daß die Menschen im eigenen Umkreis der gesetzten Aufgabe entgegenarbeiten. Dieses Mißverhältnis verursacht große Schmerzen. Es kommt vor, daß Kinder mit sehr viel Liebefähigkeit zur Welt kommen und diese Liebe auch in ihrer Familie verbreiten möchten, daß sie dort aber nichts als Feindseligkeit und Mißverständnis vorfinden. Sie kommen dann gegen diese Negativität nur sehr schlecht an. Das hat natürlich Folgen für spätere Lebensalter als Erwachsener. Man braucht eine starke Durchsetzungskraft, um den ursprünglichen roten Faden des Lebens wiederzufinden.

Es ist offensichtlich so, daß die meisten der heute lebenden Menschen den spirituellen Aufgaben einzelner entgegenwirken und sich ihnen gegenüber verschließen. Und das ist ein entscheidender Faktor im Leben jener Menschen, durch den sie stark verletzt werden.

W.W.: Das würde also bedeuten, daß eine große Fülle vorgeburtlich aufgenommener spiritueller Impulse in der heutigen Zeit nicht zur Verwirklichung kommt?

P.A. Peick: Auf der einen Seite haben wir heute bereits eine große Offenheit gegenüber spirituellen Impulsen, aber der einzelne Mensch steht in seinem Lebensumfeld meist noch sehr allein und unverstanden da. Der einzelne wirkt oft wie der Tropfen auf dem heißen Stein. Wenn jemand seine spirituellen Impulse in einer Menschengruppe oder in einer bestimmten Situation verwirklichen will, dann werden sie oft nicht erkannt, geschweige denn angenommen. Das entspricht der Stelle des Johannesevangeliums: „Und das Licht scheint in der Finsternis, aber die Finsternis hat es nicht aufgenommen." Der verdunkelte Bewußtseinszustand, in dem die meisten Menschen heute noch leben, bedeutet nicht, daß sie bösartig sind, sondern daß sie noch zu unbewußt für die spirituellen Impulse sind.

W.W.: Werden die Wesen, die man in der vorgeburtlichen Welt trifft, hin und wieder auch als Engel charakterisiert?

P.A. Peick: Menschen sind es jedenfalls nicht. Es sind Lichthelfer bzw. Engelwesen. Sie haben einen Lichtkörper und starke energetische Präsenz. Diese energetische Präsenz spüre ich auch hier im Raum, wenn die betreffenden Menschen über die Lichtwesen sprechen. Diese Wesen unterstützen die Menschen bei der Inkarnation, aber wenn der rationale Verstand bei dem heranwachsenden Menschen ausgebildet wird, verlieren die Menschen den Kontakt zu ihnen.

In der Akasha-Chronik sind alle Ereignisse gegenwärtig

W.W.: Wie gehen Sie bei Ihrer Rückführung weiter? Gibt es noch bemerkenswerte Begebenheiten aus der Zeit bis zurück zum letzten Tod eines Menschen zu berichten?

P.A. Peick: Ich überlasse es dem Interessenten, welchen Bereich er vorwiegend wahrnehmen will, ob das nun der Empfängniszustand oder ein noch früherer Zeitabschnitt ist. Wenn er will, gehen wir anhand seines Lebensthemas in eine frühere Inkarnation zurück, bis er dort das gleiche Motiv wiederfindet. Wenn man in den Empfängniszustand zurückgeht, erleben die Betreffenden eine spiralförmige, trichterähnliche Abwärtsbewegung, in die sie hineingezogen werden. Teilweise werden die Eltern bei ihrem Zusammensein wahrgenommen, und die Betreffenden schildern, wie sie miteinander umgegangen sind. Sie nehmen wahr, ob Liebe zwischen den Eltern herrscht oder ob es ein nur äußerlicher Zeugungsakt ist. – Vor dem Eintritt in den Mutterleib hat man das Gefühl von Licht und Leichtigkeit, hinterher empfindet man Dunkelheit und Schwere. Man fühlt sich dann eingebunden in die Materie, kann nicht mehr entweichen und sehnt sich zurück nach dem freien und ungebundenen Lichtzustand.

Wenn man in eine frühere Inkarnation zurückgeht, muß man natürlich bedenken, daß man in Bereiche vorstößt, in denen keine Zeit mehr herrscht und in der alle Geschehnisse gegenwärtig sind. Das erklärt auch, warum das Bewußtsein in diese Bereiche vorstoßen kann. Es geht nicht wirklich durch die Zeit zurück, sondern versetzt sich nur zustandsmäßig in einen anderen Bereich. Auch das, was wir jetzt während unseres Gespräches entwickeln, wird immer gegenwärtig sein und sich nicht auflösen. Das menschliche Bewußtsein kann sich deswegen auch in die Situation Napoleons hineinversetzen, ohne aber Napoleon selbst zu sein. Man nennt das auch das Lesen in der Akasha-Chronik.

Das Bewußtsein versetzt sich aber nicht irgendwo hin, sondern nur an einen Ort, der mit der eigenen Thematik zusammenhängt. Das innere Bewußtsein des Menschen ist so präzise, wie wir es uns rational eigentlich nicht vorstellen können. Wenn die Frage klar formuliert ist und man das Bewußtsein fokussieren kann, wird es eine präzise Antwort geben. Das gilt sowohl für den Fall, daß man in ein eigenes früheres Leben zurückgeht, als auch für den Fall, daß man in die Bewußtseinssphäre eines anderen Menschen eintaucht. Trotzdem glaube ich, daß es sich meistens um eigene Bewußtseinsbereiche handelt, weil die meisten Menschen noch nicht so weit sind, in andere Bewußtseinsbereiche hineinzuschauen. Nach einer längeren Schulung wäre das allerdings möglich. Die Unfähigkeit hängt damit zusammen, daß die meisten Menschen sehr in ihrem eigenen Gefühlsbereich verstrickt sind. Deshalb wird man meistens an einen Ort gelangen, zu dem man einen spezifischen Bezug hat.

Persönlich interessiert es mich nicht vordringlich, ob jemand präzise Aussagen über eine vergangene Verkörperung macht, sondern eher, ob die geschilderten Zusammenhänge in sich logisch sind. Mich interessiert es mehr, ob die betreffenden Schüler ihre Umgebung exakt schildern, z.B. die Gerätschaften in einer Küche, die Münzen und Waren, mit denen der Betreffende handelt, die Kleidung und vieles mehr. Wenn ich dann nach einem Auto frage, und er befindet sich gerade in einer Zeit, in der es noch keine Autos gab, dann fragt er mich tatsächlich, was denn ein Auto sei. Manchmal stelle ich auch Fangfragen, denn wenn jemand z.B. psychologische Fachbegriffe benutzt, dann weiß ich, daß er nicht Wahrnehmungen einer früheren Zeit hat.

W.W.: Sprechen die Menschen auch in anderen Sprachen?

P.A. Peick: Nein, alles wird in die heutige Sprache übersetzt, aber es werden für die moderne Zeit unübliche Begriffe benutzt, z.B. wird zu einer Schale Kumme gesagt, das Schlafzimmer wird Kammer genannt. Wenn die Wortwahl entsprechend stimmig ist, habe ich den Eindruck, daß der Betreffende mit der entsprechenden Zeit in Kontakt steht. Erstaunlich ist übrigens, daß die Erlebnisse meistens rückwärts geschildert werden.

Frauen und Männer nehmen unterschiedlich wahr

W.W.: Wie wird der Umschwung des vorgeburtlichen Zustandes in ein früheres Leben geschildert?

P.A. Peick: Das ist bei Männern und Frauen oft unterschiedlich. Die Frauen kommen an diese Zustände am besten heran, wenn ich sie auf ihre Gefühle anspreche, während die Männer dagegen eher in ein Bild kommen. Ich bestehe aber darauf, daß sowohl Gefühle als auch Bilder geschildert werden. Wenn sich eine Frau in einem intensiven Gefühl befindet, frage ich sie z.B., in welcher Körperhaltung sie sich wahrnimmt, ob sie steht, hockt oder liegt. Anschließend frage ich sie nach ihrer Umgebung, was dort zu hören oder zu sehen ist. Ich vollziehe das so detailliert wie möglich, bis ich den Eindruck habe, daß die Frau oder der Mann sowohl die Gefühle als auch ein deutliches Bild der Szenerie wahrnehmen kann. Allerdings frage ich nicht, was die Betreffenden über diese Situation denken, denn das eröffnet das Feld für Spekulationen.

Ich suche danach, ob dieses Gefühl ausgedehnt werden kann, z.B. auf etwas, was zuvor erlebt worden ist. Die Beteiligten gelangen dann meist sehr schnell in eine sie stark bewegende Situation, und indem ich weiterfrage, gelangen sie dann zu einem Motiv in einem früheren Leben.

W.W.: Sind die Schilderungen sehr plastisch?

P.A. Peick: Das ist unterschiedlich. Die Männer schildern das Optische sehr gut, während die Frauen optisch oftmals nicht so präzise sind. Dafür schildern sie die Gefühlszustände intensiver, während ich bei den Männern Mühe habe, sie zu Gefühlsäußerungen zu bewegen. Sie beobachten sehr stark, ziehen auch Schlüsse daraus, aber wissen oftmals nicht ihre eigene Betroffenheit zu schildern. Die Frauen sind dagegen gefühlsmäßig sehr stark engagiert und können oft nicht so konkrete Aussagen über die anderen Menschen machen.

Man darf sich das nicht so vorstellen, daß ein Mensch, den ich zurückführe, sofort alles kann. Wir üben von Sitzung zu Sitzung. Manche Leute können z.B. sehr gut akustische Wahrnehmungen schildern, andere überhaupt nicht. Wenn jemand optisch sehr stark ist, vernachlässige ich diesen Bereich und konzentriere mich eher auf die Gefühle und den Hörbereich. Es sollen möglichst sämtliche Sinne benutzt werden. Es kann mehrere Sitzungen dauern, bis jemand bereit ist, den Bewußtseinsbereich zu öffnen, den er bislang aus irgendwelchen Gründen verschlossen hielt.

Ich habe es schon erlebt, daß jemand in einem früheren Leben bewußtseinsbeeinträchtigt war und während der Rückführung stumm blieb. Er war in eine Situation geraten, in der er debil war, und deswegen war es für mich eine Sisyphusarbeit, überhaupt irgend etwas aus ihm herauszubekommen bzw. zu begreifen, was mit ihm los war.

Etwas, was mich am Anfang meiner Arbeit sehr erschreckt hat, war eine Schülerin, die sich regelmäßig spastisch verkrampfte; Symptom einer Krankheit, die sie während dieses Lebens noch nie gehabt hatte. Sie schrie die ganze Zeit, und ich bekam sie glücklicherweise aus diesem Zustand wieder heraus, als ich sie aufforderte, in die Jetztzeit zurückzukehren. Bei diesem Menschen war es natürlich sehr schwer, die Ursachen auszukundschaften, weil sie in diesem Zustand nicht auskunftsfähig war. – Bei solchen Zuständen muß man die Menschen ganz vorsichtig an ihre Wahrheiten heranführen, damit sie verstehen können, in welcher Situation sie früher waren. Sie müssen etwas, was offensichtlich in einer anderen Zeit vorgefallen ist, verstehen und auflösen, um sich in der Gegenwart weiterentwickeln zu können.

Willensentschlüsse binden den Menschen

W.W.: Gibt es viele Parallelen zwischen diesem und einem früheren Leben, z.B. in bezug auf die gleiche Todesart, Krankheiten oder Phobien?

P.A. Peick: Das variiert sehr, und die Bezüge sind nicht immer sehr gradlinig. Man kann Phänomene und Motive in dem jetzigen Leben finden, die vor fünf oder sechs Leben markant und wichtig waren. In den Leben dazwischen war etwas anderes zu erledigen. Andererseits ist es auffällig, daß viele Menschen, die in der Nazizeit gelebt haben, noch in diesem Leben sehr deutlich damit in Verbindung stehen. Vielleicht hängt das damit zusammen, daß sie im gleichen Land leben und diese Thematik noch sehr stark in der Öffentlichkeit diskutiert wird. Meines Erachtens ist es so, daß viele Personen, die während der Nazizeit gelebt haben, sich wieder in Deutschland inkarnieren, um sich mit den Folgen auseinanderzusetzen, die damals verursacht worden sind.

W.W.: Haben Sie auch das Phänomen der Umpolung feststellen können, also daß eine Fähigkeit in einem früheren Leben stark ausgeprägt ist, in diesem Leben aber überhaupt nicht vorhanden ist?

P.A. Peick: Nein.

W.W.: Das heißt also, daß sich die Fähigkeiten des Menschen über die verschiedenen Erdenleben hinweg eher ähneln?

P.A. Peick: Ähneln würde ich es nicht nennen. Wenn jemand eine Fähigkeit ausgebildet hat, wird er sie auch weiterhin latent besitzen, aber er muß sie nicht unbedingt in jedem Leben ausbilden. Ich entdecke eher eine thematische Häufung. Liebesfähig werden, Freude haben wollen, anderen Menschen helfen, Mitgefühl erwecken oder die Absicht, Nutznießer von anderen zu sein, sind Themen, die wiederholt in den verschiedenen Leben auftreten. Es kann sich z.B. auch das Bedürfnis, Macht über andere Menschen auszuüben, wie ein roter Faden durch die verschiedenen Inkarnationen ziehen. Eine solche Thematik zieht sich untergründig in verschiedenen Varianten durch die einzelnen Erdenleben.

Etwas ist mir besonders aufgefallen: Wenn jemand Rituale vollzieht, Beschwörungen durchführt oder Versprechen ablegt, so ist das etwas, von dem er in den nächsten Erdenleben nicht mehr loskommt. Jeder Willensentschluß bindet einen über die Zeit. Man kann ihn aber durch einen erneuten Willensentschluß aufheben.

W.W.: Können Sie einmal ein Beispiel dafür nennen?

P.A. Peick: Das trifft z.B. auf eine Eheschließung zu. Wenn man den Willensentschluß äußert, mit seinem Partner auf immer und ewig zusammenbleiben zu wollen, dann bindet man sich an diesen Menschen und ist nicht mehr für einen anderen frei. Es kann dann sein, daß man sich über Inkarnationen hinweg nicht richtig verlieben kann, weil das Wesen, mit der man auf immer und ewig zusammenbleiben wollte, nicht in der Nähe inkarniert ist.

Wenn man einen derartigen Willensentschluß obendrein noch mit einem Ritual verstärkt, dann kann man ihn nicht einmal durch eine einfache Willenserklärung wieder aufheben. Will man ihn aufheben, müssen beide Partner einverstanden sein. Man kann sich nur trennen, wenn der andere einen freiläßt. Sonst bleibt eine einseitige Bindung bestehen. Wenn ein Willensentschluß rituell gefestigt wird, kann er nur durch eine entsprechend starke emotionale Kraft wieder gelöst werden. Deswegen sollte man sich vor Schwüren jeglicher Art hüten. Das ist natürlich ein Problem für diejenigen Menschen, die sich in einem früheren Leben magisch gebunden haben und eine entsprechende Verpflichtung eingegangen sind.

W.W.: Wie äußert sich eine magische Bindung eines früheren Lebens in dem jetzigen Erdenleben?

P.A. Peick: Das kann sich durch Zwangshandlungen äußern. Man handelt dann unter Zwang, weiß aber nicht warum.

W.W.: Nehmen wir an, ein Mensch befindet sich in schwierigen zwischenmenschlichen Verhältnissen. Er hat starke Antipathien oder Sympathien gegenüber gewissen Menschen, die sich nicht aus diesem Leben erklären lassen. Gibt es nun eine Erhellung für die karmischen Verhältnisse, wenn der Betreffende rückgeführt wird und aus der Schauung eines letzten Lebens erkennt, wo die Ursachen für die zwischenmenschlichen Spannungen des jetzigen Lebens liegen?

P.A. Peick: Für die Möglichkeit der Problemlösung möchte ich Ihnen ein sehr markantes Beispiel geben, das anders gelagert ist und das innerhalb von zwei Sitzungen gelöst worden ist. Es betraf eine Frau, die eine ganz massive Schlangenphobie hatte. Jederzeit und überall sah sie Schlangen. Diese Schlangen bedrohten sie fortwährend, und immer wenn sie einen Raum betrat, mußte sie ihn nach Schlangen absuchen. In der ersten Sitzung fanden wir heraus, daß sie diese Schlangenfurcht bereits als Kleinkind gehabt hat. In der zweiten Sitzung konnte ich sie in eine frühere Inkarnation zurückführen, in der sie sich als ein Junge in einem Dschungel erlebte.

Der Vater dieses Jungen war sehr streng und versagte ihm manches, was der Junge gerne wollte. Er verbot ihm eines Tages, mit auf die Jagd zu gehen. Nun sah die Frau sich als dieser Junge an einem Fluß sitzen, grübeln und böse Gedanken über den Vater hegen. An diesem Tag verschwand der Vater im Urwald, und er kam nicht von der Jagd zurück. Die anderen Stammesmitglieder wurden unruhig und begannen, ihn zu suchen. Auch der Junge beteiligte sich heimlich an dieser Suche. Er war es, der seinen Vater als einziger entdeckte, und zwar fand er ihn von einer Schlange gebissen. Er konnte nicht mehr laufen und forderte seinen Sohn auf, Hilfe aus dem Dorf zu holen. Der Sohn ging aber nicht ins Dorf zurück, sondern an den Fluß und entschied sich, keine Hilfe zu holen. Deswegen verstarb der Vater.

Dieses Schuldgefühl prägte sich bei dem Jungen so ein, daß er in den magischen Glauben verfiel, dasjenige, was er getan hatte, würde eines Tages auf ihn zurückfallen. Er glaubte, daß er dasselbe erleiden würde, was sein Vater erlitten hatte, nämlich durch einen Schlangenbiß zu sterben. Dieses Schuldgefühl verwandelte sich in die Schlangenphobie im nächsten Leben.

Nachdem wir dieses Schuldgefühl aufgearbeitet hatten und den damaligen Vater und die göttliche Gegenwart um Vergebung gebeten hatten, verschwand die Schlangenphobie dieser Frau. Sie schrieb mir nach längerer Zeit, daß diese Phobie nie wieder aufgetreten sei. Das ist natürlich ein markanter Fall, und es geht keineswegs immer so schnell.

Gedanken haben eine unmittelbare Wirkung

W.W.: Verändern sich also auch die zwischenmenschlichen Verhältnisse, wenn man dazu Erkenntnisse aus einem letzten Leben erhält?

P.A. Peick: Unmittelbar. Die geistige und die mentale bzw. astrale Bewußtseinsebene, also die Gedanken und Gefühle, sind nicht wie unsere Körper voneinander getrennt. Was ich denke, kann einen anderen Menschen erreichen, auch wenn er nicht in meiner Nähe ist. Und meine Gedanken können ihn erreichen, obwohl er sie nicht wahrnimmt. Deswegen hat auch ein Erlebnis aus einem früheren Leben eine unmittelbare Wirkung. Es kommt aber darauf an, was der Mensch damit macht. Wenn man einem anderen verzeiht, wenn bei einem selbst ein echtes tiefes Bedauern über eine Verfehlung vorliegt, dann erreicht das den Menschen, dem man etwas angetan hat. Diese Vergebungskraft ist wie ein reinigender Effekt, der auch im zwischenmenschlichen Verhältnis Entlastung schafft.

W.W.: Wie ist es, wenn ein Mensch an einem anderen schuldig geworden ist, der Schuldige seinen Fehler nicht einsieht, der andere ihm aber vergibt?

P.A. Peick: Auch hier wird Erleichterung geschaffen, weil die Ereigniskette nicht fortgesetzt wird. Dem Vergebenden wird als erstes geholfen, und dem, dem vergeben wird, wird der Einsichtsbereich dadurch erleichtert, daß ihn keine fremde Aggression mehr trifft. Dadurch wird er auf sich selbst zurückgewiesen. Da ihm kein Gegner mehr gegenübersteht, läuft er mit seiner eigenen Aggressivität ins Leere, und sie kehrt zu ihm zurück. Dadurch wird er selbst verletzt und hat die Chance, zu einer Einsicht über sich selbst zu kommen. Es ist ein Rückführungsprozeß des Problems auf den Verursacher.

Wenn Männer Kinder bekommen

W.W.: Ändert sich das Geschlecht von Leben zu Leben?

P.A. Peick: Ja, es wechselt ständig. Und das ist wunderbar! Es ist einfach toll, Männer bei der Rückführung zu beobachten, wenn sie Kinder bekommen. Es ist einfach großartig, wenn hier ein Mann auf der Couch erlebt, wie es ist, eine Schwangerschaft durchzumachen und Kinder zu hüten. Das möchte ich jedem gönnen. Auf der anderen Seite kann es ganz aufschlußreich sein, wenn eine Frau erlebt, wie es ist, in einem früheren Leben ein Mann zu sein, der eine Frau vergewaltigt.

Am heilsamsten ist es natürlich, wenn man den Kampf der Geschlechter unter umgekehrten Vorzeichen erlebt. Eines Tages suchte mich eine sehr stark emanzipatorisch orientierte und männerfeindliche Dame auf, und sie mußte bei einer Rückführung erleben, wie die Frauen in einer früheren matriarchalischen Kultur die Männer mißhandelten und verachteten. Das hat ihre einseitige Blickrichtung stark korrigiert. Solche Erkenntnisse führen tiefe Erschütterungen und Selbstberichtigung herbei.

Daraus können Sie ersehen, daß ein derartiges Rückführungserlebnis für den Beteiligten, und auch für mich, eine sehr anstrengende Angelegenheit ist. Es ist kein einfacher Ausflug, sondern harte Arbeit. Wenn man aber am Ende feststellt, daß sich das Weltbild geraderückt, tritt eine starke Erleichterung ein. Es löst Fixierungen im Denken auf, weil man erlebt, daß man in den verschiedenen Erdenleben genauso rauh mit anderen Menschen umgegangen ist, wie die meisten Menschen es heute untereinander tun. Jeder hat irgendwann Stadien von Härte oder Grausamkeit durchlaufen.

W.W.: Wie ist es mit der Reinkarnationsschnelligkeit? Nach welcher Zeit inkarniert man sich wieder?

P.A. Peick: Ich habe den Eindruck, daß zumindest in diesem Jahrhundert die Aufeinanderfolge der Erdenleben relativ schnell ist. Das hängt mit dem Beginn des Wassermannzeitalters zusammen. Wir haben eine so hohe Bevölkerungsdichte, weil viele Wesen an diesem neuen Bewußtseinszeitalter teilnehmen wollen. Es drängen deshalb viele zur Inkarnation, die lange nicht inkarniert waren, aber auch diejenigen, die schnell wieder dabei sein möchten, und nicht zuletzt diejenigen, die der Menschheit beistehen wollen, auf eine weitere Entwicklungsstufe zu gelangen.

Besessenheit und emotionale Überreste

W.W.: Wenn die Menschen über ihre letzte Inkarnation sprechen, können Sie dann exakt unterscheiden, ob sie über sich selbst sprechen oder ob sie vielleicht andere mit ihnen zusammenhängende Menschen wahrnehmen?

P.A. Peick: Ein 100prozentiges Wissen darüber gibt es natürlich nicht. Aber ich teste, wie authentisch sie über sich selbst sprechen und ob sie ihr Bewußtsein in andere Personen versetzen können, um aus ihnen heraus wahrzunehmen. Wenn ein Mensch einen Symbolbildbereich – also etwas, was nicht real stattgefunden hat – erlebt, dann kann er sich meist in das Bewußtsein eines anderen Teilnehmers der Situation versetzen. Bei den wirklichen Reinkarnationserlebnissen klappt das aber nicht.

Nehmen wir an, jemand schildert mir, daß er der Pferdeknecht auf einem Bauernhof gewesen ist und gleichzeitig der Geliebte der Bäuerin. Wenn ich ihn dann auffordere, sich in die Bäuerin zu versetzen und von ihr aus den Knecht anzuschauen, dann geht das meistens nicht. Wenn es doch geht, werde ich mißtrauisch, denn dann redet er nicht über sich. Es kann aber auch geschehen, daß jemand als Verstorbener nur einen Inkarnierten begleitet. In einem solchen Fall sind die Schilderungen oft eigentümlich blaß, denn der Betreffende kann nicht die Körperzustände des Inkarnierten beschreiben. Er sieht z.B. eine Frau, die zum Markt geht und Gemüse einkauft, und er sagt: „Das bin ich.“ Wenn ich ihn dann frage, welche Schuhe er trägt, wie er sich in der Kleidung und in seinem Körper allgemein fühlt, dann kann er diesen Körperzustand nicht beschreiben.

Wenn ich dann weiterfrage, bemerke ich, daß sich der Betreffende überhaupt nicht mit dieser Frau identifizieren kann und er genauso wie die

Marktfrau auch andere Menschen als „Ich" beschreiben kann. Wenn ich dann letztlich frage: „Wer bist du eigentlich?", dann erhalte ich als Antwort: „Das weiß ich nicht." Das geht manchmal in die Richtung einer Besessenheit. Jemand, der nicht weiß, daß er gestorben ist, lungert dann bei einem anderen Menschen herum. Und er versucht, Zugang zu einem Körper zu bekommen. Solche Phänomene tauchen bei den Rückführungen manchmal auf. Dann muß man den „Besetzer" bis zu seinem Sterbeprozeß zurückführen, damit er begreift, daß er tot ist.

Oftmals haben auch die Engel, von denen ich vorhin gesprochen habe, zu einem solchen Verstorbenen keinen Zugang. Denn sie können in die Bewußtseinsbereiche, in denen sich eine solch verirrte Seele befindet, nicht hineingehen. Dann kann nur ein Mensch als Vermittler zwischen der verirrten Seele und einem Engel, indem er dieser Seele klarmacht, daß sie gestorben ist, daß sie sich nicht an andere Körper klammern soll und in andere Sphären übergehen muß, wo sie von höheren Wesen abgeholt werden wird.

W.W.: Vielleicht ist dieses Phänomen auch anders zu erklären. Nehmen wir an, ein Mensch hat ein gewisses Lebensdefizit, er ist z.B. stark eifersüchtig, alkoholsüchtig oder neigt zum Machtmißbrauch. Wenn solch ein Mensch nun rückgeführt wird, kann es da nicht sein, daß er statt in sein eigenes letztes Leben zu schauen, Überreste von anderen Menschen anzieht, die ein ähnliches Lebensproblem wie er hatten und deren Äther- oder Astralleiber sich noch nicht vollständig aufgelöst haben?

P.A. Peick: Das kann sein, aber ich glaube nicht, daß es oft vorkommt. Die Erlebnisse werden dann auch sehr blaß, und die Betreffenden merken, daß bei ihnen etwas nicht stimmt. Sie erleben zwar etwas, können aber nicht recht glauben, daß das Erlebnis wirklich mit ihnen zu tun hat.

Wenn ich mit einem Menschen arbeite, gehen wir beide eine innere Verbindung ein. Ich bin mit meinem Bewußtsein in seinem Bewußtseinsfeld anwesend. Ich nehme dann seine Bewußtseinsschwingungen in mir wahr. Indem ich in mir nachklingen lasse, was der andere erlebt, fühle ich, wie authentisch dies ist. Ich bemerke auch innere Brüche, wenn jemand Erlebnisse hat, die nicht folgerichtig sind, die also nicht mit seiner Individualität zu tun haben.

W.W.: Ich versuche das, was Sie aus Ihrer Arbeit schildern, immer gleichzeitig mit der Anthroposophie zu begreifen. Nach dem Tod erlebt der Mensch in wenigen Tagen sein Lebenspanorama; das ist auch durch die zahlreichen Nah-Todeserfahrungen bekanntgeworden. Nach der Schau dieses Lebenspanoramas löst sich der Ätherleib des Menschen, in dem alle

Erlebnisse seines vergangenen Lebens gespeichert sind, auf. Anschließend beginnt der Mensch in der Astralwelt sein Leben rückwärts zu durchleben. Diese Zeit dauert ungefähr ein Drittel des Lebens, dann löst sich auch sein Astralleib auf. Es kann aber sein, daß sowohl vom Ätherleib als auch vom Astralleib Reste übrigbleiben und sich nicht auflösen, weil sie Einschlüsse in sich haben, die stark mit der Materie verhaftet sind. In der Anthroposophie nennt man so etwas Ätherleib- bzw. Astralleib-Leichname. Bei spiritistischen Sitzungen glauben die Menschen, daß wirkliche verstorbene Menschen z.B. ein Glas bewegen. Es ist aber nichts anderes als ein solcher Ätherleib- bzw. Astralleib-Leichnam, von dem sich die Individualität längst gelöst hat. Kann es nicht auch sein, daß bei den Rückführungen nicht die eigene Individualität in einem letzten Leben erlebt wird, sondern daß man sich zum Auffanggefäß für Ätherleib- bzw. Astralleib-Leichname anderer Menschen macht?

P.A. Peick: Da möchte ich Ihnen zustimmen. So etwas ist möglich. Vor allem in bezug auf die Astralleib-Leichname halte ich das für wahrscheinlich. Ich denke, daß es um die Erde herum eine gräulich-dichte Astralsphäre gibt, die mit emotionalen Resten anderer Menschen angefüllt ist. Vielleicht kann man das auch das kollektive Emotionalbewußtsein aller Menschen nennen. Alles, was die Menschen auf der Erde gedacht und gefühlt haben, geht in den Astralraum ein, der die Erde umgibt. Dieser Astralraum ist heute sehr dicht und macht es den Menschen schwer, zu dem Spirituellen der geistigen Welt vorzustoßen. Bei einer Rückführung kann der Mensch natürlich mit seinem eigenen Astralrest in Verbindung treten, genauso aber auch mit dem Astralrest eines anderen Menschen. Dies zu unterscheiden ist aber sehr schwer. Ich selbst orientiere mich an den Aussagen meiner Schüler. Wenn sie ganz stark erleben, daß ihre Schauungen oder Gefühlswahrnehmungen zu ihrem eigenen Wesen gehören, und wenn zusätzlich ein starker Gegenwartsbezug vorhanden ist, dann bin ich ziemlich sicher, daß sie nicht etwas Fremdes aufnehmen. Aber das schließt natürlich niemals einen Irrtum aus und heißt nicht, daß ein Mensch nicht vielleicht doch an einer Lebensausdünstung eines anderen teilnimmt.

Das Individuum als Teil des Ganzen

Wenn man sich aber spirituell weiterentwickelt, wird man bemerken, daß die Frage der Individualität letztendlich nicht mehr das Entscheidende ist. Es gibt nur ein lebendiges bzw. göttliches Bewußtsein, das sich auf der

Erde in verschiedene Individualitäten fragmentiert ausdrückt. Mein und Dein gibt es – spirituell gesehen – letztendlich nicht. Diese Unterscheidung ist nur für den rationalen Verstand wichtig, nicht so sehr für die Wesenhaftigkeit. Das heißt aber nicht, daß das all-einige Bewußtsein keinen individuellen Aspekt besitzt. Dem individuellen Aspekt wird nur keine große Bedeutung beigemessen.

Auf der Erde individualisieren wir z.B. die drei Erzengel Gabriel, Michael und Raphael, die Erzengelenergie als solche differenziert sich in drei Aufgabenbereiche. In einem übergeordneten Sinn geht diese Dreiheit aber wieder in eins über bzw. ist die Ausstrahlung von dem Einen. Genauso können wir Menschen uns als eine Ausstrahlung des all-einigen Prinzips verstehen, das wir Gott oder das Göttliche nennen. Die Differenzierung geschieht nur auf unserer irdischen Ebene.

Im Grunde sind wir alle vom Gift der Unterscheidung befallen. Wir versuchen immer, zwischen gut und schlecht, richtig oder falsch zu unterscheiden, haben aber kaum die Möglichkeit, etwas als eins zu sehen. Es gelingt uns nur dann, wenn wir unser Bewußtsein in eine hohe Bewußtseinsfrequenz versetzen. Dort herrscht das all-einige Bewußtsein als etwas Selbstverständliches, und das Individuum fühlt sich nicht bemüßigt, sich von den anderen Individuen abzugrenzen Auf der Astralebene herrscht aber noch das Polaritätsprinzip, die Trennung zwischen Ich und Du. Aber auf der spirituellen Ebene verschwindet diese Polarität, und es ist auch nicht mehr so wichtig, ob man das Fragment des eigenen oder das eines anderen Lebens schaut. Für Sie als anthroposophischer Wissenschaftler wird die Unterscheidung der Individuen dagegen wahrscheinlich von hoher Wichtigkeit sein.

W.W.: So ist es. Man kann als Individualität bestehen bleiben, obwohl man in dem all-einen Bewußtsein – wie Sie es nennen – aufgeht. Wir können z.B. beide als Individualität den gleichen Gedanken denken. Wir bleiben dabei zwei individuell denkende Wesen, verbinden uns aber in dem Begriff bzw. in einer Idee.

P.A. Peick: Das sehe ich genauso. Ich glaube auch nicht, daß sich das Individuelle ganz im Göttlichen auflösen wird, sondern denke vielmehr, daß sich das Göttliche durch das Individuelle ergänzen wird. Die individuelle Erfahrung wird als ein Teil des Ganzen in das Göttliche eingehen. Der individuelle Weg des Menschen hat den Sinn, sich als Fragment zu erleben, Erfahrungen zu machen, um dann diese Erfahrungen wieder in die Einheit einzubringen.

Die geistige Führung

W.W.: Kann es auch sein, daß Sie als Initiatorin Ihren Schülern gewisse Motive eingeben, so daß daraus Schauungen entstehen, die ohne Ihre Mitwirkung nicht entstanden wären?

P.A. Peick: Das kann man nicht ausschließen. Ich kann nur versuchen, diese Einflußnahme so gering wie möglich zu halten. Ich versuche diese Zurückhaltung durch meine Meditation auszuüben. Seit 1971 meditiere ich Kriya-Yoga und habe meine zwei Studiengänge – Sozialpädagogik und Psychologie – in einem meditativen Zustand verbracht. Kriya-Yoga ist eine Form der Meditation, die man über den ganzen Tag hin vollzieht. 1975 öffnete sich mir eine Vision, die mir alles das eröffnete, was ich jetzt in meiner Arbeit vollbringe. Und alles, was sich mir visionär gezeigt hat, habe ich in den Jahren danach bewußt durchgearbeitet. In dieser Vision wurden mir z.B. auch die wiederholten Erdenleben gezeigt. Anfangs war ich sehr schockiert und erschüttert, und es brauchte einige Jahre, bis ich mit meiner Rückführungsarbeit beginnen konnte. Zusätzlich wurde ich auch oft in der Nacht während meines Schlafs unterrichtet. Bestimmte Dinge wurden mir visionär, aber auch ganz konkret in Worten dargestellt.

Seit dieser Zeit kommuniziere ich mit dieser geistigen Dimension. Das geht aber nur, wenn ich aus meinem persönlichen Bewußtseinsraum herausgehe, also wenn ich mein Ego beiseite lassen kann und alle meine menschlichen Empfindungswelten transzendiere. Ich gehe also in einen Bewußtseinszustand, indem ich mich von den Alltäglichkeiten distanziere. Diesen Zustand erreiche ich aber nur, wenn ich bewußtseinsmäßig leer bin. In diesem Moment empfange ich aus einer spirituellen Ebene, von einer spirituellen Führung Informationen, die mich anleiten, wie ich zu arbeiten habe.

W.W.: Wie benennen Sie diese Führung?

P.A. Peick: Ich würde sie allgemein als den Lichtbereich bzw. die Engelsphäre benennen, möchte mich hier aber nicht genau festlegen. Ich empfinde es als ein geistiges WIR, das sich aber hütet, auf den Menschen Einfluß zu nehmen, weil es seine Freiheit respektiert. Die höchste Gesetzmäßigkeit im Umgang mit unserer menschlichen Sphäre ist, den freien Willen der Menschen nicht anzutasten. Dem fühle ich mich auch verpflichtet. Als Mensch kann ich es nicht garantieren, aber in meiner Arbeit möchte ich behaupten, daß ich mich außerhalb meines normal-menschlichen Agierens bewege. Als Mensch übe ich natürlich auch im Leben Einfluß aus, manipuliere sicherlich auch hin und wieder, aber in meiner Arbeit nicht. Wenn ich während meiner Arbeit manipulieren würde, würde meine spirituelle Führung aussetzen. Manipulieren darf man einen Menschen nur mit dessen Erlaubnis, wenn er z.B. zu schwach ist oder Angst hat, sich selbst zu führen. Aber solche Klienten habe ich nicht.

W.W.: Gibt es auch Menschen, die sich überhaupt nicht rückführen lassen, bei denen sich überhaupt nichts ergibt?

P.A. Peick: Ja, auch die gibt es, aber die schicke ich weg. Wenn man in den vier Sitzungen merkt, daß nichts passiert, hat es keinen Zweck. Solche Menschen kommen aber selten zu mir. Wer zu mir kommt, wartet vorher meist sehr lange, dann ist auch der Anmeldezeitraum ziemlich lang, und wenn sie dann endlich bei mir sind, ist der Zeitpunkt für unsere gemeinsame Arbeit meist der richtige. Diejenigen, die zu mir kommen, haben vorher oft auch schon andere Erfahrungen gesammelt, und wenn sie zu mir kommen, dann oft deswegen, weil sie mit ihrer inneren Entwicklung weiterkommen wollen. Ich arbeite sehr viel mit Menschen, die ihrerseits mit Menschen arbeiten: mit Ärzten, Therapeuten, Pädagogen und auch künstlerisch arbeitenden Menschen. Unter ihnen fühle ich mich als Multiplikator, um das weiterzugeben, was ich weiß, so daß diese es weitertragen können. Die wenigsten kommen aus persönlicher Neugier oder bloßem Interesse.

W.W.: Arbeiten Sie die Gespräche in ihrer Meditation auf, und begleiten Sie die Menschen bewußtseinsmäßig auch nach ihren Sitzungen?

P.A. Peick: Ich versuche, den Menschen immer bei sich selbst zu lassen. Das bedeutet, daß ich mich voll auf sie konzentriere, wenn sie bei mir sind, aber wenn sie aus der Tür gehen – so sage ich es ihnen –, dann können sie wieder in ihrem inneren Raum allein sein. Ich bin aber empfänglich. Das heißt, daß ich für die Menschen, mit denen ich arbeite, bewußtseinsmäßig in der Regel erreichbar bin. Das wissen meine Klienten auch und führen hin und wieder in Abwesenheit innere Gespräche mit mir.

Ich meditiere auch, aber nur allgemein für meine Klienten, nicht speziell auf einige ausgerichtet; es sei denn, sie wünschen es. Hin und wieder werde ich gebeten, sie innerlich zu begleiten, z.B. wenn sie ins Krankenhaus müssen, Kinder bekommen, eine schwierige Verhandlung oder ein Bewerbungsgespräch führen. Es kann auch passieren, daß jemand innerlich beunruhigt ist und an mich denkt. Dann rufe ich ihn an. Oder ich versuche, ihnen über die höhere Sphäre spirituelle Energie anzubieten. Insofern fühle ich mich als Zwischenglied einer Kette, die von der spirituellen Ebene zu dem individuellen Menschen hinführt. Ich bin aber nur so lange notwendig, bis der einzelne Mensch diesen Kontakt eigenständig herstellen kann.

Der Mensch als Gestalter seines Lebens

Interview mit Willem Frederik Veltman

von Thomas Höfer

Willem Frederik Veltman, *geb. 1923 in Den Haag, besuchte das Gymnasium in Leiden. Während der Kriegszeit kam er in Berührung mit der Anthroposophie und der Pädagogik Rudolf Steiners. Nach dem Krieg wurde er Lehrer an der Haager „Vrije School" (Freie Waldorfschule). Dort arbeitete er 41 Jahre in der Oberstufe und unterrichtete Französisch, Kunstgeschichte, Menschenkunde, Religion und vor allem Theater.*

Er war mehrere Jahre Mitglied des Vorstands der Anthroposophischen Gesellschaft in Holland. Er gab und gibt viele Vorträge und Kurse und schrieb Bücher über Dante (auch in deutscher Übersetzung), Shakespeare und Goethe sowie eine Biographie über Rudolf Steiner. Er ist Hauptredakteur der holländischen pädagogischen Zeitschrift „Vrije Opvoedkunst".

Buchveröffentlichungen in deutscher Übersetzung: „Tempel und Gral. Die Mysterien des Templerordens und des heiligen Gral. Die Bedeutung dieser Impulse für die Gegenwart" (Frankfurt/M. 1993); „Reinkarnation. Moderne Rückführungspraktiken und anthroposophische Karmaforschung" (Stuttgart 1996).

Dieses Interview beschäftigt sich zum einen mit Regressionserlebnissen, das sind Erlebnisse von Menschen, die unter bestimmten Bedingungen in ihrer Erinnerung über die Schwelle ihrer Geburt hinausgeführt wurden und dann Schilderungen geben, die aus anderen, vorangegangenen Leben zu kommen scheinen. Es zeigt sich, daß eine sichere Beurteilung solcher Erlebnisse auch von anthroposophischem Boden aus schwer möglich ist.

Der zweite Schwerpunkt des Interviews liegt auf der Darstellung von Reinkarnation und Karma nach dem Verständnis Rudolf Steiners. Dabei wird deutlich, daß es der Mensch in seinem Schicksal mit sich selbst zu tun hat, mit den Folgen von Taten früherer Leben bzw. mit der Vorbereitung zukünftiger Leben.

Thomas Höfer: Die Begriffe Reinkarnation und Karma werden von den meisten Menschen mit fernöstlicher Religiosität oder mit New Age in Verbindung gebracht. Gibt es eigentlich innerhalb der abendländischen Kultur eigene Quellen für den Glauben an Reinkarnation und Karma?

Willem Frederik Veltman: Ja, die innere Gewißheit um die Wiederverkörperung des Menschen findet sich bei Völkern aller fünf Kontinente, in Asien genauso wie in Afrika, Australien und Amerika. Auch in Europa gibt es den Glauben an die Wiederverkörperung, z.B. bei den Lappen in Finnland. Die Vorstellungen über die Bedingungen der Wiederverkörperung sind dabei zumeist höchst unterschiedlich, etwa was die Dauer angeht, die zwischen zwei Inkarnationen liegt, oder auch die gesetzmäßigen Beziehungen von einem Leben zum nächsten.

Das Besondere an der christlich abendländischen Kultur ist nun, daß der Glaube an Reinkarnation und Karma weitgehend zurückgedrängt war, d.h. er war nicht Bestandteil der offiziellen kirchlichen Lehre. Man glaubte, der Reinkarnationsgedanke widerspreche der Auffassung, daß der Mensch durch die Güte und Gnade Gottes erlöst werde. Wenn der Mensch die Folgen seiner Taten in einem nächsten Leben selbst zu tragen und auszugleichen hätte, so dachte man, dann käme dies einer Selbsterlösung gleich, und Gottes Gnade sei nicht mehr notwendig. Die christliche Theologie stützte sich dabei auf die Philosophie des Aristoteles, in der der Gedanke an Reinkarnation ausgeschlossen wird, weil keine Präexistenz der individuellen Seele angenommen wird.

Interessant ist nun, daß Platon, der Lehrer des Aristoteles, im Gegensatz zu seinem Schüler von einer Präexistenz der Seele ausging und die Reinkarnation der menschlichen Seele bejahte. Man kann davon ausgehen, daß der Glaube an Reinkarnation zu Platons Zeiten geläufig war und erst durch Aristoteles und vor allem durch die Macht der katholischen Kirche zurückgedrängt und tabuisiert wurde. Die Folge war, daß der Glaube an Reinkarnation zwar nicht völlig beseitigt, aber doch weitgehend unterdrückt wurde. Allerdings gab es immer Menschen, die an diesen Vorstellungen festhielten, etwa im Mittelalter die Albigenser oder Katharer. Aber sie wurden von der kirchlichen Inquisition verfolgt und vernichtet.

Zur Zeit der Aufklärung tauchte der Glaube an die Wiederverkörperung des Menschen dann wieder auf, z.B. bei Gotthold Ephraim Lessing. Er stellte ihn in seinem Werk „Die Erziehung des Menschengeschlechts" als logischen Endpunkt seiner philosophischen Überlegungen klar heraus.

Die abendländische Kultur hatte also den Reinkarnationsgedanken für den Zeitraum von ca. 2.000 Jahren verdrängt. Mit Rudolf Steiner trat er dann in aller Deutlichkeit und gedanklicher Schärfe wieder an die Oberfläche. Heute ist er wieder weit verbreitet – und es findet sich z.B. in den Niederlanden selbst ein Jesuit, der an Reinkarnation und Karma glaubt –, wobei aber selten an die abendländische Tradition angeknüpft wird.

Gotthold Ephraim Lessing: Die Erziehung des Menschengeschlechts

§ 92

[...] wenn es nun gar so gut als ausgemacht wäre, daß das große langsame Rad, welches das Geschlecht seiner Vollkommenheit näher bringt, nur durch kleinere schnellere Räder in Bewegung gesetzt würde, deren jedes sein Einzelnes eben dahin liefert?

§ 93

Nicht anders! Eben die Bahn, auf welcher das Geschlecht zu seiner Vollkommenheit gelangt, muß jeder einzelne Mensch (der früher, der später) erst durchlaufen haben. – „In einem und eben demselben Leben durchlaufen haben? Kann er in eben demselben Leben ein sinnlicher Jude und ein geistiger Christ gewesen sein? Kann er in eben demselben Leben beide überholet haben?"

§ 94

Das wohl nun nicht! – Aber warum könnte jeder einzelne Mensch auch nicht mehr als einmal auf dieser Welt vorhanden gewesen sein?

§ 95

Ist diese Hypothese darum so lächerlich, weil sie die älteste ist? weil der menschliche Verstand, ehe ihn die Sophisterei der Schule zerstreut und geschwächt hatte, sogleich darauf verfiel?

§ 96

Warum könnte auch *ich* nicht hier bereits einmal alle die Schritte zu meiner Vervollkommnung getan haben, welche bloß zeitliche Strafen und Belohnungen den Menschen bringen können?

§ 97

Und warum nicht ein andermal alle die, welche zu tun uns die Aussichten in ewige Belohnungen so mächtig helfen?

§ 98

Warum sollte ich nicht so oft wiederkommen, als ich neue Kenntnisse, neue Fertigkeiten zu erlangen geschickt bin? Bringe ich auf *einmal* so viel weg, daß es der Mühe wiederzukommen etwa nicht lohnet?

§ 99

Darum nicht? – Oder, weil ich es vergesse, daß ich schon da gewesen? Wohl mir, daß ich das vergesse. Die Erinnerung meiner vorigen Zustände würde mir nur einen schlechten Gebrauch des gegenwärtigen zu machen erlauben. Und was ich auf itzt vergessen *muß*, habe ich denn das auf ewig vergessen?

§ 100

Oder, weil so zu viel Zeit für mich verloren gehen würde? – Verloren? – Und was habe ich denn zu versäumen? Ist nicht die ganze Ewigkeit mein?

„Die Menschen sind offen“

T.H.: Warum mußte der Reinkarnationsgedanke für den genannten Zeitraum zurückgedrängt werden?

W.F. Veltman: Diese Entwicklung war notwendig, damit der Mensch ein vollständiges Bewußtsein seiner Individualität und Freiheit erlangen konnte. Wenn man ständig im Bewußtsein hätte, daß bestimmte Ereignisse nur eintreffen oder bestimmte Begegnungen nur stattfinden, weil sich ein karmisches Geschehen dahinter verbirgt, dann wäre man in der Situation nicht mehr frei, sondern man wäre bestrebt, dasjenige zu tun, was karmisch notwendig wäre. Bestimmte Handlungsspielräume stünden dem Menschen gar nicht zur Verfügung, und seine Taten könnten nicht der Ausfluß seines von moralischer Intuition getragenen freien Willens sein. Es kam zunächst darauf an, daß der Mensch seine unabhängige Individualität entwickelt.

T.H.: Können Sie näher ausführen, wie die Menschen heute zum Reinkarnationsgedanken stehen?

W.F. Veltman: Ich kann die Dinge nur so schildern, wie ich sie erlebe. Ich halte seit vielen Jahrzehnten Vorträge über Reinkarnation und Karma im Sinne Rudolf Steiners, und noch vor 20, 30 Jahren konnte ich dieses Thema in öffentlichen Vorträgen nur vorsichtig berühren, mußte mich behutsam nähern, um die Menschen nicht zu schockieren. Das ist heute ganz anders. Die Leute sind offen und bereit, etwas über diese Dinge zu erfahren. Viele der Zuhörer haben sich schon mit Rückführungspraktiken versucht und eigene Erfahrungen gesammelt.

Außerdem findet man Berichte, Thesen und Untersuchungen in vielen Fernsehbeiträgen, Kinofilmen, Zeitschriften und Büchern, die sich mit diesem Thema beschäftigen, manchmal nur in Andeutungen, oftmals aber auch ganz offen. Eine Scheu, sich mit Reinkarnation zu beschäftigen, besteht eigentlich nicht mehr.

Der Ursprung der Rückführungstechniken

T.H.: Was versteht man unter Regression?

W.F. Veltman: Regression bedeutet zunächst Rückschritt. Im Sinne der modernen Rückführungspraktiken bedeutet Regression die Rückführung eines Menschen in einen früheren Lebensabschnitt und dann auch in ein früheres Leben.

T.H.: Seit wann gibt es Rückführungspraktiken?

W.F. Veltman: Die ersten Ansätze gab es bereits im 19. Jahrhundert. Am Anfang steht vielleicht Allan Kardec mit seinem Buch „Le livre des esprits" aus dem Jahr 1857, in dem er von Medien berichtete, die im Trancezustand von verstorbenen Seelen und deren früheren Leben berichteten.

Im Jahr 1898 gelang es schließlich Albert de Rochas, eine Versuchsperson von einer vermeintlichen früheren Inkarnation berichten zu lassen. Er versetzte Menschen in Hypnose und ließ sie vergangene Erlebnisse schildern. Allmählich ging er in der Zeit immer weiter zurück, so daß schließlich früheste Kindheitserlebnisse einschließlich der Geburt geschildert wurden. Dann ging de Rochas noch einen Schritt weiter, also hinter das Geburtsgeschehen zurück, und dann kam es zur Regression. Die Versuchspersonen berichteten mit einem Mal von vergangenen Leben.

Damals zählte man diese Praktiken zum Spiritismus und nahm sie nicht weiter ernst. Weite Verbreitung und auch Beachtung fanden Rückführungstechniken dann eigentlich erst in den letzten 20 Jahren.

Rückführungstechniken und Regressionserlebnisse

T.H.: Welche Techniken werden angewandt, um Menschen zu Regressionserfahrungen zu führen?

W.F. Veltman: Die erste Technik, die hierzu angewandt wurde, war die Hypnose, und zwar sowohl im 19. Jahrhundert wie auch bei neueren Versuchen. Dabei wurden die Menschen in einen Trancezustand versetzt, was zur Folge hatte, daß ihr Wachbewußtsein ausgeschaltet war. Sie bekamen also gar nicht richtig mit, was mit ihnen geschah, und erfuhren von dem, was sie in Hypnose berichteten, erst nachträglich durch die Schilderungen des Hypnotiseurs.

Heute verwendet man hauptsächlich eine andere Technik, insbesondere in der Reinkarnationstherapie, die das Bewußtsein durch gezielte Fragen steuert, die häufig bei den akuten Beschwerden eines Menschen anknüpfen. Der Therapeut beginnt mit einem Gespräch über das Leiden des Menschen, z.B. eine Migräne oder auch phobische Ängste, also Höhenangst oder ähnliches. Es werden dann daran anknüpfend bestimmte Vorstellungen und Bilder wachgerufen. Dabei wird dem Patienten einerseits eine hohe Konzentration abverlangt, so daß das Bewußtsein voll gegenwärtig ist. Gleichzeitig aber versetzt man den Menschen in einen Ruhezustand, indem ihm das Empfinden vermittelt wird, er schwimme in Wasser oder schwebe in der Luft. Manchmal tritt auch das Gefühl auf, man verlasse seinen

Körper. So gerät der Patient schließlich in eine Entspannung, die die Regression ermöglicht. Plötzlich hat der Mensch das Gefühl, eine Grenze zu überschreiten, und dann steigen Bilder und Empfindungen im Bewußtsein auf, die das Gefühl vermitteln, sich in einem früheren Leben wiederzufinden.

Was genau dabei abläuft, ist schwer zu beschreiben. Auch Menschen, die eigene Erfahrungen mit solchen Praktiken haben, können nicht genau sagen, was mit ihnen geschieht. Aber sie haben oft auch kein weitergehendes Interesse daran, diese Frage zu beantworten. Ihnen reicht aus, daß etwas geschieht und daß von diesem Geschehen eine therapeutische Wirkung ausgeht.

Tatsache ist aber, daß die Menschen in einem schlafartigen Zustand sind – dafür sprechen z.B. Messungen der Hirnströme –, gleichzeitig aber bewußt bleiben. Sie wissen jederzeit, was mit ihnen geschieht, und können sich nachher auch daran erinnern. Für diese Technik gibt auch es eine entsprechende Ausbildung.

T.H.: Was versprechen sich die Menschen von der Rückführung?

W.F. Veltman: Die Menschen erhoffen sich Hilfe bei psychischen oder psychosomatischen Beschwerden, bei denen ihnen die herkömmliche Medizin und Psychologie nicht oder nur in einem sehr langwierigen Prozeß helfen können. Sie versuchen, so z.B. ihre Ängste oder Depressionen oder eine Migräne zu bekämpfen oder ein traumatisches Ereignis zu verarbeiten. Und offenbar erzielt die Rückführungstherapie ihre Wirkung.

T.H.: Was genau schildern die Menschen?

W.F. Veltman: Ich kann mich bei meinen Ausführungen nur auf das beziehen, was in der Literatur zu finden ist und was mir Menschen mit entsprechenden Erfahrungen erzählt haben, da ich keine persönlichen Erfahrungen in diesem Bereich habe. Auffällig an den Schilderungen von Regressionspatienten ist zunächst, daß zwischen dem jetzigen Leben und der vorangegangenen Inkarnation in aller Regel nur wenige Jahre bis wenige Jahrzehnte liegen. Dabei stehen die Schilderungen so gut wie immer in einem direkten Zusammenhang mit aktuellen Lebensthemen. Eine Frau, die an Migräne leidet, erlebt z.B., daß sie in einer vorangegangenen Inkarnation geköpft wurde. Oder jemand, der Angst vor dem Wasser hat, sich also nicht auf einem Schiff auf offener See aufhalten kann, schildert, wie er in einer vorangegangenen Inkarnation ertrunken ist.

Menschen mit psychischen Problemen schildern auffallend oft Gewaltszenen, also Mißhandlung, Folterung oder ähnliches. Das Trauma, das sie offensichtlich bedrückt, findet so seine Ursache in einer vorangegangenen Inkarnation. Die Schilderungen der Betroffenen sind dabei häufig sehr dramatisch und von starken Emotionen und Weinen begleitet.

Auffallend ist also sowohl eine zeitliche wie inhaltliche Nähe der Inkarnationsschilderungen zum jetzigen Leben. Es fehlt weitgehend jede Form von Metamorphose der Erscheinungen von einem zum anderen Leben.

„Sie wollen ihre Erlebnisse meist nicht hinterfragen"

T.H.: Kann man überhaupt davon ausgehen, daß die Schilderungen der Menschen aus Regressionssituationen tatsächlich aus eigenen, vorangegangenen Inkarnationen stammen?

W.F. Veltman: Das ist die Frage, die ich den Menschen, mit denen ich gesprochen habe, auch immer wieder gestellt habe und auf die ich bisher keine eindeutige Antwort erhalten habe. Tatsache ist, daß sie für Menschen mit Regressionserlebnissen und auch für die Regressionstherapeuten oft ohne Bedeutung ist. Manchmal habe ich richtigen Widerwillen gegen mein Bemühen gespürt, die Erlebnisse in ihrer Bedeutung und ihrem Gehalt zu hinterfragen. Für die Betroffenen sind die Erlebnisse selbst von Interesse und natürlich die therapeutischen Wirkungen, die zweifellos auch zu verzeichnen sind. Die Menschen haben Erfahrungen und Erlebnisse, das ist unbestritten. Sie denken sich ihre Regressionserfahrungen nicht aus. Aber eine gedankliche Durchdringung ihrer Erlebnisse streben sie meist nicht an. Sie erleben etwas, erzielen unter Umständen einen therapeutischen Effekt und glauben an die Wirklichkeit des Erlebten.

T.H.: Wie beurteilen Sie selbst die Bedeutung der Regressionserlebnisse?

W.F. Veltman: Das ist schwer zu sagen, denn ich selbst bin weder Hellseher noch Eingeweihter und kann mich daher in dieser Hinsicht nur auf die Aussagen Rudolf Steiners stützen. Die Menschen haben Erlebnisse, das ist eine Tatsache. Ob es sich hierbei aber um Bilder aus vergangenen Inkarnationen handelt oder nicht, ist mit letzter Sicherheit nicht zu sagen. Es gibt aber bestimmte Hinweise darauf, das es sich nicht um Bilder aus eigenen früheren Erdenleben handelt.

Wenn man die Schilderungen Rudolf Steiners zugrunde legt und die Regressionsschilderungen an ihnen mißt, dann fällt zunächst auf, daß die Kürze der Zeit zwischen zwei Inkarnationen problematisch ist. Die Zeiträume, die Steiner angibt, sind in der Regel sehr viel länger. Steiner erwähnt zwar auch Fälle, in denen es schon nach wenigen Jahren zu einer Reinkarnation kommt, aber das sind Ausnahmefälle. Es ist natürlich möglich, daß sich die Reinkarnationsbedingungen seit Steiners Zeiten geändert haben, so daß ein Mensch sich heute schon nach wenigen Jahrzehnten reinkarnieren kann. Aber das sind Spekulationen, die kein abschließendes Urteil erlauben.

Ein weiterer wesentlicher Aspekt ist, daß in der gesamten Literatur zu Regressionserlebnissen die Phase, die zwischen zwei Inkarnationen liegt, nicht beleuchtet wird. Die Frage, was hier geschieht und wie eigentlich aus den Taten des einen Lebens Karma für das nächste Leben entsteht, bleibt völlig außen vor. Die geradlinige Beziehung zwischen den Problemen, die ein Mensch heute hat, und den Regressionserlebnissen ist häufig überdeutlich, so daß die Vermutung naheliegt, daß es sich um psychische Projektionen handelt. Aber ich bin mir selbst in der Beurteilung dieser Fragen nicht sicher und möchte auch keine voreiligen Schlüsse ziehen. Vor allem aber möchte ich den Menschen, die Regressionserfahrungen haben, nicht zu nahe treten, indem ich als der anthroposophische Besserwisser auftrete.

T.H.: Gibt es Untersuchungen über die Wirksamkeit von Reinkarnationstherapien?

W.F. Veltman: Die gibt es schon, aber meines Erachtens sind sie nicht eingehend genug und erstrecken sich auch nicht über längere Zeiträume. Aber ich denke, man kann davon ausgehen, daß der Erfolg der Reinkarnationstherapien ähnlich ist wie der anderer therapeutischer Verfahren auch. Bemerkenswert ist dabei die Schnelligkeit, mit der sich Erfolge einstellen.

Die Entstehung von Karma

T.H.: Was versteht Rudolf Steiner unter Karma?

W.F. Veltman: Karma bedeutet, daß die Folgen der Taten eines Menschen in einem Leben im nächsten Leben auf den Menschen selbst zurückfallen. Wenn ich einem Menschen z.B. in diesem Leben eine Verletzung zufüge, treffen mich in einem nächsten Leben die Folgen dieser Tat. Das Besondere dabei ist, daß dem Menschen normalerweise die Einsicht in den Zusammenhang der Taten des einen Lebens zu den Erlebnissen eines nächsten Lebens fehlt.

T.H.: Wie entsteht aus einer Tat dieses Lebens eine karmische Wirkung im nächsten Leben?

W.F. Veltman: Um dies zu verstehen, muß man die Gliederung des Menschenwesens in physischen Leib, Ätherleib, Astralleib und Ich kennen.

Solange der Mensch wach ist, bilden diese vier Wesensglieder eine Einheit. Während des Schlafes jedoch verlassen Astralleib und Ich in bestimmter Weise den physischen Leib und den Ätherleib. Die Folge ist, daß der Mensch das Bewußtsein verliert. Gleichzeitig durchlaufen Astralleib und Ich einen geistigen Prozeß, der nicht in das Tagesbewußtsein des Menschen dringt. Während der Mensch schläft, durchlaufen Astralleib und Ich das Tagesgeschehen erneut, und zwar in umgekehrter Reihenfolge. Bei diesem Durchlauf erfahren die Taten des Menschen eine moralische Beurteilung. Diese Beurteilung ist absolut scharf und gerecht, jede Schönfärberei unterbleibt. Der Mensch sieht seine Taten so, wie sie objektiv waren. Die moralische Beurteilung wird dem Astralleib eingeprägt, dringt aber während des Wachlebens nicht ins Bewußtsein.

Nach dem Tod spielen diese Beurteilungen aber ein wesentliche Rolle. Während des Lebens ist nach Rudolf Steiner der Ätherleib der Träger des Gedächtnisses. In ihn werden alle Erlebnisse eingeschrieben, die während des Lebens die menschliche Seele durchziehen, auch solche, die sofort wieder vergessen werden. Durch die Bedingungen der irdischen Existenz wird der Ätherleib aber daran gehindert, seine Gedächtniskräfte voll zu entfalten. Nach dem Tod jedoch zerfällt die Bindung des Menschen an seinen physischen Körper, und der Ätherleib kann sich voll entfalten. Die Folge ist, daß sich vor dem Menschen sein vergangenes Leben wie ein großes Panorama entfaltet. Der Mensch schaut sein ganzes vergangenes Leben in etwa drei Tagen in Bildern vor sich ausgebreitet. Menschen mit Nah-Todeserlebnissen haben einen ersten Eindruck dieses Panoramas erhalten.

Nach dieser Lebensrückschau trennt sich der Mensch von seinem Ätherleib, der sich dann auflöst, wobei ein Extrakt des Ätherleibes den Menschen weiter begleitet, der sozusagen das vergangene Leben in komprimierter Form enthält.

An die Lebensrückschau schließt sich eine zweite Phase an, in der jetzt in erster Linie der Astralleib beteiligt ist. Der Mensch erlebt nun nochmals sein vergangenes Leben, aber in anderer Weise. Er sieht nicht nur sein Leben an sich vorüberziehen, sondern er nimmt einen moralisch-bewertenden Standpunkt ein. Jetzt kommen die nächtlichen Beurteilungen zum Tragen. Dabei erlebt der Mensch nicht seine Taten, sondern die Folgen seiner Taten. Wenn ich einem Menschen Schmerz zugefügt habe, erlebe ich nun diesen Schmerz so, als würde er mir zugefügt. Aus diesem Erleben entsteht der Impuls, im nächsten Leben einen Ausgleich für diese Tat zu schaffen, und so entsteht Karma. Mein Karma wird mich in einem nächsten Leben in eine Situation führen, in der ein Ausgleich der Tat aus dem vergangenen Leben möglich ist. – Diese Darstellung ist sehr vereinfacht und beschränkt sich lediglich auf das Wesentliche.

T.H.: Das klingt nun aber doch sehr nach Selbsterlösung.

W.F. Veltman: Um Selbsterlösung handelt es sich aus zwei Gründen nicht. Zum einen ist die gesamte geistige Welt beteiligt, wenn der Mensch sein Karma für das nächste Leben webt. Er nimmt die moralische Beurteilung nicht allein vor und schafft auch nicht allein die Bedingungen, die ihm im nächsten Leben das Ausleben seines Karma ermöglichen. Dies würde die geistigen Möglichkeiten des Menschen bei weitem übersteigen, zumal das Schicksal aller Menschen miteinander verwoben werden muß. Insofern ist er auf die göttlich-geistige Welt angewiesen.

Zum zweiten ist der Mensch an dem Ausgleich seiner Taten lediglich mit beteiligt. Er ist zwar nicht passiver Zuschauer, sondern trägt selbst Verantwortung. Aber daß ihm die Möglichkeit zum Ausgleich karmischer Taten gegeben wird, ist ein göttlicher Gnadenakt.

Es geht bei den wiederholten Erdenleben nicht nur darum, daß sich der Mensch immer wieder auf der Erde verkörpert, sondern daß sich durch seine Inkarnationen ein roter Faden zieht, so daß der Mensch einen Entwicklungsweg im Sinne Lessings durchläuft, an dessen Ende der freie Mensch steht, der aus vernünftiger Einsicht heraus moralisch und liebevoll handelt, ohne daß ihn göttlicher Wille dazu zwingt.

Bewußter werden für karmische Zusammenhänge

T.H.: Wie kann man ein Bewußtsein dafür entwickeln, ob und in welcher Weise in einer bestimmten Situation karmische Zusammenhänge wirken?

W.F. Veltman: Hierzu hat Rudolf Steiner Übungen gegeben. Eine dieser Übungen sieht so aus, daß man sich zunächst fragt, welche Eigenschaften man besitzt, ob man z.B. mutig oder feige, lügenhaft oder wahrheitsliebend, ruhig oder eher aufbrausend ist. Anschließend fragt man sich, was einem schwerfällt und was einem keine Mühe macht, wobei man Dinge anschauen soll, die man getan hat, obwohl man sie eigentlich nicht tun wollte, oder die man nicht getan hat, obwohl man sie eigentlich tun wollte. Hat man z.B. einen anderen Beruf ergriffen, als man es sich vorgestellt hat? Lebt man in anderen Lebensumständen, als man es sich erträumte? Gibt es Lebenswünsche, die man sich aus bestimmten Gründen nie erfüllen konnte? – Wichtig sind insbesondere die Begebenheiten, die eingetreten sind, obwohl man sie nicht gewollt hat oder sogar bewußt zu meiden suchte.

Im zweiten Teil der Übung stellt man sich nun mit aller Intensität vor, daß die Dinge, die eingetreten sind, obwohl man sie nicht wollte, von einem selbst geradezu herbeigesehnt wurden. Dazu ist eine große Konzentration erforderlich, denn es geht darum, die Lebenstatsachen, die einem innerlich widerstreben, innerlich liebend zu bejahen. Fällt einem diese Übung leicht, verrichtet man sie nicht mit der nötigen Intensität.

Wenn man diese Übung über einen längeren Zeitraum macht, entsteht in der eigenen Seele etwas wie ein eigenständiges Wesen, ein Bild einer Persönlichkeit, daß alles das bejaht, was einem widerfuhr, obwohl man es nicht wollte. In einem zweiten Schritt soll man nun versuchen, sich mit diesem Wesen zu identifizieren, also das Gefühl zu entwickeln, daß man selbst dieses Wesen wäre.

Eine ähnliche Übung sieht so aus, daß man sich ein unangenehmes Erlebnis vorstellt, z.B. einen Unfall oder eine Begegnung mit einer bestimmten Person, die man meiden wollte, und sich dann sagt, daß man dieses unangenehme Ereignis selbst herbeigeführt hat. Rudolf Steiner gibt dazu ein extremes Beispiel, daß aber das Gemeinte verdeutlicht: Wenn einem z.B. ein Dachziegel auf den Kopf gefallen ist, so soll man sich vorstellen, daß man selbst diesen Dachziegel in der Absicht gelöst hat, daß er einem auf den Kopf fallen konnte.

Diese Übungen sind schwer, denn man soll eine positive Einstellung zu den Dingen entwickeln, die unangenehm, schmerzhaft und bedrückend sind. Denn in solchen Situationen kann Karma wirken. Es führt einen in Situationen, die in einem höheren Sinne notwendig sind, die man aber gern meiden würde.

T.H.: Was ist das Ziel dieser Übungen?

W.F. Veltman: Zunächst geht es darum, ein Bewußtsein dafür zu entwikkeln, daß in das jetzige Leben Kräfte hineinwirken, die über das Hier und Jetzt hinausgehen. Man erwirbt sich eine Ahnung davon, daß so etwas wie Reinkarnation und Karma möglich ist.

Weiterhin ist das Ziel, eine lebensbejahende Einstellung zu gewinnen. Man lernt, auch unangenehme Situationen zu bejahen und sie als Aufgabe zu sehen, an der man lernen und die eigenen Fähigkeiten schulen und entwickeln kann. Die Übungen, die Rudolf Steiner gab, stärken dabei stets die Bewußtseinskräfte. Niemals geht es darum, daß das Bewußtsein des Menschen herabgedämpft oder gar ausgeschaltet wird.

Letztlich ist das Ziel, daß der Mensch ein Bewußtsein seiner karmischen Verstrickungen erlangt und selbst aktiv am Ausgleich seines Karma arbeitet.

T.H.: Diese Übungen könnten den Anschein erwecken, als würde sich der Mensch suggerieren, daß er für seine Lebensumstände selbst verantwortlich ist.

W.F. Veltman: Mit Autosuggestion haben diese Übungen nichts zu tun. Das merkt man sehr schnell, wenn man versucht, sie zu machen. Karma bedeutet ja geradezu, daß man für sein Leben selbst verantwortlich ist. Das bedeutet aber nicht, daß man ein Sklave seiner karmischen Verhältnisse ist. Die Freiheit, sein Leben zu gestalten, bleibt einem.

T.H.: Wenn das Leben des Menschen durch karmische Kräfte gelenkt wird, wo bleibt dann seine Freiheit?

W.F. Veltman: Rudolf Steiner gebrauchte in diesem Zusammenhang ein Bild: Man baut sich ein Haus, gerade so, wie man es braucht und wie man es haben will. Dann zieht man in das Haus ein und sagt, man sei nicht mehr frei, irgendwo anders einzuziehen. Das wäre doch ein merkwürdiges Urteil, nicht wahr? Wenn man gemäß seiner Absicht einzieht, bleibt man in diesem Haus dennoch frei, sein Leben so einzurichten, wie man will.

Der Mensch richtet sich zwischen dem Tod und einer neuen Geburt sein Leben mit Hilfe der geistigen Welt so ein, wie es seiner Persönlichkeit und seinem Entwicklungsstand entspricht. Nach der Geburt fehlt ihm dann zwar das Bewußtsein, daß er sich sein Leben so eingerichtet hat, aber dennoch ist es so. Die Freiheit des Menschen besteht im wesentlichen darin, sich eine Einsicht in die karmischen Zusammenhänge zu verschaffen und sein Schicksal anzunehmen, statt vor ihm zu fliehen. Das Karma zwingt den Menschen ja nicht, sondern es verschafft ihm lediglich Gelegenheit, sich zu entwickeln, Taten früherer Leben auszugleichen und auch neues Karma für zukünftige Leben zu veranlagen.

Grundlagen schaffen

Interview mit Bodo Hamprecht

von Klaus-Dieter Neumann

Prof. Dr. Bodo Hamprecht, *geb. 1940 in Hannover. Zwölf Jahre Besuch der Waldorfschule; Physikstudium in Hannover (drei Jahre) und Cambridge/GB (vier Jahre), Ph.D.; je einjährige Forschungsaufenthalte in Boulder und Chicago. Seit 1970 Hochschullehrer an der Freien Universität in Berlin. – Studium der Anthroposophie seit dem 17. Lebensjahr; zeitweise verschiedene Funktionen in der Anthroposophischen Gesellschaft.*

Das folgende Interview mit Bodo Hamprecht behandelt im wesentlichen zwei Themenbereiche: Zum einen wendet es sich den Möglichkeiten zu, wie man sich Grundlagen schafft, um zu gesicherten eigenen Erkenntnissen auch in bezug auf geistige Fragen zu kommen. Und zum anderen macht es deutlich, daß Karma die notwendige Grundlage und Voraussetzung ist, ohne die der Mensch gar keine Selbstverantwortung und Freiheit ausbilden könnte.

Zum wissenschaftlichen Wert der Anthroposophie

Klaus-Dieter Neumann: In jüngster Zeit werden vermehrt einige auf den ersten Blick befremdliche oder auch abschreckende inhaltliche Aussagen Rudolf Steiners in Büchern und Medien verbreitet, um ihn als Rassisten zu diffamieren oder um über diesen Vorwurf zu berichten. Der *Spiegel* nannte in seiner letzten Ausgabe (Nr.8/1997) – ohne in dem Bericht eindeutig Stellung zu beziehen – die Anthroposophie eine „skurrile Weltanschauung“. Verkennt man nicht die Anthroposophie grundsätzlich, wenn man nur die inhaltlichen Aussagen Steiners als Fakten in den Mittelpunkt der Betrachtung stellt? Muß man nicht vielmehr die Erkenntnismethode erschließen, um den wissenschaftlichen Aspekt der Anthroposophie zu verstehen und adäquat mit ihr umzugehen?

Bodo Hamprecht: Dem würde ich zustimmen. Ob etwas mit einem wissenschaftlichen Anspruch auftreten kann oder nicht, hat wenig damit zu tun, wie die Leute die Inhalte gefühlsmäßig empfinden: ob sie die als skurril oder als erwartet empfinden. Die Frage der Wissenschaftlichkeit orientiert sich vielmehr daran, ob z.B. die Anthroposophie etwas vorschlagen kann, was sinnvolle Untersuchungen in Gang setzt. Irgendwelche Behauptungen, die sich dem untersuchenden Zugriff entziehen, sind immer dogmatisch und gehören nicht in den Bereich der Wissenschaft. Demgegenüber gehört alles, was sinnvolle Forschungsmöglichkeiten anstößt, was also Vorschläge macht in der Richtung, wie man bestimmte Phänomene untersuchen und erklären kann, in den Bereich der Wissenschaft.

Wenn also die Anthroposophie durch die Gedanken und Inhalte, die sie ausspricht, zu Untersuchungen anregt, dann hat das immer mit Wissenschaft zu tun. Man braucht sich zunächst nur zu fragen, ob man durch die Behauptungen der Anthroposophie – die zunächst einmal für den, der sie entgegennimmt, nur Hypothesen sein können – auf Dinge aufmerksam wird, auf die man sonst nicht aufmerksam geworden wäre. Ich habe die Erfahrung gemacht, daß die Anthroposophie Fragestellungen aufwirft, die auch für die praktische Untersuchung relevant sind. Und insofern erkenne ich auch den wissenschaftlichen Wert der Anthroposophie.

K.-D.N.: Sie haben jetzt besonders den Aspekt der Anregung zur wissenschaftlichen Untersuchung hervorgehoben. Kann man die Anthroposophie selbst als Wissenschaft bezeichnen?

B. Hamprecht: Ich unterscheide forschende Wissenschaft von allem, was in die Richtung eines bloßen Bibliothekswesens geht. Alles, was als Kenntnisstand abgelegt ist, hat seine Berechtigung und mag als Kenntnisstand gelten, aber die Wissenschaft besteht aus der Forschung, und die wird vor allem durch die Fragestellungen bestimmt. Das ist in allen Disziplinen so, daß man den Kenntnisstand der Wissenschaft deutlich von der eigentlichen wissenschaftlichen Tätigkeit unterscheidet. Denken Sie nur an die Medizin, in der sich der Stand der Wissenschaft im Jahrzehnterhythmus ändert, und dennoch streitet man der Medizin nicht ab, daß sie – jedenfalls zu einem Teil – auch Wissenschaft ist.

Wissenschaftliche Inhalte müssen im Prinzip immer auch nachprüfbar sein. Solange ich sie nicht selbst nachprüfen kann, sind sie Anregungen und Hypothesen. Das bedeutet nicht, daß man etwas geringschätzt oder in ein ungünstiges Licht setzt, sondern es sollte vielmehr ein Ansporn sein, sich nicht zu früh mit einem vermeintlichen Resultat zufriedenzugeben, das für einen selbst noch gar kein Resultat geworden ist, weil man es nur übernommen und nicht geprüft hat.

Bei der Anthroposophie kommt es auch darauf an – Sie erwähnten die Methode –, daß man sich in ihre Beobachtungsmethode hineinfindet. Wenn man das mit der Mathematik vergleicht, kann man feststellen, daß die Mathematik auch unabhängig von den mathematischen Ergebnissen, die in den Büchern stehen, einen Bildungswert hat. Daß die Menschen mathematisch denken können, trägt zu dem bei, was sie als zivilisierte Menschen auszeichnet. Und daß man durch die Anthroposophie anfangen kann, sich in einer nicht religiös oder konfessionell gebundenen Weise über die geistige Welt Gedanken zu machen und schließlich auch zu Urteilen zu kommen, die auf eigene Urteilskräfte, Erfahrungen usw. gegründet sind, das wird auch mehr und mehr zu dem beitragen, was zur Bildung und Entwicklung des Menschen dazugehört. Das ist ein Aspekt der Wissenschaft – und insofern würde ich die Mathematik und auch die Anthroposophie zur Wissenschaft rechnen –, der meines Erachtens viel entscheidender ist als das Kompendium dessen, was schon als gesicherte Erkenntnis in Büchern oder wo auch immer abgelegt ist.

K.-D.N.: Rudolf Steiners Fähigkeiten, geistige Tatsachen und Zusammenhänge zu erforschen, bilden noch eine Ausnahme und sind den

Menschen heute nur anfänglich realisierbar. Wie kann man einen wissenschaftlichen Zugang zur Idee von Wiederverkörperung und Karma gewinnen?

B. Hamprecht: Sicher sind die Fähigkeiten, die Steiner für sich in Anspruch nimmt – meines Erachtens ist das auch glaubwürdig –, heute noch eine weitgehend singuläre Erscheinung, aber das muß einen ja nicht daran hindern, sich selbst den Fragen der Reinkarnation zuzuwenden. Auf jeden Fall kann man sich zunächst mit Ernsthaftigkeit die Frage stellen, ob es Reinkarnation gibt, und dadurch ist schon viel gewonnen. Denn das ist heute keineswegs üblich. Landläufig ist es vielmehr so – Sie erwähnten vorhin den *Spiegel* –, daß man sich über Dinge, die man nicht gleich auf Anhieb versteht, polemisch distanzierend äußert, denn man möchte nicht in den Ruch kommen, daß man ernsthaft über etwas nachdenkt, das nicht zum Mainstream der Zivilisation gehört.

Eine Voraussetzung für Wissenschaftlichkeit ist aber, sich von den Modetendenzen der Meinungsbildung unabhängig zu machen. Wer in bezug auf seine Urteilsbildung modeabhängig ist, unbedingt z.B. modern oder zeitgemäß sein will, ist kein Wissenschaftler. Denn wer forscht, muß sich nach der Wahrheit und nicht nach den Meinungen richten. Nicht, was heute gerade in ist oder diesem oder jenem als angemessen erscheint, darf ihm als Richtschnur gelten oder ihn auch nur beeinflussen, sondern einzig und allein die Sache darf ihn interessieren. Wenn jemand das nicht zustande bringt, hat er die Grundvoraussetzung, Wissenschaft zu treiben, noch nicht erfüllt.

Fragen stellen, Hypothesen bilden, Erfahrungen aufsuchen

Das erste wäre also, mit einer Frage ernsthaft umgehen zu lernen. Und dann muß man Hypothesen bilden, d.h. sich ausmalen, wie etwas in allen Details sein könnte. Das ist eine Frage der Phantasie. Wie kann sich Reinkarnation ins Leben hineinstellen? Wie ist sie im Hinblick auf die wachsende Weltbevölkerung denkbar? Welchen Zeitrhythmen unterliegt die Reinkarnation des Menschen? Welche Fragestellungen ergeben sich in bezug auf das Geschlecht des Menschen, seine Familienzugehörigkeit, die gesamten sozialen Zusammenhänge, das Land und die Zeit, in der er lebt? Eine Fülle von Fragen tut sich da auf. – Wenn man die Sache als Möglichkeit durchdacht hat, so daß sie vom Gedanklichen her in sich konsistent ist, dann kommt in einem nächsten Schritt die Überlegung, ob man irgendwelche Erfahrungen heranziehen kann, an denen die gedankliche Erschließung überprüft werden kann.

Das ist ein wissenschaftliches Vorgehen. Und ich möchte es mit dem vergleichen, was z.B. ein Geowissenschaftler tut, der wissen will, wie es im Innern der Erde, in ihrem Mittelpunkt, aussieht. Den Erdmittelpunkt wird wohl kein Mensch erreichen, und trotzdem kann er Gegenstand der Wissenschaft sein. Man bildet Modellvorstellungen darüber, wie es im Innern der Erde aussehen könnte, und denkt dann über Konsequenzen nach. Diese Konsequenzen muß man dann beobachten können, z.B. in Erdbebenwellen oder sonst irgendwo. Auf diese Weise läßt sich einiges ausschließen, während anderes mehr in der Bereich der Wahrscheinlichkeit rückt. Ganz entsprechend sollte man mit der Frage der Reinkarnation umgehen. Am Ziel ist man natürlich erst, wenn ein Wissen von der Reinkarnation auftritt, das so unmittelbar ist wie die Erinnerung an den vorigen Tag. Wenn ich mich an ein früheres Erdenleben und möglichst auch noch an die Zeit zwischen den Erdenleben so konkret erinnern kann, wie ich mich an die Ereignisse, die ich am gestrigen Tag erlebt habe, erinnern kann, dann bin ich zur Gewißheit gekommen. Bis dahin ist die Sache ehrlicherweise Hypothese, aber eine sehr sinnvolle Hypothese, wie mir scheint.

Ein wissenschaftlicher Beweis für die Reinkarnation?

K.-D.N.: Ein wesentlicher Unterschied zu Ihrem Beispiel des Geowissenschaftlers, der sich die Frage nach der Beschaffenheit des Erdinneren stellt, ist allerdings, daß man in bezug auf die Reinkarnation einen realen Geist bzw. geistige Welten zumindest hypothetisch als existent voraussetzen muß, um sich überhaupt ernsthaft mit der Frage zu beschäftigen. Und das scheint doch sehr vielen Menschen, besonders in der Wissenschaft, schwerzufallen.

B. Hamprecht: Da gibt es aber auch Unterschiede in den verschiedenen Wissenschaften. Für die theoretische Physik z.B., in der ich tätig bin, ist es gewissermaßen eine Ehrensache, bei einer bestimmten Hypothese, die man aufgestellt hat, herauszufinden, ob nicht auch das Gegenteil wahr sein könnte. Dazu ein Beispiel: Nachdem man im Gefolge von Einstein der festen Überzeugung ist, daß sich kein Signal oder kein Körper schneller als mit Lichtgeschwindigkeit bewegen kann, gehört es trotzdem zum guten Ton der Wissenschaft, danach zu suchen, ob es nicht vielleicht doch diese Tachyonen gibt, die sich schneller als Licht bewegen sollen. Um das herauszufinden, muß man zunächst wieder darüber nachdenken, wie sie sich eventuell bemerkbar machen könnten. Man muß also zuerst wieder mögliche Konsequenzen der Hypothese ausdenken und dann versuchen, entsprechendes zu beobachten. Das hat auch stattgefunden, aber bis heute hat man diese Tachyonen nicht finden können. Wenn aber jemand sie gefunden hätte, dann wäre er bestimmt nicht als Störenfried ausgegrenzt, sondern eher mit einem Nobelpreis bedacht worden.

Vor dem Hintergrund dieses Beispiels kann man nun sagen: Wenn heute Leute von dem materialistischen Weltbild überzeugt sind, welches besagt, alles, was diese Welt bewegt, beruhe letzten Endes auf bewußtlosen Wirkungen nach blinden Naturgesetzen, und das einzige denkende Bewußtsein im ganzen Kosmos sei das der lebenden Menschen, dann würde es für die Wissenschaftlichkeit dieser Anschauung nicht reichen, dafür nur positive Belege zu suchen. Es wäre auch erforderlich, sich zu überlegen, wie das Gegenteil dieser Überzeugung zu denken und zu verifizieren wäre. Dieses Gegenteil würde beinhalten, daß in der Weltgestaltung auch Bewußtseine eine Rolle spielen, die andere als die der lebenden Menschen sind. Dann müßte man versuchen, diesen Gedanken so auszugestalten, daß man daraus prüfbare Konsequenzen ableiten kann.

Dabei dürfte man aber nicht so vorgehen, wie das heute vielfach üblich ist, indem man sich schnell selbst ein Modell von Geist, von Gott usw. macht, das so absurd ist, daß man es dann auch guten Gewissens verwerfen kann. Das liegt dann aber nicht an der Begrifflichkeit des Göttlichen und des Geistigen selbst, sondern an der ramponierten Einkleidung, die derjenige dem Modell gibt, der es vernichten möchte. Wer aber wirklich wissenschaftlich ein materialistisches Weltbild vertreten will – und nicht einfach dogmatisch mit religiösem Unterton –, der muß vor allen Dingen mit ganzem Ernst nach möglichen Konsequenzen suchen, die ein gegenteiliges Weltbild, das die Existenz von Geistern und Göttern zuläßt, bestätigen würden. Wenn man wissenschaftlich sein will, muß man das tun – allerdings wird es kaum gemacht. Wenn es da Einwände gibt und jemand es nicht will, aber trotzdem an seinem Weltbild festhält, dann ist das ein Beleg für seine Unwissenschaftlichkeit. Dann möchte er nämlich sein materialistisches Bekenntnis, das er vorab gefaßt hat, auf gar keinen Fall einer ernsthaften Prüfung unterzogen wissen.

K.-D.N.: Könnten Sie einmal ein Beispiel geben für einen Nachweis einer Konsequenz des Reinkarnationsgedankens, auf den man dann stoßen könnte?

Den Geist erfährt man nur, indem man sich mit ihm verbindet

B. Hamprecht: Wenn jemand ernsthaft die Hypothese aufstellt, daß es – grob gesprochen – Geist in der Welt gibt, dann muß er sich natürlich fragen, wie er ihn erfährt. Dann stößt er auf das erste Problem, denn alles, was nach Art der Wissenschaft der letzten drei, vier Jahrhunderte erfahrbar ist, beruht auf der Sinnes-, auf der Modellerkenntnis. Da ist der Wissenschaftler Zuschauer. Die Wissenschaft ist gerade dadurch groß geworden – und das hat auch seine Berechtigung –, daß sich der Mensch ganz eindeutig von den Objekten seiner Betrachtung distanziert. Er läßt sich nicht darauf ein, er stellt ihnen sich gegenüber, er schaut zu. Was er dann über die Welt herausbringt, sind eben Modelle. Und die werden dann wieder aus einer distanzierten Betrachtungsweise, anhand von einzelnen Kriterien, daraufhin überprüft, ob sie den Weltenlauf, den man modellieren möchte, zutreffend erfassen. Auf diese Art und Weise kommt man von vornherein in eine Beobachtungsart hinein, die den Geist als nicht erkennbar ausschließt. Genauso unzureichend wäre es, mit einem Mikroskop in die Sterne zu gucken, denn da sähe man auch nichts, weil es ganz einfach das ungeeignete Instrument wäre.

Wie würde nun aber eine Betrachtungsweise aussehen, die auf den Geist zielt? Seinen eigenen Geist erfährt man, indem man selbst drinnensteckt. Das ist eine dumpfe, aber kraftvolle Identifikation. Wieso jemand weiß, daß es ihn gibt, das wird er schwer explizit machen können. Denn alle Kriterien, die er anführen kann, wenn er das überhaupt tut, sind nachträglich und beweisen die Sache nicht. Aber daß er existiert, ist ihm irgendwie doch sehr sicher, und zwar eigentlich noch grundlegender gewiß als all die weiteren, mehr zuschauerhaften Erkenntnisse, die nur zustande kommen, wenn er sie auch auf sich selbst beziehen kann.

Nun muß man sich überlegen, ob man in ähnlicher Weise auch andere Geister erfahren kann. Die problematischen Geister werden öfter erfahren, und dazu möchte ich einmal ein Beispiel anführen: Wenn jemand völlig drinnensteckt, total identifiziert ist mit irgendeiner Art von Nationalismus, dann erfährt er den spezifischen Geist dieses Nationalismus. Das ist Geisterfahrung, wenn auch in diesem Fall eine, die man nicht anstreben sollte. Schon gar nicht sollte man das tun, wenn man selbst so schwach ist, daß man darinnen steckenbleiben würde. Die Gefahr bei jeder geistigen Erkenntnis ist, daß man sich selbst verliert, weil man sich ganz ausliefern, mit der Sache, d.h. mit dem Geist identifizieren muß, den man begreifen will.

Man kann dazu als Beispiel heranziehen, was von Menschen nach dem Zweiten Weltkrieg vorgebracht worden ist, die im Nationalsozialismus aufgegangen waren und sich mit ihm identifiziert hatten. Oft standen sie hinterher selbst vor einem Rätsel, was mit ihnen geschehen war. Sie dachten, sie hätten doch eigentlich immer nur das Normale getan. Das wird oft nur als Ausrede gewertet, aber ganz so sehe ich das nicht. Denn man muß auch einmal genauer darauf hinsehen, was geschieht, wenn sich jemand geistig identifiziert, im Geist einer Sache bis zum Selbstverlust aufgeht. Dann gibt es zunächst keinen Grund, an der subjektiven Glaubwürdigkeit dieser Leute zu zweifeln. Das möchte ich jetzt allerdings nicht auf die Schuldfrage bezogen wissen. Ob die Menschen jeweils schuldig geworden sind oder nicht, ist eine andere Frage.

Ich betrachte jetzt nur das Phänomen, daß ein Mensch eine Weile so vollständig mit einem Geist identifiziert sein kann, daß seine eigene Persönlichkeit praktisch ausgeschaltet ist. Wenn dann der fremde Geist wieder verschwunden ist, versteht der Betreffende gar nicht mehr so recht, wie das geschehen konnte. Er hat auch kein Schuldbewußtsein, weil er das Normale getan hat. Er hat so tief darinnen gesteckt, daß die Freiheitssphäre, die notwendig ist, um überhaupt Schuldbewußtsein zu entwickeln, gar nicht erlebbar war.

Wir können den Gedanken nun weiter fortsetzen: Wenn jemand den Geist der Mozartschen Musik erfahren will, dann hat es wenig Sinn, in die Bibliotheken zu gehen und von außen her Mozarts Leben und sein Schaffen zu studieren. Man muß schon in die Musik mit allen seinen Fasern eintauchen, um ihren Geist zu erfahren. Und auch hier kann es geschehen, daß jemand so tief eintaucht, daß er sich selbst nicht wiederfindet. – Auch wenn jemand geistige Wesen erfahren will, geht das nur über den Weg der zeitweisen Identifikation. Das ist nicht einfach. Wenn man sich klarmacht, daß geistige Erfahrung etwas ganz anderes ist, das genaue Gegenteil zu der modellhaften Zuschauererfahrung, dann werden einem auch jede Menge weiterer Beispiele einfallen, wo sich das dauernd vollzieht. Dabei wird man auch immer die Gefahr sehen, von der geistigen Erfahrung so vereinnahmt zu werden, daß man sich selbst dabei verliert.

K.-D.N.: Das wäre dann eine Art Besessenheit?

B. Hamprecht: Es ist auf jeden Fall kein großer Unterschied zwischen jemandem, der in seinem Nationalismus aufgeht, und anderen Formen der Besessenheit, die normalerweise unter diesem Begriff gefaßt werden. Zu diesem ganzen Spektrum gehören z.B. auch alle Suchterscheinungen, denn auch über den Körper gibt es einen Zugang zu dieser Geistsphäre, die eine Sphäre der Identifikation ist.

Eine Verbindung zur Geistsphäre schlägt sich auch in Redeweisen nieder. Wenn es heißt, jemand sei im Geist von diesem oder jenem aufgewachsen, dann ist das durchaus sachgemäß ausgedrückt. Denn der Mensch hat nur die Geistberührung, wenn er sich in diesem Geist befindet. Man kann nicht in der Gegenüberstellung den Geist erfahren, sondern nur, indem man sich mit ihm verbindet, mit ihm eins wird, in ihm aufgeht und lebt.

Freilassende und zwingende Geistigkeit

K.-D.N.: Der Geist einer Sache lebt ja bereits in den Gedanken, die ich mir über sie mache. Wenn ich z.B. einen Engel denke, ist er bereits in meinen Gedanken ein Stückweit anwesend. Aber zunächst hat man es mit ihm doch nur in abgeschatteten Begriffen zu tun, in denen sich sein Wesen nicht zeigen kann. Können Sie einmal den Unterschied zwischen einem bloßen Nachdenken über eine Sache und dem realen Erleben eines Geistig-Wesenhaften deutlich machen?

B. Hamprecht: Wichtig ist, ob man nur in dem vorhin genannten Sinne polemisierend über eine Sache nachdenkt, indem man eigentlich davon ausgeht, daß die Sache gar nicht real und existent ist und einen auch nicht betreffen kann, oder ob man so darüber nachdenkt, daß man die Realität und die eigene Betroffenheit in seinen geistigen Tastorganen immer auch schon spürt. Die Frage nach dem Unterschied zwischen einem bloßen Nachdenken über einen Engel und der Erfahrung eines Engels kann sich nur jemand beantworten, der auch weiß, wie es ist, wenn man einen Engel erfährt. Deswegen würde ich lieber noch einmal das einfachere Beispiel wählen. Denn der Unterschied zwischen dem bloßen Nachdenken über Nationalismus und dem Betroffenwerden von Nationalismus ist leichter nachvollziehbar.

Dazu kann ich noch ein Beispiel anführen, das auch zeigt, daß man betroffen sein kann und doch nicht verfallen muß. Zu Beginn des Krieges auf dem Balkan habe ich ein trampendes Pärchen, das aus Slowenien kam, mit dem Auto mitgenommen. Ich sprach sie auf die Konfliktsituation an, und wir unterhielten uns über die kriegerischen Prozesse, die sich zusammenbrauten und eskalierten. Der junge Mann schätzte die Lage so ein, daß die Europäer, die Amerikaner oder auch die Staatengemeinschaft gar nichts machen könnten, um eine friedliche Lösung herbeizuführen. Denn er würde seine Landsleute im ehemaligen Jugoslawien so einschätzen, daß sie sich erst gegenseitig totschlagen müßten, um von der Krankheit ihres jeweiligen Nationalismus loszukommen. Er selbst war Serbe, und er erzählte dann weiter, daß auch er sein Blut nur ein wenig in Wallung kommen lassen müsse, um selbst in diesen Strudel hineinzugeraten. Obwohl er das unter Kontrolle hatte, konnte er sehr gut nachfühlen, wie es seinen Landsleuten damit ergeht, denn er bemerkte an sich, wie schwer das ist. Deswegen vermutete er, daß die Nationalismen zwangsläufig zum Krieg führen müßten. – Das ist ein Beispiel für jemanden, der nicht aus der Distanz den Nationalismus studiert, sondern der weiß, daß er in diesen Geist eintauchen kann, so daß er ihn voll erfährt, der aber auch genügend Kraft hat, nach dem Eintauchen wieder aufzutauchen und zur Beherrschung seiner selbst zurückzufinden.

Hier stellt sich auch die Frage, was das Charakteristische aller christlichen Geistigkeit ist. Denn da kann man einen fundamentalen Unterschied zu den bisher genannten Beispielen konstatieren: Alle Geistigkeit, die den Menschen, der in sie eintaucht, nicht geistig besetzt, sondern die von sich aus immer die Freiheit wahrt, gehört zum Gesamtkomplex des Christlichen. Sie ist das Gegenteil aller Geistigkeit, für die man fundamentalistisch werden kann. Wahre christliche Geistigkeit kann also nie zum Fundamentalismus führen. Das ist für mich – im Sinne der eingangs benutzten Begrifflichkeit – eine Hypothese, die ich mir im Laufe der Zeit gebildet habe und die ich auch weiterhin prüfen werde. Wenn ich eine solche Hypothese gegenüber einem anderen Menschen ausspreche, ist das nie so gemeint, daß ich damit ein Glaubensbekenntnis abgebe, sondern damit möchte ich zur Ideenbildung und zur Prüfung anregen, ob man mit diesem Gedanken den Erscheinungen gerecht werden kann.

K.-D.N.: Es hängt vom einzelnen Menschen ab, wie er mit einer jeweiligen Geistigkeit umgeht, was man auch daran sehen kann, daß es sehr wohl fundamentalistische Christen und auch fundamentalistische Anthroposophen gibt. Es gibt Anthroposophen, die Steiner absolut setzen, die auch jede seiner Taten und Äußerungen absolut setzen, ohne dabei zu bemerken, daß sie damit dem Geist der Anthroposophie überhaupt nicht gerecht werden und Steiners Ansehen eher schaden als nützen.

B. Hamprecht: Wenn man davon ausgeht, daß der Christus ein wirkliches geistiges Wesen ist, dann wird bereits deutlich, daß nicht jeder, der sich auf Christus beruft, diesem Wesen auch wirklich angehört. Es kann doch durchaus sein, daß jemand in einem bestimmten Geist heranwächst oder lebt, für den er zwar den Christusnamen in Anspruch nimmt, der aber ein ganz anderer Geist ist. Und so kann und muß man sich auch einmal fragen, ob denn der Geist, für den der Vatikan steht, wirklich der Geist ist, der mit dem Mysterium von Golgatha verbunden ist. In den Diskussionen, ob Anthroposophie oder die Waldorfschule christlich seien, habe ich die Kirchenvertreter auch gefragt: Wer sagt mir denn, daß ihr christlich seid? Woher wißt ihr denn, daß die evangelische oder die katholische Kirche christlich ist? Das ist durchaus eine ernsthafte und nicht polemische Frage. Und wenn man diese Frage ernsthaft stellt, können dann auch sehr interessante Überlegungen und Gespräche in Gang kommen.

Wenn jemand in bezug auf das Christentum fundamentalistisch wird, dann ist das, auf den Punkt gebracht, eine Namensverwechslung, dann liegt etwas anderes vor. Es kann ja sein, daß der Betreffende auch zum wirklichen Christus eine Beziehung hat. Aber er hat dann auch zu irgendwelchen anderen Geistern eine Beziehung, die für den Fundamentalismus verantwortlich sind. Auf die Anthroposophie übertragen bedeutet das: Wenn man unter Anthroposophie etwas versteht – wie ich das tue –, das unmittelbar der christlichen Sphäre, und damit der Freiheitssphäre angehört, dann kann man auch sagen, daß jemand, der in dieser Beziehung fundamentalistisch oder dogmatisch ist, noch anderen Geistern huldigt. Da liegen Mißverständnisse vor.

Keine gesicherte geistige Forschung ohne Selbsterkenntnis

K.-D.N.: Gegen einen Forschungsansatz, bei dem sich der Mensch auf das Erleben einlassen muß, wird oft eingewendet, daß er im Gegensatz zu einem modellhaften wissenschaftlichen Vorgehen potentiell täuschungsbehaftet ist. Wie kann man der Gefahr der Täuschung begegnen?

B. Hamprecht: Das ist der altbekannte Einwand. Der Erfolg der Naturwissenschaft liegt schließlich darin begründet, daß man das Subjekt vom Objekt getrennt hat, es ganz rausgenommen hat und der Forscher gewissermaßen nur die Zuschauerrolle einnimmt. Durch diese Trennung, durch das Befolgen strenger Objektivitätskriterien ist die Gefahr der Täuschung weitgehend zu beherrschen. Allerdings sind dadurch auch die Weltbereiche, die man auf diese Weise untersuchen kann, stark eingeschränkt.

Aber auch auf die geistige Erfahrung kann man Methoden anwenden, die auf eine andere Weise zu gesicherten Ergebnissen führen, als es in der Naturwissenschaft durch die Objektivierung geschieht. Das Entscheidende dabei ist, daß am Anfang eine gründliche Selbsterkenntnis stehen muß. Man kann nur in dem Maße Geistiges erkennen, wie man gleichzeitig eine entsprechende Selbsterkenntnis zustande bringt. Denn das ganze Erfahrungsfeld, in das man sich in der Identifikation begibt, ist eine Durchdringung von einem selbst und dem anderen. Wenn man dann sich selbst nicht kennt und sich nicht im klaren über alles dasjenige ist, was im eigenen Unterbewußtsein lebt und aufsteigt, kann man das mit dem Geistigen verwechseln. Wenn man aber ganz genau weiß, was man selbst in die Erfahrung mitbringt, dann ist die Gefahr der Verwechslung und Täuschung begrenzt. An die Stelle dessen, was in der Naturwissenschaft die Objektivierbarkeit ermöglicht, muß also in der Geisteswissenschaft die Selbsterkenntnis treten.

In den elementaren Stufen kennt man das, und das ist auch einfach nachzuvollziehen. Jeder Richter z.B. muß sich prüfen, ob er unbefangen ist. Jeder Journalist wird seine eigene Parteilichkeit im Griff haben müssen, wenn er eine Sache recherchiert und beschreibt, und er weiß genau, daß er nur an Wesentliches herankommt – also an etwas, das mehr als nur polemischen Wert hat –, wenn er seine Subjektivität, seine eigene Anschauung und Färbung genügend kennt, um sie auch unterschwellig zurückzuhalten. In den Anfängen ist die Notwendigkeit der Selbsterkenntnis für ein geisteswissenschaftliches Vorgehen gut bekannt. Man kann sich das selbst an vielen weiteren Beispielen verdeutlichen.

Wenn man dann weiter vordringen will, ist es sicher eine schwierige und mühsame Arbeit. Aber das gilt auch für die Naturwissenschaft. Auch hier kann man nicht in einem Handstreich erforschen oder auch nur verstehen, was ein Jahrhundert an Forschung erbracht hat, an der zigtausend Leute beteiligt waren. Es wäre naiv zu glauben, daß das bei der Erkenntnis der geistigen Welt anders wäre.

Wie kommen wir zur Gewißheit?

Nun kann man auch noch hinterfragen, wie wir eigentlich zur Gewißheit kommen. Nehmen wir wieder ein ganz einfaches Beispiel. Sie sind heute morgen in Flensburg abgefahren. Woher wissen Sie das eigentlich?

K.-D.N.: Weil es mir noch in den Knochen steckt!

B. Hamprecht: Na gut, auf jeden Fall würden Sie keine äußeren Kriterien anführen, um sich darüber Gewißheit zu verschaffen, denn diese steht doch auf ganz anderen Fundamenten. Wenn Sie sich ein Alibi verschaffen müßten, wäre der Fall anders gelagert. Dann würden Sie vielleicht die Zugfahrkarte vorweisen, und der Zugschaffner oder Mitreisende würden als Zeugen befragt werden. Daß man solche äußeren Kriterien zum Beweis anführen kann, hängt sehr stark damit zusammen, daß man die Welt als Außenstehender und Zuschauer betrachten kann. Zur letzten Überprüfung wird da immer das Kriterium herangezogen. Das vorhergesagte und errechnete Ergebnis, das immer eine Zahl ist, wird daraufhin abgeprüft, ob es mit einer anderen Zahl übereinstimmt, die man durch messende Verfahren aus der Welt gewonnen hat. Das ist das Kriterium, ob die Zahl übereinstimmt.

Charakteristisch für Menschen, die die Art der geistigen Erkenntnis, die über die Identifikation gewonnen wird, nicht verstehen können, ist, daß sie nach einem Kriterium dafür verlangen. Sie fordern ein Kriterium für die Wahrheit dieser Erkenntnis, aber das kann es im Prinzip nicht geben, so wenig, wie es für Sie ein Wahrheitskriterium geben kann, wenn Sie sich fragen, ob Sie wirklich heute morgen in Flensburg losgefahren sind. Wenn Sie das aus irgendeinem Grunde vergessen haben sollten – nehmen wir an, diese Frage würde Ihnen in ein paar Jahren gestellt werden –, wenn Sie sich also nicht mehr daran erinnern könnten, dann würde das, was Sie tun, um es herauszufinden und zu bewahrheiten, in Schritten geschehen, die Ihrer Erinnerung auf die Sprünge helfen würden. Was habe ich die Zeit davor gemacht? Wie war das in Berlin? Wann habe ich den getroffen? Entweder dämmert es dann wieder oder nicht.

Aber niemals wäre ein äußeres Kriterium ein Ersatz für diesen Erinnerungsvorgang. Wenn Sie sich nicht mehr erinnern könnten, würde es Ihnen gar nichts nützen, wenn Ihnen jemand beschwören und versichern würde, daß Sie an diesem Morgen mit dem Zug von Flensburg nach Berlin gefahren sind. Auch wenn Sie dem absolut glauben würden, es bliebe sozusagen ein Loch in der Seele, wenn Sie sich selbst nicht erinnern könnten. Und so ist das auch mit den geistigen Erfahrungen. Alle Kriterien, die man anführen kann, sind allenfalls eine Herausforderung oder auch eine Irritation, wenn man merkt, daß eine Schilderung zwar ganz schlüssig erscheint, aber man sie einfach nicht packen kann. Die Kriterien sind da zweitrangig.

K.-D.N.: Den Wahrheitserweis kann man also nur in sich selbst hervorbringen und erfassen?

B. Hamprecht: Ja, und dem gegenüber ist der Einwand, daß die Erkenntnis subjektiv sei, völlig fehl am Platz. Sie würden auch ganz berechtigt kein Verständnis dafür aufbringen, wenn jemand auf Ihre Behauptung, daß Sie heute morgen in Flensburg losgefahren seien, mit dem Subjektivitätseinwand kommen würde. Das ist nicht lebensgemäß, hier nach äußeren Kriterien zu verlangen.

Wissenschaftliche Forschungen und geistige Erfahrungen müssen schrittweise erschlossen werden

K.-D.N.: Die meisten Menschen sind sich nicht bewußt, daß sie geistige Erfahrungen haben. Folglich ist ihnen auch schwer zu vermitteln, was wir gerade besprechen. Allein die Tatsache, daß unser normales alltägliches Ichbewußtsein etwas ganz anderes ist als die Wahrnehmung der eigenen geistigen Ichtätigkeit im Bewußtsein, das kann man eigentlich nur jemandem vermitteln, der diese Erfahrung schon einmal gemacht hat bzw. zumindest ahnend an dieses Erlebnis herangekommen ist. Wie kann man vorgehen, um sich geistige Erfahrungen schrittweise zu erschließen?

B. Hamprecht: Daß geistige Erfahrungen erst schrittweise erschlossen werden müssen, ist ganz natürlich, und ich hätte da auch ein didaktisches Konzept zu bieten. Im Vergleich zu dem, was ich bisher dargestellt habe, könnten wir uns jetzt einmal in die vorwissenschaftliche Zeit zurückdenken, also z.B. ins Mittelalter. Damals tappte man in bezug auf die naturwissenschaftlichen Fragen, die wir heute weitgehend geklärt haben, in ähnlicher Weise im Dunkeln wie wir heute in bezug auf die Reinkarnationsfragen. Deshalb ist dieser Vergleich ganz brauchbar.

Wenn sich jemand im Mittelalter z.B. mit der weitreichenden Frage beschäftigte, ob man nun Gold machen könne oder nicht, und das unbedingt klären wollte, dann kann man aus heutiger Sicht sagen, daß dieser arme Kerl damit sein ganzes Leben im Dunkeln tappen mußte. Also, es handelt sich nicht um die Frage, wie man Gold macht, sondern lediglich um die Klärung des Problems, ob das geht oder nicht. Das ist eine ganz nüchterne und undogmatische Frage, aber er konnte damit im Mittelalter nicht weiterkommen. Denn was man zur Lösung dieses Problems braucht, ist damals einfach nicht erreichbar gewesen. Man müßte diesem mittelalterlichen Menschen aus heutiger Sicht raten, diese Frage loszulassen und besser so vorzugehen, daß er sich fragt, was er in bezug auf die Naturzusammenhänge wirklich positiv greifen kann. Das haben dann schließlich Leute wie z.B. Galilei gemacht, der einen Stein fallen oder eine schiefe Ebene hinunterrollen ließ usw. und das dann genauestens beobachtet hat. Oder Leonardo da Vinci fing damit an, eine Leiche aufzuschneiden – was damals nicht erlaubt war –, um sich z.B. genauer anzuschauen, wo die Muskelstränge wirklich verlaufen. Damit hat man nicht gleich erfaßt, was die Welt im Innersten zusammenhält, aber man fängt damit an zu forschen, wo es geht. Und das kann man in bezug auf die Fragen der geistigen Welt auch. Wenn man nicht erwartet, daß man gleich am dritten Tag beim lieben Gott angekommen ist, und die Flinte nicht gleich ins Korn wirft, weil das nicht zu erreichen ist, dann lassen sich da schon einige Schritte machen.

Gegenwärtige Identifikation mit dem äußeren Sein

K.-D.N.: Die Idee der Wiederverkörperung ist in den verschiedensten Religionen weit verbreitet, und noch in der Antike wird sie von großen Denkern wie Plato, Pythagoras, Empedokles und anderen vertreten. Plato bringt diese Idee sogar zu einer philosophischen Relevanz, indem er sie mit der Vorstellung der individuellen, bewußten und vernünftigen Seele verbindet. Wenn man nun auf die Philosophie der Neuzeit sieht, kann man feststellen, daß die Idee von Reinkarnation und Karma in ihr so gut wie keinen relevanten Niederschlag gefunden hat, wenn wir einmal von der Anthroposophie Rudolf Steiners absehen. Hat das auch mit dem Aufkommen der Naturwissenschaft zu tun, daß diese Idee in der Philosophie der Neuzeit kaum hervorgetreten ist?

B. Hamprecht: Ich denke schon, denn das Aufkommen der Naturwissenschaft prägt ein Zeitalter, in dem erst einmal das Zuschauerbewußtsein geübt wurde. Und dieses Zuschauerbewußtsein hat das große Positivum, daß dadurch der Mensch seine Souveränität und seine Emanzipation erfahren hat. Auf diesem Feld konnte der Mensch die Erfahrung machen, daß er zu relevanten, auf die Wirklichkeit bezogenen Urteilen kommen kann, ohne sich auf Traditionen, heilige Schriften und ähnliches stützen zu müssen. Das ist die große Emanzipations- und Freiheitserfahrung. Und die wird auch über die Bedeutung des naturwissenschaftlichen Zeitalters hinaus Bestand haben.

Auf dem Feld der geistigen Erfahrung hat man das aber bis heute nicht erreicht. Denn in bezug auf die Identifikation sind wir weitestgehend Geworfene: ob nun früher mehr in den Adelstand, ins Militär, in den Bauernstand usw. oder auch heute in bestimmte soziale, kulturelle und zeitgeprägte Zusammenhänge, in ein bestimmtes Land, in die Bundesrepublik, nach Rußland oder Zaire, ins Männliche oder Weibliche usw. Worein auch immer der Mensch geworfen ist, sofort schnappt er ein, hakt ein, identifiziert sich damit. Auch wenn er dagegen wütet, ist er doch damit identifiziert.

Zur geistigen Erfahrung würde daher auch die Beweglichkeit gehören. Man muß, nicht nur pro forma, sondern wirklich, seine Identifikationen abarbeiten können wie Gegenstände der äußeren Welt. Man muß sich lösen und da hindurchgehen können. Wenn man das nicht kann oder nicht will, dann sind die Vorstellungen einer geistigen Welt, wiederholter Erdenleben usw. ein Ärgernis oder zumindest etwas, womit man überhaupt nichts anfangen kann. Denn man müßte sich, wenigstens in der Phantasie, in etwas hineinbegeben, was das komplette Gegenteil alles dessen ist, woher man seine gegenwärtige Identität nimmt.

Die Menschen mußten seit dem Mysterium von Golgatha erst einen langen Weg gehen, um über die erwähnte Emanzipations- und Freiheitserfahrung nicht nur zum Erfassen ihrer irdischen Souveränität, sondern nun auch immer deutlicher zum Erleben ihrer geistigen Individualität zu gelangen, so daß auch die Idee von Reinkarnation und Karma ihre auf das Individuum des Menschen bezogene Bedeutung gewinnen kann.

K.-D.N.: Rudolf Steiner erwähnt einmal, daß die Menschen in früher Vergangenheit schon aufgrund ihrer Konstitution nicht in der Lage gewesen seien, umfassende reale Erfahrungen von Reinkarnation und Karma zu machen. Das könnte auch erklären, warum sich die unterschiedlichsten Auffassungen der Seelenwanderung in den verschiedenen Religionen niedergeschlagen haben. In den letzten rund 2.000 Jahren stand in der Menschheitsentwicklung zunächst einmal die Aufgabe der Ausbildung der Individualität und das Ergreifen der Freiheit im Vordergrund. Kann es sein, daß erst etwa mit Beginn des 20. Jahrhunderts zunehmend die Möglichkeit für die Menschen besteht, in Richtung auf die geistige Welt, z.B. über Reinkarnation und Karma, reale Erkenntniserfahrungen zu machen?

B. Hamprecht: Daß in der Vergangenheit diese Möglichkeit, wenn überhaupt, dann nur außerordentlich spärlich und vereinzelt als Ausnahmeerscheinung da war, kann man schon daran erkennen, daß es keine wirklich relevanten Zeugnisse jüngeren Datums darüber gibt. Man hat es allenfalls mit Traditionen zu tun, die mindestens schon 2.000 bis 3.000 Jahre alt sind. Auch heute gründet es sich nur auf Hoffnungen, daß diese Möglichkeiten zu einem zivilisations- und kulturbildenden Faktor werden könnten, denn noch ist eine bis zur Oberfläche durchschlagende Wirkung nicht zu erkennen.

K.-D.N.: Immerhin glaubt ein großer Teil der Bevölkerung an die Wiederverkörperung: in Deutschland etwa ein Fünftel, in den USA sogar etwa ein Drittel der Bevölkerung.

B. Hamprecht: Ja, aber wie verbindlich? Ob man an etwas glaubt, ist eine Sache, wichtiger erscheint mir aber die Frage, ob und wie man praktisch mit einem solchen Gedanken umgeht.

Kein Beweis ohne eigene Evidenzerfahrung

K.-D.N.: Kann man Reinkarnation wissenschaftlich begründen?

B. Hamprecht: Das ist natürlich auch immer eine Frage der Fähigkeit des einzelnen Menschen. Manche können schließlich auch keine quadratische Gleichung lösen. – Wenn man das machen will, dann müßte man so vorgehen, daß der erste Schritt darin besteht, sich Rechenschaft über die geistige Individualität des Menschen abzulegen. Wenn ich der Überzeugung bin, daß das, was ich als mein Eigenwesen in mir selbst erfahre, mit der Geburt entstanden ist, dann habe ich auch keinen Grund zu vermuten, daß dieses über den Tod hinaus weiterexistiert. Nur wenn ich die Hypothese habe, daß sich im Zusammenhang mit der Zeugung eine geistige Individualität demjenigen hinzugesellt hat, was von den Eltern als physisch-lebendiger Träger zur Verfügung gestellt wurde, habe ich überhaupt erst die Möglichkeit, in diese Richtung zu denken.

In den nächsten Gedankenschritten müßten dann weitere Klärungen erfolgen: Wenn diese Individualität zwar aus der geistigen Welt stammen würde, aber anläßlich der Zeugung neu gebildet wäre, hätte das ganz andere Konsequenzen, als wenn diese Individualität schon seit Urewigkeiten in der geistigen Welt existiert hätte. Und wiederum ganz andere Konsequenzen hätte es, wenn diese Individualität bereits auf der Erde verkörpert gewesen wäre und schon Erdenerfahrungen hätte. – Es bleibt einem also nichts anderes übrig, als in sehr kleinen Schritten die verschiedenen Möglichkeiten durchzugehen und darauf zu achten, ob man auf Erfahrungen stößt, die mehr in die eine oder andere Richtung deuten. Ich glaube nicht, daß es irgendeine absolute Schlüssigkeit gibt, bevor nicht die Gewißheit dadurch eintritt, daß ich frühere Inkarnationen in der gleichen Weise erfahre, wie ich mich an den gestrigen Tag erinnern kann. Man kann einfach das Wesen nicht auf Kriterien zurückführen. Kriterien gehören einer ganz anderen Ebene an, sie können allenfalls Hindeutungen sein oder etwas plausibel machen. Beweisen kann man das eigentlich nicht.

Steiner merkt dazu allerdings an: Wenn die Menschen nur energisch genug denken würden, dann wüßten sie, daß allein die Tatsache des Bewußtseins schon ein Beweis des Vorgeburtlichen sei. Aber ein Beweis knüpft eben immer an die Vorbedingungen und Fähigkeiten derjenigen an, denen etwas bewiesen werden soll. Wenn ich Ihnen jetzt in Worten einen Beweis für die Reinkarnation vortragen würde, wäre er für Sie nur erbracht, wenn Ihnen im Laufe meiner Rede die Erfahrung der Reinkarnation aufgeht. Meine Worte könnten also nur Wegweiser sein, und erst wenn Sie eine eigene Erfahrung mit innerer Sicherheit greifen könnten, wäre das ein Beweis. Aber der setzt voraus, daß auf der einen Seite der Vortragende tatsächlich fähig ist, den Weg zu weisen, und daß auf der anderen Seite der Zuhörende in der Lage ist, das mitzuvollziehen.

Selbst wenn Rudolf Steiner jemandem den Weg weisen würde und ihn mitnehmen könnte, dann wäre es immer noch die Frage, ob dieser ihm folgen könnte. Wenn ich z.B. jemandem ein Theorem der Integralrechnung beweisen will und ihn auffordere, konzentriert alle Schritte mitzudenken, dann hängt es immer noch von seinen Fähigkeiten ab, ob er mir tatsächlich folgen kann und bei dem Aha-Erlebnis ankommt. Das Beweisen setzt also immer zwei Partner voraus, die fähig sind, ihre Rolle zu erfüllen. Mit Indizienketten kann man Reinkarnation aber ganz gewiß nicht beweisen.

K.-D.N.: Meine Frage zielte nicht so sehr auf den Beweis ab, sondern mehr auf die logische Schlüssigkeit einer wissenschaftlichen Begründung.

B. Hamprecht: Da ist schon einiges geleistet worden, aber man arbeitet gewissermaßen noch im Steinbruch, und das eigene Schlüsselerlebnis, die eigene Evidenzerfahrung wird dadurch nicht ersetzt.

Karma gibt uns die Kontinuität im Dasein

K.-D.N.: Was ist Karma und wie wirkt es?

B. Hamprecht: Ich möchte auch hier nach derselben Methode vorgehen, die ich bisher angewendet habe. Für das wissenschaftliche Vorgehen in einer Wissenschaft, die man noch nicht beherrscht, habe ich das Beispiel des Mittelalters, für die geistige Erfahrung das Beispiel des Nationalismus und der Mozartschen Musik angeführt. Es ist meine Methode, solche Dinge erst einmal in Bereiche hinein abzubilden, in denen man sich schon auskennt und bei denen man trotzdem die Hoffnung haben kann, daß der Vergleich treffend und erhellend ist. Und anstatt zu spekulieren, würde ich auch gerne in bezug auf das Karma einen Vergleich gebrauchen, der uns wieder in einen Bereich führt, in dem wir uns sicher fühlen können.

Gehen wir also von einer einfachen Überlegung aus: Wie hängt denn das, was ich heute erlebe, von dem ab, was ich gestern getan habe? Dazu kann man sich unendlich viele Beispiele heranziehen, wie man an den vorangegangenen Tag anknüpft, obwohl der Schlaf dazwischenlag und die Bewußtseinskontinuität unterbrochen war. Man setzt eine Arbeit an dem Punkt fort, bis zu dem man am vergangenen Tag gekommen war, man trifft sich mit Menschen, mit denen man sich gestern verabredet hat usw. Und man knüpft auch an Dinge an, die andere Menschen am Vortag getan haben. Die Kekse hier auf dem Tisch z.B. könnten wir heute nicht essen, wenn meine Frau sie gestern nicht eingekauft hätte.

In einem Standardbeispiel regt Rudolf Steiner zu einer einfachen Übung an, um sich Vorstellungen zum Karma zu bilden. Man versetze sich in die Situation, daß einem ein Dachziegel auf den Kopf fällt. Nun kann man sich vorstellen, daß man diesen Ziegel selbst aufs Dach gelegt und ihn nicht richtig befestigt hat. Dann wäre man selbst der Verursacher dafür, daß einem jetzt der Ziegel auf den Kopf fällt, während man da vorbeigeht. Daß der Stein ins Rutschen kommt und runterfällt, bewirkt die Schwerkraft, und das ist kein Karma. Aber daß ich den Ziegel aufs Dach gelegt und schlecht befestigt habe, das ist Karma, das habe ich mir bereitet.

Wenn ich mir ein Haus oder ein Zimmer einrichte, habe ich das Karma, so darin zu wohnen, wie ich es mir eingerichtet habe. Und es würde mich sehr irritieren, wenn das nicht so wäre. Wenn ich mir mein Zimmer einrichten würde, und am nächsten Tag wäre es immer wieder ganz anders – ausgeräumt, umgestellt oder sonstwie verändert –, dann wäre ich in meiner Betätigung sehr eingeschränkt. Karma ist also etwas, das uns die Kontinuität in unserem Dasein gibt, mit der wir überhaupt nur existieren können.

Jetzt kann man das auch auf größere Zusammenhänge übertragen: Eines der wichtigsten Bestimmungsstücke in Ihrem Karma – das kann ich Ihnen direkt benennen – ist, daß Sie einen männlichen Leib tragen. Wollen Sie davor weglaufen? Wenn manche das auch wollen, so ist das nur schwer möglich. Das Geschlecht ist eine Art und Weise, wie man sich in die Welt hineinstellen kann, es gibt einem also entsprechende Möglichkeiten, aber auch Hinderungen. Genauso ist es mit der Sprache. Es gehört natürlich auch zum Karma, welche Sprache man spricht, in welchem Land man geboren ist usw. Das alles durch völlige Unbestimmtheiten zu ersetzen, würde einen in die Lage bringen, daß man keinen Angriffspunkt mehr in der Welt hätte. Man hätte keine Möglichkeit mehr, irgendwo zuzugreifen. Insofern kann man über diesen ganzen Bereich sagen: Mit Ausnahme dessen, was Naturgesetz ist, ist eigentlich alles Karma. Und ich habe mir das bereitet, ich will mir das auch bereiten, will davor gar nicht weglaufen.

Karma ist die Voraussetzung der Freiheitsentfaltung

K.-D.N.: Schauen wir einmal auf den Aspekt von Karma und Erlösung, an dem sich insbesondere die evangelische Kirche stößt. Welche Bedeutung hat die Selbstverantwortung gegenüber der eigenen Schuld?

B. Hamprecht: Nehmen wir an, ich tue einem Menschen etwas an. Dadurch ist zunächst der andere Mensch der Geschädigte, aber längerfristig gesehen, wenn wir die fernere Zukunft mit einbeziehen, bin ich selbst der Geschädigte. Wenn dieser Mensch mir die Schuld, die ich an ihm begangen habe, mit meiner Mithilfe erläßt, also nicht nur gnädig von oben herab, sondern indem wir uns darüber wieder verständigen können, dann ist anzunehmen, daß das in einer Art und Weise ausgeräumt ist, die weder seine Menschenwürde und Individualität noch meine nachhaltig schädigt.

Ich meine jetzt Dinge wirklicher Schuld, für die ich verantwortlich bin. Wenn die der Beliebigkeit der Vergebung unterworfen wären, dann würde mich das zum Harlekin machen, jedenfalls was meine zukünftige kosmische Existenz betrifft. Ich brauche das, daß ich mich mit meiner Schuld selbst auseinandersetzen kann. Wenn mir der Geschädigte dabei hilft, z.B. wenn wir uns nach dem Tod wiedertreffen und gemeinsam überlegen, wie wir den Schaden wieder gutmachen können, dann kann auf dieser Grundlage das Wesen, dem die Kraft der Sündenvergebung zugeschrieben wird, also die Christuswesenheit, dabei mithelfen. Aber es muß schon so sein, daß die Grundlage nicht nur in einem Pro-forma-Akt besteht, denn das, was als schuldhafte Schädigung geschehen ist, muß auch bis in die Weltentiefen hinein wieder in Ordnung gebracht werden. Wenn die Menschen ihren Anteil übernehmen, der in ihrem Verantwortungsbereich liegt, dann kann die Christuswesenheit den Rest übernehmen, der so tief geht, daß die Menschen nicht an ihn heranreichen können. Dann ist das in Ordnung.

Insofern würde ich sogar sagen, daß Karma die Voraussetzung für die Freiheit ist. Sowohl unter dem Aspekt der Kontinuität als auch unter dem Aspekt der Schuld ist Karma die Voraussetzung dafür, daß es eine Zuverlässigkeit in der Welt gibt, und damit auch dafür, daß sich die Freiheit überhaupt entfalten kann. Karma und Freiheit sind also keine Gegensätze, sondern Freiheit kann es nur auf der Grundlage des Karma geben.

K.-D.N.: Zumindest, wenn man Karma so vielschichtig auffaßt, wie Sie es jetzt ausgeführt haben. In der Überlieferung, aber auch bei nicht wenigen Anthroposophen, findet man immer wieder, daß Karma ausschließlich als Vergeltungskausalität guter und schlechter Taten verstanden wird. Da schleichen sich dann auch leicht vordergründige Urteile ein, daß z.B. jemand seine Krankheit durch schlechte Taten im vorangegangenen Leben verdient habe oder ähnliche Hinterwäldlergedanken. Karma wird dann als lineare Kausalkette moralischer Bewertungen gedacht.

B. Hamprecht: Das ist natürlich trivialer Unfug.

K.-D.N.: Ist alles, was im Leben geschieht, Karma, oder geschehen auch Dinge, die vollkommen neu sind?

B. Hamprecht: Nehmen Sie wieder das Beispiel der Tagesläufe. Daß wir hier sitzen und das Gespräch führen, hängt ganz einfach mit Dingen zusammen, die wir uns vorher bereitet haben. Sie haben sich das genauso eingebrockt wie ich. Aber dadurch ist nicht jedes Wort, das wir reden, festgelegt. Das ist doch ganz klar. Für die Freiheit ist immer genügend Raum, denn das Karma ist nur der Rahmen, den wir brauchen. Die ganze Welt ist Karma, ist sozusagen die Grundlage, auf der wir uns bewegen.

K.-D.N.: Welche Konsequenzen ergeben sich aus der Einsicht in Reinkarnation und Karma für das soziale Leben?

B. Hamprecht: Nehmen wir ein überschaubares Beispiel. Als vor ungefähr 200 Jahren die Elektrizität entdeckt wurde, konnte man damals schon merken, wenn man sich auf die Sache wirklich eingelassen hat, daß damit der entscheidende Sargnagel für diejenige Lebensart gestiftet worden ist, in der an oberster Stelle Adelshäuser, militärische Ränge usw. das Leben bestimmten. Das konnte man auch am Kriterium festmachen, daß damals der Geldadel mit der Industrie entstand.

Mit dieser am Anfang kleinen Entdeckung war klar, daß die gesamte Mentalität zunächst in Europa und dann in der ganzen Welt sich tiefgreifend ändern würde. Wenn nun so ein Gedanke wie Reinkarnation und Karma aufkommt, wird das in ähnlicher Weise tiefgreifend sein. Dadurch wird ein Umschwung kommen, der sogar noch wesentlich größer sein wird. Wenn damals jemand gesagt hätte, daß die Elektrizität das Wertegefüge des Adels und des Militärs über den Haufen werfen würde, was letztlich auch durch das gigantische Kommunikationswesen, das durch die Elektrizität ermöglicht wurde, geschah, dann hätte er sich wohl lächerlich gemacht. So belächeln viele heute noch mögliche Konsequenzen des Reinkarnationsgedankens als lebensfremde Hirngespinste, aber auch dieser Gedanke wird wohl viele Werte, die jetzt unsere Welt prägen, beiseite räumen, wenn er erst wirklich die Menschen ergreift.

Ichentwicklung denken

Interview mit Wolf-Ulrich Klünker

von Klaus-Dieter Neumann

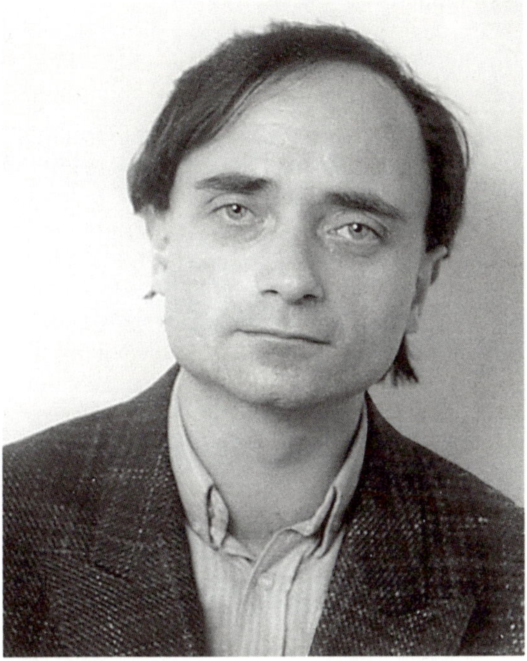

Dr. Dr. Wolf-Ulrich Klünker, *geb. 1955 in Holzminden. Promotion in Theologie und Sozialpädagogik. 1981–1985 wissenschaftliche Tätigkeit in Göttingen und Hannover. 1986–1995 am Hardenberg-Institut für Kulturwissenschaften, Heidelberg. 1994 Begründung der DELOS-Forschungsstelle für anthroposophische Seelenwissenschaft. Seit Anfang 1996 Leitung der Turmalin-Stiftung, Bliestorf (Heilpädagogik).*

Buchveröffentlichungen: „Johannes Scotus Eriugena. Denken im Gespräch mit dem Engel" (Stuttgart 1988); „Menschliche Seele und kosmischer Geist. Siger von Brabant in der Auseinandersetzung mit Thomas von Aquin" (zus. mit B. Sandkühler, Stuttgart 1988); „Selbsterkenntnis der Seele. Zur Anthropo-

logie des Thomas von Aquin" (Stuttgart 1990); „Alanus ab Insulis. Entwicklung des Geistes als Michael-Prinzip" (Stuttgart 1993); „Einsicht in Wiederverkörperung und Schicksal" (zus. mit M. Basfeld und A. Sandtmann, Stuttgart 1993).

Wolf-Ulrich Klünker zeigt im folgenden Interview, daß die Wurzeln des Reinkarnationsgedankens vordringlich nicht etwa in den expliziten Erwähnungen, sondern vor allem in der Entwicklungsgeschichte des Geistes zu suchen sind. Diese Entwicklung zu erfassen dient keinesfalls nur einem geistesgeschichtlichen Interesse, sondern heißt in der Konsequenz, in der eigenen Denkerfahrung eben jene Entwicklung des Ich zu erfassen, die der Reinkarnation und dem Karmawirken zugrunde liegt. Damit ist der Weg bezeichnet, sich zu einer spirituellen Erfahrung zu erheben und das Wirken des Geistes in sich selbst zu realisieren.

Klaus-Dieter Neumann: Warum tun sich die großen christlichen Kirchen mit der Akzeptanz der Tatsache von Reinkarnation und Karma so schwer? Warum lehnen die Kirchen eine Auffassung, daß jeder Mensch nicht nur einmal auf der Erde lebt, als unchristlich ab?

Wolf-Ulrich Klünker: Ich denke, daß ein wesentlicher Grund in der Richtung zu suchen ist, daß innerhalb der christlichen Tradition der Entwicklungsgedanke bisher nicht wirklich gedacht werden konnte. Ich halte das also nicht so sehr für eine Frage der weltanschaulichen Position, sondern eher für ein Problem des Entwicklungsgedankens innerhalb des Christentums, z.B. auch im Sinne einer fortschreitenden Offenbarung. Wenn man das Christentum ungeschichtlich denkt, kann man sich auf bestimmte historische Dokumente kaprizieren, beispielsweise auf das Alte oder Neue Testament, und da muß man eindeutig sagen, daß in ihm von Reinkarnation nicht explizit die Rede ist.

Würde man aber entwicklungsgeschichtlich denken, dann könnte man mit Rudolf Steiner sagen, daß das Christentum sich nicht auf Dokumente stützen kann, also auch nicht auf schriftliche Festlegungen wie das Neue Testament, sondern nur auf innere geistige Erfahrung. Das ist auch der Grundansatz der Vorträge Rudolf Steiners, die unter dem Titel „Aus der Akasha-Forschung. Das fünfte Evangelium" (GA 148) erschienen sind, und seiner Schrift „Das Christentum als mystische Tatsache" (GA 8). Hier heißt es im Vorwort zur ersten Auflage, daß es möglich sei, Gedanke und Gefühl zu verbinden, wenn man ein Phänomen in Entwicklung denke. Das ist ein wichtiger Ansatz, der dem Buch methodisch vorangestellt ist: Man kann

Gedanke und Gefühl verbinden, wenn ein Phänomen, wie in diesem Fall das Christentum, als in Entwicklung befindlich gedacht wird. Das wird von Steiner in der Schrift dann methodisch durchgeführt.

Man kann diesen Ansatz des „Christentums als mystische Tatsache" nicht als Alternative zur christlichen Theologie verstehen, so daß man etwa sagen könnte, Anthroposophie, christologisch gesehen, sei eine Alternative für diejenigen, die es genauer bzw. erkenntnismäßig begründet wissen wollen, sondern Steiner versteht diesen geisteswissenschaftlichen Ansatz eindeutig als zeitgeschichtlich notwendige Fortführung der Theologie in den Konfessionen. Und diese Fortführung setzt voraus, das Christentum in einer entwicklungsgeschichtlichen Dimension denken zu können. Daraus würde dann auch die Frage resultieren, wo im Christentum der Reinkarnationsgedanke angelegt ist, ohne daß er explizit gemacht wird.

Die Wurzeln des Reinkarnationsgedankens im Christentum

K.-D.N.: Wo müßte man die Wurzeln des Reinkarnationsgedankens suchen, wenn man aufzeigen wollte, daß die Idee der Wiederverkörperung mit der Entwicklung des Christentums in Einklang steht?

W.-U. Klünker: Zunächst können wir darauf blicken, daß es auch in der christlichen Tradition, also etwa in der Kirchenväterzeit und im Mittelalter, immer wieder explizite Hinweise auf den Reinkarnationsgedanken gegeben hat. So ist z.B. im Werk des Origines Reinkarnation wiederholt ausgesprochen, auch im Unterschied zur östlichen Wiederverkörperungslehre.

K.-D.N.: Das heißt, im Unterschied zur Auffassung der bloßen Seelenwanderung?

W.-U. Klünker: Ja, denn Reinkarnation setzt voraus, ein Ichwesen über die Grenzen von Tod und Erdenexistenz hinaus in Entwicklung denken zu können, während die Wiederverkörperungslehre diese Entwicklungsdimension gar nicht hat. Wiederverkörperungslehre bleibt rein moralisch, d.h. die folgende Inkarnation wird nicht als Entwicklungsfigur des Ich gedacht, sondern als eine moralische Reaktion auf gute und böse Taten des vorangegangenen Lebens. Dieses Kausaldenken ist unzureichend und nicht wirklichkeitsgemäß. Das kann man sich verdeutlichen, indem man geisteswissenschaftlich die Biographie eines menschlichen Erdenlebens zwischen Geburt und Tod betrachtet, denn auch hier kann man nicht von kausaler Verursachung sprechen. Auch im Unterschied zu jeder psychologischen Betrachtung müßte man sagen, daß es in der Biographie zwischen Geburt und Tod im wesentlichen keine kausale Verursachung gibt, sondern daß eine jeweils individuelle Sinnfigur in der Entwicklung wirkt.

Unter Wiederverkörperungslehre verstehe ich also Kausaldenken auf moralischer Ebene, während Reinkarnation, im geisteswissenschaftlichen Sinne aufgefaßt, heißt, diese Sinnfigur über die Grenzen von Geburt und Tod hinaus nachzuvollziehen. Und diesen Entwicklungsgedanken findet man bei Origines sowohl individuell als auch kosmologisch im Hinblick auf die Welt- und Planetenentwicklung.

Darüber hinaus ist bei Origines ein Denken angelegt, das das Christentum als Abfolge verschiedener Stadien der Offenbarung umfassen kann. Bei ihm ist also schon die Offenheit angelegt, sich nicht auf eine bestimmte Dokumentenlage, z.B. das Neue Testament, zu stützen, sondern auf die innere geistige Erfahrung. Und ich glaube, daß diese Denkrichtung für die Verankerung des Reinkarnationsgedankens im Christentum mindestens genauso wichtig ist wie die expliziten Aussagen zur Reinkarnation.

Der Ichbegriff mußte erst klar erfaßt werden

K.-D.N.: Warum ist in den ersten christlichen Jahrhunderten der Wiederverkörperungsgedanke – von seiner jeweiligen Ausprägung einmal abgesehen – aus den östlichen Religionen und der griechischen Antike nicht aufgegriffen worden? Origines bildet hier ja eine Ausnahme.

W.-U. Klünker: Deswegen nicht, weil die Aufgabe der christlichen Anthropologie zunächst einmal darin bestand, bis zum Beginn des 20. Jahrhunderts einen klaren Ichbegriff zu entwickeln. Es mußte erst die Struktur eines wirklich konsistenten Ich anthropologisch gefaßt werden, bevor es überhaupt möglich wurde, dieses Ich auch in der Metamorphose in ein nächstes Leben hinein zu denken. Das ist nahezu unmöglich, wenn dieses Ich nicht klar erfaßt ist. Diese Konsequenz des Ichbegriffs setzte also voraus, daß nahezu 2.000 Jahre christlicher Entwicklung ohne Reinkarnationsgedanken notwendig waren.

Man muß das Christentum wirklich in Entwicklung denken und sollte nicht weltanschaulich Position beziehen, indem man danach sucht, ob in den Überlieferungen und Dokumenten etwas über Reinkarnation steht oder nicht, um daran festzumachen, ob die Idee der Reinkarnation christlich sei oder nicht. Das ist im Grunde weltanschauliche Plänkelei, wobei egal ist, auf welcher Seite man sich da ansiedelt. Denn das macht nur deutlich, daß man die entwicklungsgeschichtliche Dimension noch gar nicht erfaßt hat. Diese Dimension zeigt ganz klar, daß sich erst einmal der Ichbegriff entwickeln mußte, und damit auch real das Ich im Christentum. Erst wenn diese Konsistenz hergestellt ist, kann Ichentwicklung auch über die Todesgrenze hinaus vorgestellt werden. Aber das war erst zu Beginn des 20. Jahrhunderts erreicht.

Der Reinkarnationsbegriff hat also stringente Voraussetzungen, wie z.B. den Ichbegriff. Wenn der Ichbegriff nicht vorausgesetzt ist, bleibt man bei der Seelenwanderung. Deswegen ist es auch konsequent und entwicklungsgeschichtlich notwendig gewesen, daß die Patristik und auch das christliche Mittelalter jede Art von östlicher Wiederverkörperungsanschauung abgelehnt haben. Diese hätte den Ichbegriff und die Ichentwicklung kontrastiert.

„Erkenne dich selbst" – die Entwicklung der Selbsterkenntnis des Geistes

K.-D.N.: Konnte der Ichbegriff, konnte die unvergängliche Individualität des Menschen vor dem Mysterium von Golgatha noch nicht gefaßt werden? Hatten die Menschen vorher nicht das gleiche Ichbewußtsein, oder wie darf man sich das vorstellen?

W.-U. Klünker: Man kann sich diesen Entwicklungsweg an der Mysterientradition verdeutlichen. Aus dem griechischen vorchristlichen Mysterienwesen ist z.B. Delphi durch Plutarch dokumentiert, der Eingeweihter in Delphi und zugleich Philosoph war. Das Hauptmotiv der vorchristlichen Einweihung in Delphi hieß: „Erkenne dich selbst". Das stand als Inschrift über dem Tempeleingang und war das Grundmotiv, mit dem die Neophyten konfrontiert wurden.

Die zweite Maxime hieß: „Alles mit Maß". Diese zweite Maxime ist heute weitgehend vergessen. In ihr ist schon eine Individualisierungsaufforderung enthalten, nämlich: Finde dein individuelles Maß auf dem Erkenntnisweg. Es gilt also immer herauszufinden, was für mich in diesem Moment erkenntnismäßig angemessen ist und was nicht. Das ist die Wahrung des Individualitätsprinzips gegen jede Form von Verobjektivierung. Es ist auch heute noch ein Problem im Umgang mit dem anthroposophischen Schulungsweg, daß dieser als objektiver Anspruch erlebt wird. Dazu gehören etwa Vorstellungen, daß man ein bestimmtes Pensum abzuleisten habe, wenn man sich auf den Schulungsweg begibt, daß man diese und jene Übung machen, Mitglied in der Hochschule sein müsse usw. Das ist eine falsche Verobjektivierung. Denn das zweite Mysterienprinzip, „Alles mit

Maß", bedeutet: Finde für dich dasjenige, was in deiner Lebenslage in der Erkenntnis jeweils der angemessene nächste Schritt ist.

Die dritte Maxime Delphis lautete: „Du bist", und sie zeigt die Tragik der vorchristlichen Ichentwicklung. Denn es hieß damals eben nicht: „Ich bin", sondern: „Du bist", und das bedeutete für die Selbsterkenntnis: Apollo ist, das göttlich-geistige Wesen ist – wir könnten heute sagen: der Engel ist –, aber ich als Mensch bin nicht. Das ist die vorchristliche Situation im Hinblick auf die Selbsterkenntnis. Der Umschwung, der dann durch das Mysterium von Golgatha eingetreten ist, läßt sich z.B. an den Ich-bin-Worten des Johannesevangeliums ablesen, in denen es heißt: „Ich bin der Weg, die Wahrheit und das Leben" usw. Da klingt schon an, daß das bisherige „Du bist" durch die Verbindung des Menschen mit Christus in ein „Ich bin" transformiert werden kann. Durch das Mysterium von Golgatha und die Verbindung mit Christus ist es dem Menschen nun möglich, das „Ich bin" zu erfassen.

Davon ausgehend kann man jetzt weitere Schritte in der christlichen Entwicklung benennen. So findet sich z.B. im ausgehenden 12. Jahrhundert eine markante Aussage des Alanus ab Insulis. Von ihm ist eine Predigt unter dem Titel „Erkenne dich selbst" hinterlassen. Sie schließt also an das erwähnte alte Mysterienprinzip an, und Alanus setzt sich in ihr auch mit der heidnischen Mysterientradition auseinander und zeigt den Übergang in das Christentum auf. So beginnt die Predigt mit der Aussage, daß das Erkenne-dich-Selbst vom Himmel herabgestiegen sei. Alanus zeichnet also den Entwicklungsgang deutlich nach: In vorchristlicher Zeit konnte man nur dem überirdischen göttlich-geistigen Wesen das wirkliche Sein zusprechen: Du bist, aber ich als Mensch bin nicht. Dann trat der Umschwung ein, indem Christus auf die Erde herabgestiegen ist und sich durch das Mysterium von Golgatha mit ihr verbunden hat. Und Alanus erfaßt im 12. Jahrhundert die Zukunftsperspektive, die damit verbunden ist, daß mit Christus das Selbsterkenntnisprinzip auf der Erde angekommen ist, so daß der Mensch jetzt sagen kann: Ich bin. – Das ist der Entwicklungsweg, der im Grunde genommen dann erst am Ende des 19. Jahrhunderts zu dem Kulminationspunkt gelangt, daß der Ichbegriff von nun an für die Selbsterkenntnis so greifbar ist, daß die Konsistenz des Ich durch den Reinkarnationsgedanken nicht mehr gefährdet ist.

K.-D.N.: Worin bestünde diese Gefährdung?

W.-U. Klünker: Eine Gefahr besteht immer darin, daß man die Ichkontinuität mit einer seelischen Kontinuität verwechselt. In seinem letzten Karmavortrag vom 23.09.1924 (in GA 238) schildert Rudolf Steiner den karmischen Zusammenhang von Plato und Roswitha von Gandersheim, der auch den Übergang von den heidnischen Mysterien ins Christentum beschreibt. Wo ist denn da im Sinne des normalen Ichbewußtseins die Ichkontinuität zu finden? Um die Ichkontinuität zu verstehen, ist es notwendig, dieses Ich als geistige Entwicklungsfigur und eben nicht als seelische Kontinuität zu denken.

Die aristotelische Tradition als Wegbereiter

K.-D.N.: Können Sie einmal ein weiteres mittelalterliches Beispiel für die Entwicklungslinien des Christentums bringen?

W.-U. Klünker: Ich habe mich einmal genauer mit Siger von Brabant und seiner Auseinandersetzung mit Thomas von Aquin beschäftigt und darüber auch mit Bruno Sandkühler das Buch „Menschliche Seele und kosmischer Geist" (Stuttgart 1988) geschrieben. Um die geistesgeschichtliche Grundlage des Reinkarnationsgedankens zu erfassen, ist es sehr wichtig, die aristotelische Linie im Wirken Siger von Brabants zu verfolgen. Denn dann wird deutlich, daß in der aristotelischen Tradition, in ihrer Art des Denkens von Ichentwicklung der Reinkarnationsgedanke absolut veranlagt ist, ohne daß er explizit auftritt. Da scheint mir auch Rudolf Steiner anknüpfen zu wollen, und er hätte es sicher auch noch genauer ausgeführt, wenn es seinerzeit jemand verstanden und ihn danach gefragt hätte.

Siger stellt in der Auseinandersetzung mit Thomas die Frage – ich verkürze das jetzt stark –, ob es im Sinne einer geistigen Entwicklung des Ich nicht denkbar wäre, daß dieses Ich sich mit verschiedenen Körpern verbinden könne. Diese Frage Sigers resultiert aus seiner Auslegung der Aristoteles-Schrift „De anima". Wir finden in der aristotelischen Linie, in dem Versuch, die Psychologie des Aristoteles im Mittelalter, insbesondere im 13. Jahrhundert, zu verchristlichen, die entscheidenden christlichen Wurzeln des Reinkarnationsgedankens, ohne daß Reinkarnation explizit auftritt. Zu diesem Ergebnis kommt man, wenn man unter der entwicklungsgeschichtlichen Perspektive fragt, worauf die ganze Anthropologie des christlichen Mittelalters hinausläuft. Denn sie führt auch zu diesem Punkt.

K.-D.N.: Wie kann man es denn entwicklungsgeschichtlich einordnen, daß die existentiell wichtige Tatsache der wiederholten Erdenleben nicht explizit zum Ausdruck kommt?

W.-U. Klünker: Der Reinkarnationsgedanke mußte in den Hintergrund treten, weil die vordringliche Aufgabe eine andere war. Wenn man analog zur Menschheitsentwicklung die Biographie eines Menschen betrachtet, dann kann man nicht sinnvoll erwarten, daß z.B. in der Lebensphase zwischen 21 und 30 Jahren Problemstellungen behandelt werden, die eigentlich erst mit 60 anliegen. Wenn das geschehen würde, könnte man zu Recht sagen, daß eine vorzeitige Vergreisung im Umgang mit dem Leben eingetreten sei.

Die mittelalterliche Situation kann man ähnlich verstehen. Es ging nicht darum, sich in irgendeiner weltanschaulichen Weise für oder gegen Reinkarnation auszusprechen, sondern die mittelalterliche Psychologie hatte entwicklungsgeschichtlich die Aufgabe, die aristotelische Psychologie zu verchristlichen und das Denken als entscheidende Ichtätigkeit herauszuarbeiten. Und nur auf der Grundlage der Erfahrung des Denkens als Ichtätigkeit kann später, vom 20. Jahrhundert an, Reinkarnation illusionsfrei werden. Diese Grundlage mußte erst geschaffen werden. Eine entscheidende Voraussetzung des Reinkarnationsgedankens im geisteswissenschaftlichen Sinne ist, die Kontinuität des Ich in der Erfahrung des Denkens zu erfassen und sie nicht mit der Kontinuität anderer seelischer Erlebnisse zu verwechseln.

K.-D.N.: Was heißt es, Selbsterkenntnis an der Erfahrung des Denkens festzumachen?

W.-U. Klünker: Das hat die mittelalterlich-aristotelische Psychologie versucht und meines Erachtens dann auch geleistet. Thomas von Aquin beschreibt diesen Sachverhalt in seiner „Summe der Theologie" in wenigen Sätzen, die im Grunde genommen schon den Kern der „Philosophie der Freiheit" Rudolf Steiners enthalten. Dort heißt es:

„Was vom menschlichen Geist zuerst erkannt wird, ist der Gegenstand; und an zweiter Stelle wird die Tätigkeit erkannt, durch die der Gegenstand erkannt wird; und durch die Tätigkeit wird der Geist erkannt, dessen Vollkommenheit in diesem Denken besteht." (I, 87,3; vgl. Wolf-Ulrich Klünker: „Selbsterkenntnis der Seele", Stuttgart 1990, S.50 f.)

Also, der menschliche Geist geht erkennend mit den Objekten der Welt um. Auch bei der Selbsterkenntnis bin ich zunächst ein Objekt der Welt. Im zweiten Schritt wird dann die Tätigkeit denkend erfahren, mit der das Objekt erkannt wird. Und durch diese Tätigkeit gelangen wir zur Selbsterkenntnis. Das ist die Voraussetzung des Reinkarnationsgedankens.

K.-D.N.: Weil das Ich nur in geistiger Tätigkeit wahrnehmbar ist und man sich in diesem Moment der Selbsterkenntnis als geistiges Wesen erfaßt?

W.-U. Klünker: Genau.

Nur innerhalb einer geistigen Sinnfigur ist individuelle Entwicklung zu denken

K.-D.N.: Könnten Sie jetzt einmal die vorhin erwähnte Sinnfigur, die in der Biographie und in den wiederholten Erdenleben wirksam ist, im Gegensatz zu einem bloßen Kausalitätsdenken verdeutlichen? Daß Karma hauptsächlich kausal gedacht wird, findet man ja keinesfalls nur in östlichen Seelenwanderungslehren, sondern es ist weit verbreitet und vielleicht auch das naheliegendste, auf das man verfällt, wenn man beginnt, Reinkarnation und Karma verstehen zu wollen. Auch bei Anthroposophen findet man oft dieses Kausalitätsdenken, und viele Äußerungen Rudolf Steiners scheinen in die gleiche Richtung zu gehen.

W.-U. Klünker: Das bloße Kausalitätsdenken in bezug auf Reinkarnation und Karma ist verkappte Psychoanalyse, nur mit einer anderen Begrifflichkeit. Auch in der sogenannten Biographiearbeit trifft man immer wieder auf Denkmodelle, die rein psychologistisch und kausal sind und lediglich mit Begriffsversatzstücken, z.B. aus den Karmavorträgen Steiners, versehen werden. Aber daß das Denken wirklich in dem geschilderten Sinne ausgebildet werden muß, wird oft vernachlässigt.

Man darf sich nicht von einzelnen Äußerungen Rudolf Steiners leiten lassen, indem man sie für das Ganze nimmt, sondern man muß sein Hauptanliegen sehen, um die Anregung durch einzelne Aussagen überhaupt sinnvoll erfassen zu können. Und Rudolf Steiners Ansatz in den Karmavorträgen von 1924 ist immer, daß er karmische Zusammenhänge in eine geistesgeschichtliche Entwicklungsfigur einkleidet. Er sagt nie einfach, daß aus einer bestimmten Persönlichkeit in einem nächsten Leben jene werde, sondern der Ausgangspunkt ist immer die Charakterisierung einer geistesgeschichtlichen Entwicklungssituation. Er schildert etwa nicht nur die Begegnung zweier Persönlichkeiten im 13. Jahrhundert, z.B. von Thomas und Averroes, sondern er charakterisiert die geistesgeschichtliche Situation des Jahrhunderts und fragt nach dem Entwicklungsmoment, der in dieser Begegnung liegt.

Nehmen wir noch einmal das Beispiel, das ich vorhin erwähnt habe, nämlich Plato und Roswitha von Gandersheim. Da ist die entscheidende Problemfrage: Wie kann die Geisteshaltung, die im Werk Platos zum Ausdruck kommt, ins Christentum übergehen? Das ist ein geistesgeschichtliches Problem. Nur wenn man diese geistige Dimension erfaßt, ist innerhalb einer solchen Sinnfigur individuelle Entwicklung zu denken. Das muß man natürlich auch auf Individualitäten übertragen, die nicht in dieser Weise geistesgeschichtlich greifbar sind.

K.-D.N.: Wie kann man sich diese Sinnfigur weiter verdeutlichen?

W.-U. Klünker: Am Ende des Vortrags „Was tut der Engel in unserem Astralleib?" (GA 182/09.10.1918) gibt Rudolf Steiner eine Übung, die eine weitere Möglichkeit der Herangehensweise eröffnet. Steiner führt zunächst aus, daß man an die Wirkungsebene der dritten Hierarchie herankomme, wenn man sich klarmache, daß im eigenen Leben permanent Wunder geschehen würden. Jeden Tag geschehe ein kleineres oder mittleres Wunder, der Mensch würde es nur nicht bemerken. Die Aufgabe wäre also zunächst, rückblickend herauszufinden, wo dieses Wunder als Wirkung der dritten Hierarchie im Tageslauf geschehen ist. Das mag zunächst eine beruhigende Vorstellung sein, daß irgendwo im Tageslauf ein Wunder geschehen ist, obwohl er ansonsten doch nur mehr oder weniger dahingerollt ist und es einem vielleicht auch gar nicht gut geht. Aber aus dieser Haltung heraus kommt man an die Wirkungsebene der dritten Hierarchie nicht heran.

Diese Illusion zerstört Steiner, indem er darauf hinweist, daß man an dieses Wunder nur herankommt, wenn man Lebenszusammenhänge *denkt.* Er präzisiert das, indem er einen Schritt weitergeht und den Leser dazu auffordert, mit der Frage umzugehen: Was ist heute nicht passiert? Was ist heute verhindert worden? Das Wunder ist also nicht in dem Tagesgeschehen zu finden, das ich erlebt habe und erinnern kann, sondern es ist dort zu finden, wo etwas nicht geschehen ist, es liegt also in einem Bereich, den ich nur denken kann, und zwar indem ich Lebenszusammenhänge denke. Und in diesen Lebenszusammenhängen, die nicht aus Erinnerbarem kausal abgeleitet werden können, ist die Sinnfigur verborgen, und die ist nur denkend zu erreichen. Ich kann Einzelerlebnisse kausal ableiten, kann mich an sie erinnern – den Zusammenhang, und damit die eigentliche Sinnebene, kann ich aber nur denkend erreichen.

Die entscheidende Frage: Wie stehe ich zum Denken?

K.-D.N.: Worin besteht diesbezüglich die Problematik der Biographiearbeit?

W.-U. Klünker: Das Problem der Biographiearbeit, wie sie oft gehandhabt wird, und des damit verbundenen Reinkarnationsgedankens ist, daß diese Denkebene verlassen wird und man sich nur auf der Erinnerungs- und Erlebnisebene bewegt. Die ist aber im Hinblick auf die geistige Individualität illusionär. Ich kann Erlebnisse, die ich erinnere und die Ursache einer späteren Wirkung sein sollen – ganz gleich, ob innerhalb eines Erdenlebens oder im Übergang von einem Erdenleben zu einem nachfolgenden –, nur richtig beurteilen und bewerten, wenn ich die Erfahrung meiner selbst als tätiges denkendes Wesen habe. Erst wenn ich den Zusammenhang denken kann, lassen sich die Einzelerlebnisse qualifizieren. Wenn ich Einzelerlebnisse und Erinnerungen nehme und sie mit anderen verknüpfe, ist eine unendliche Illusionsgefahr gegeben, weil ich in dem seelischen Erlebnisbereich verbleibe, der für Reinkarnation überhaupt nicht in Betracht kommt. Um überhaupt Erlebnisse und Daten meines Lebens im Bereich der Wirklichkeit von Reinkarnation und Karma qualifizieren und ansiedeln zu können, muß ich eine Erfahrung meiner selbst in dem Bereich haben, der bleibt – und das ist nur das Denken.

Dazu kann man noch eine Aussage Steiners hinzuziehen, in der er die Bedeutung des Denkens für das Erfassen der Reinkarnation betont. In der „Theosophie“ heißt es:

„Man kann gegen das hier Gesagte einwenden: das seien reine Gedankenausführungen; und man kann äußere Beweise verlangen, wie man sie von der gewöhnlichen Naturwissenschaft her gewohnt ist. Dagegen muß gesagt werden, daß die Wiederverkörperung des geistigen Menschen doch ein Vorgang ist, der nicht dem Felde äußerer physischer Tatsachen angehört, sondern ein solcher, der sich ganz im geistigen Felde abspielt. Und zu diesem Felde hat keine andere unserer *gewöhnlichen* Geisteskräfte Zutritt als allein das *Denken.* Wer der Kraft des Denkens nicht vertrauen will, der kann sich über höhere geistige Tatsachen eben nicht aufklären.“ (GA 9/Tb. 1976/S.59)

In der Auffassung der Bedeutung des Denkens liegt meines Erachtens auch der wesentliche Unterschied zwischen New Age-Bestrebungen und dem geisteswissenschaftlichen Ansatz im Hinblick auf das Reinkarnationsverständnis. Auch Anthroposophen stehen natürlich in der Gefahr, sich von der eigenen Grundlage zu verabschieden, wenn das Denken als abstrakt erlebt und nur nach Erlebnissen gesucht wird. Die Frage ist nicht so sehr: Wie stehe ich zu Reinkarnation und Karma? Sie müßte vielmehr lauten: Wie stehe ich zur Grundlage des Reinkarnationsgedankens, wie stehe ich zum Denken? Diese Frage muß auch die Leitlinie sein, um den Reinkarnationsgedanken in der Entwicklung des Christentums zu verfolgen. Wie stehe ich zum Denken als dem einzigen Instrumentarium, das hier zur gesicherten Erkenntnis führen kann? Insofern ist die Entwicklung der geistigen Erfahrung des Denkens und gleichzeitig der eigenen Icherfahrung die eigentliche Geschichte des Reinkarnationsgedankens im Christentum.

Rudolf Steiners Ansatz in der aristotelischen Psychologie

K.-D.N.: Gibt es weitere Belege dafür, daß Steiner versucht, im Reinkarnationsverständnis an die aristotelische Tradition anzuknüpfen?

W.-U. Klünker: Ja. Rudolf Steiner hat z.B. immer wieder an die Psychologie Franz Brentanos angeknüpft. In der Auseinandersetzung mit der Psychoanalyse in den Jahren 1917 und 1918, z.B. in seiner Schrift „Von Seelenrätseln" (GA 21), geht Steiner immer wieder auf Brentano ein. Steiner spricht von ihm als dem entscheidenden Psychologen auf dem physischen Plan, sagt aber gleichzeitig, daß dessen psychologischer Ansatz in seinem Hauptwerk grundlegend falsch sei. Das ist überraschend, weil zunächst nicht klar wird, warum Steiner dann immer wieder bei Brentano ansetzt. Wenn man der Frage nachgeht, findet man den Hinweis Steiners, daß Brentano die Psychologie wieder mit dem Unsterblichkeitsgedanken verbinden wollte. Genauer betrachtet spricht Brentano selbst das so direkt nicht aus, sondern er stellt an einer Stelle, die Steiner in diesem Zusammenhang immer wieder anführt, die Frage, ob nicht von Aristoteles herkommend eine Seelenlehre nur möglich sei, wenn man eine nachtodliche Existenz mitdenke. Diese Fragestellung ist für Steiner entscheidend für die Psychologie der Zukunft, weil über die Frage nach der nachtodlichen Existenz auch der Reinkarnationsgedanke in die Seelenanschauung hereinkommt. Das ist ein Tor zum Verständnis dessen, was Steiner von Brentano will.

Brentano war einer der letzten großen Aristoteles-Kenner im ausgehenden 19. Jahrhundert und hat in seinen frühen Jahren viel über die Psychologie des Aristoteles geschrieben, insbesondere über das Verhältnis von Seele und Geist in Aristoteles' Werk „De anima". Wenn man das vor Augen hat, ist deutlich, was Rudolf Steiner psychologisch wollte. Er wollte, daß für eine Neubegründung der Psychologie aus der Geisteswissenschaft die aristotelisch-psychologische Entwicklungslinie – Aristoteles, heidnische Aristoteles-Auslegung, christliche Aristoteles-Auslegung – ins 20. und 21. Jahrhundert mit hineingenommen wird. Und das würde bedeuten, die Selbsterfahrung des Denkens im Sinne einer konsistenten Ichentwicklung durch den Reinkarnationsgedanken zu vervollständigen. Das war Steiners Ansatz in der aristotelischen Psychologie.

Dieser Ansatz wird immer deutlicher, wenn man z.B. hinzunimmt, was er in den berühmten Pfingstvorträgen des Jahres 1920 über die Philosophie des Thomas von Aquin gesagt hat, was er in den Karmavorträgen über Thomas, Averroes und Aristoteles ausführt oder was über Aristoteles in der „Weltgeschichte in anthroposophischer Beleuchtung" (GA 233) gesagt ist.

Dazu gehört auch der ganze Themenbereich der „Abschaffung des Geistes" auf dem Konzil von Konstantinopel im Jahre 869. Die Darstellungen Steiners über dieses Konzil werfen die große Frage auf, was da eigentlich abgeschafft worden ist, weil dort diesbezüglich vom Geist gar nicht die Rede ist, sondern von einer Zwei-Seelen-Lehre. Es ist auch eine interessante Frage, welche Geistauffassung, welche trichotomische Anthropologie denn eigentlich existierte, so daß sie überhaupt abgeschafft werden konnte. Das wird sehr schwierig, wenn man einmal genauer hinschaut und das stichhaltig begründen will. Von daher ist auch die Rede von der „Abschaffung des Geistes" immer wieder von katholischer Seite kritisiert worden, meines Erachtens zu Recht, weil auch innerhalb der Anthroposophie diese Aussage historisch vergegenständlicht wurde.

Die Aussage Steiners über die „Abschaffung des Geistes" wird nur verständlich, wenn man hinzunimmt, daß er dann 1924 sagt, das Konzil von Konstantinopel sei nur eine Art von irdischer Widerspiegelung eines übersinnlichen Konzils gewesen. Mit diesem Konzil in der geistigen Welt – und das kann man Katholiken natürlich schlecht sagen – meint er die Begegnung von Aristoteles und Alexander dem Großen auf der einen Seite mit Harun al Raschid und dessen weisem Ratgeber auf der anderen Seite. Interessanterweise wird der weise Ratgeber in den Karmavorträgen nicht als Wissenschaftler bezeichnet, sondern Steiner verwendet die Formulierung, daß er die Wissenschaft *verwaltet.* Er forscht also nicht, sondern verwaltet nur Wissenschaft. Auf diesem übersinnlichen Konzil konnten Harun al Raschid und sein Ratgeber nicht dazu bestimmt werden, die Anthropologie des Aristoteles im christlichen Sinne aufzufassen. Das war die eigentliche Abschaffung des Geistes, die sich dann in sehr verkürzter Form auf dem Konzil von Konstantinopel widergespiegelt hat.

Auch daraus kann man nun schließen, daß die wesentliche Aufgabe – auch für ein sachgerechtes Verständnis des Reinkarnationsgedankens im Christentum – darin besteht, die Menschenkunde des Aristoteles zu verchristlichen und daran anknüpfend den Reinkarnationsgedanken denkbar zu machen. Das wollte Rudolf Steiner mit der Anthroposophie.

Selbstverantwortung und Gnade

K.-D.N.: Der anthroposophischen Reinkarnationsanschauung wird oft vorgeworfen, daß sie auf eine Selbsterlösung des Menschen hinauslaufe. Wie kann man die Tatsache, daß der Mensch die Freiheit entwickeln und für sein Leben immer mehr Verantwortung übernehmen muß, mit dem Gnadenaspekt im Einklang denken?

W.-U. Klünker: Die Bedeutung von Gnade, die nicht billig verstanden werden soll, kann überhaupt erst in der eigenen willensmäßigen Bemühung hervortreten. Ich denke, daß jede Art von Gnade billig gemacht wird, die nicht an den Grenzen der eigenen Bemühung erlebt wird. Aber an diese Grenzerfahrung komme ich gar nicht, wenn ich nicht meine eigene Entwicklung in die Hand nehme. Nur vor dem Hintergrund der Selbstverantwortlichkeit ist ein Gnadenbegriff überhaupt zu gewinnen.

In dem Vortrag „Wie finde ich den Christus?“ (GA 182/16.10.1918) gibt Steiner eine Übung als konkrete Beantwortung dieser Frage. Wenn ich mich mit allen mir zur Verfügung stehenden Kräften um Selbsterkenntnis bemühe, kommt es schließlich zu einer Ohnmachtserfahrung. Das Resultat ist also kein inhaltliches, weder positiv noch negativ, sondern das Erleben der Ohnmacht, daß ich nicht fähig bin, zu dieser Selbsterkenntnis zu kommen. Ich erlebe mein Scheitern, meinen innerlichen Seelentod. Diese Abgrundsituation tritt nicht deswegen ein, weil ich im Leben irgendwelche negativen Erfahrungen mache, sondern in der Bemühung um Selbsterkenntnis führe ich dieses Grenzerlebnis der Ohnmacht herbei. Darum muß ich mich kümmern, da bin ich verantwortlich. Erst durch die eigenverantwortliche Tätigkeit komme ich an die Grenze dieser Abgrundsituation, in der dann schließlich geschehen kann, was Rudolf Steiner die Auferstehung zum Geist nennt. So kommt man zur realen Beantwortung der Frage: Wie finde ich den Christus?

Karma wirkt in einer umfassenden Entwicklungsfigur

K.-D.N.: Könnten Sie einmal allgemein sagen, was Karma ist und wie es wirkt?

W.-U. Klünker: Ich knüpfe jetzt einmal an das Abschlußkapitel in Hegels „Phänomenologie des Geistes“ an. Er sagt dort, das Ich sei die Einheit von Denken und Zeit. Das Ich kann man nie mit bestimmten Erlebnissen, die man zu einem bestimmten Zeitpunkt hat, identifizieren. Wenn ich jetzt hier sitze und die Sonne spüre, dann kann ich mein Ich nicht mit diesem Erlebnis identifizieren, denn dann wäre es nicht, wenn die Sonne nicht mehr scheint. Ich kann auch mein Ich nicht mit besonderen geistigen Leistungen identifizieren, denn dann wäre ich nicht mehr ich, wenn ich schlafe. Wenn ich mich mit einem augenblicklichen Erlebnis, welcher Art auch immer, identifiziere, wäre ich nächste Woche nicht mehr ich. Daraus wird deutlich, daß der Ichbegriff sehr stark mit der Denkmöglichkeit einer Entwicklung in der Zeit zusammenhängt. Man kann das Ich nicht mit Erlebnissen identifizieren, auch nicht mit geistigen Zuständen, sondern nur mit einer Entwicklungsfigur in der Zeit.

Wenn man diese Aussage Hegels etwas modifiziert, könnte man jetzt sagen: Das Ich ist nichts anderes als das Denken in die Zeit gebracht, und das ist Karma. Karma erfasse ich also, indem ich lerne, meine eigene Denkentwicklung zu denken. Dann bewege ich mich im Bereich dessen, was als Karma zu verstehen ist. Was Karma ist, kann man an diesen beiden Sätzen nachvollziehen: Das Ich ist die Einheit von Denken und Zeit, und: Die Zeit – als Entwicklung verstanden – ist die Einheit von Ich und Denken. Das ist Karma. Karma im geisteswissenschaftlichen Sinne ist im Grunde nichts anderes als die Fähigkeit, Ichentwicklung denken zu können.

K.-D.N.: Wie läßt sich das mit kausalen Aspekten des Karmabegriffs in Einklang bringen?

W.-U. Klünker: Wenn man Karma nur unter dem Blickwinkel der Kausalität auffaßt, dann verfehlt man die Wirklichkeit, denn diese Kausalität ist im Grunde unmenschlich, sie entspricht nicht dem Wesen und der Entwicklungswirklichkeit des Menschen. Aber selbstverständlich gibt es auch kausale Aspekte. Die Beziehung der nachtodlichen Existenz zum Erdenleben ist z.B. eine Beziehung von Ursache und Wirkung, d.h. wenn ich verstehen will, was nachtodliche Realität ist, muß ich das nachtodliche Sein unter anderem als Wirkung des Erdenseins verstehen. Der ganze Kamaloka-Gedanke weist in diese Richtung, denn da wirkt sich ganz klar das Gesetz von Ursache und Wirkung aus.

Aber das ist noch nicht Karma. Karma ist erst die umfassende Entwicklungsfigur, die dem ganzen zugrunde liegt. Denn es geht ja nicht darum, daß gewissermaßen zum Selbstzweck gute Taten belohnt und Sünden bestraft werden, sondern darum, diese individuelle Entwicklungsfigur zu komplettieren. Es geht also um das Wesen, das sich durch diese Gesetzmäßigkeit hindurch entwickelt.

Was bleibt von unseren Erdenerfahrungen?

K.-D.N.: Kommen wir einmal auf die schwierige Frage der Kontinuität. Das Persönlichkeitsbewußtsein eines Menschen in einem Erdenleben ist durch verschiedenste Faktoren bestimmt. Die grundsätzlichste Bestimmung ist dadurch gegeben, daß die menschliche Seele in einem Leib in der Sinneswelt inkarniert ist und dadurch überhaupt ein zentriertes und selbstbezogenes Gegenstandsbewußtsein ausbilden kann. Darüber hinaus ist der Mensch in einem Leben geprägt durch Vererbung, Familie, soziale Zusammenhänge, durch das Land, in dem er aufwächst und lebt, durch die Zeitverhältnisse, sein Geschlecht, durch bestimmte Fähigkeiten, Charaktereigenschaften, Triebe und Begierden usw. und schließlich auch durch die Fülle der Lebenserfahrungen und den gesamten Werdegang der Biographie. Was bleibt von alledem, was wir im Erdenleben als unsere Persönlichkeit erleben? Was geht durch die wiederholten Erdenleben, was reinkarniert sich?

W.-U. Klünker: Es gibt in der aristotelischen Tradition der Seelenlehre eine eindeutige Antwort auf die Frage, was nachtodlich von allen Erdenerfahrungen bleibt. Aus der heutigen geisteswissenschaftlichen Perspektive können wir die Antwort auch auf Ihre erweiterte Frage beziehen, was als Kontinuität über die verschiedenen Erdenleben, d.h. von der nachtodlichen Existenz dann auch wieder in eine nächste Inkarnation, erhalten bleibt. Und die Antwort, die sich da im Sinne der aristotelischen Anschauung ergibt, ist klar: Es bleiben keine Einzelerlebnisse, auch keine Einzelerinnerungen an Gedanken. Es bleibt insgesamt nichts, was einzeln erinnert werden könnte. Sondern es bleibt allein dasjenige an Gedankenbildung und Erkenntnissen, wodurch ich mich selbst entwickelt habe. Das betrifft nicht die Inhalte von Einsichten, und seien sie auch noch so hoch oder tief, sondern nur dasjenige an Erkenntniserfahrungen bleibt, wodurch ich selbst ein anderer Mensch geworden bin, oder um es mit dem alten aristotelischen Begriff zu sagen: wodurch ich selbst eine Art von Habitualisierung der Erkenntnis erreicht habe. Dasjenige bleibt, was auf der Ichebene aus der Erkenntnis an Lebenserfahrung entsteht. Unter diesem Niveau ist nichts Reales zu haben.

K.-D.N.: Tragen nur Erkenntniserfahrungen zur Ichentwicklung bei, oder ist das, was habituell und Eigentum des Ich wird, auch umfassender zu sehen?

W.-U. Klünker: So hart es auch klingen mag: In dem Vortrag vom 08.08.1924 (in GA 237) spricht Rudolf Steiner sogar davon, daß von einer

Kontinuität des Bewußtseins, von Reinkarnation und geistiger Individualität überhaupt erst gesprochen werden kann, seit es diese Art von Denkerfahrungen gibt. Das muß man sich einmal klarmachen.

Aber natürlich habitualisiert der Mensch auch vieles, was er nicht selbst hervorgebracht hat. Sie haben vorhin schon einige Bereiche angesprochen. Ich bekomme eine bestimmte seelische Ausstattung mit, die familiär, durch die soziale und geographische Umwelt bedingt ist usw., aber all das bleibt nicht. Es bleibt nur das, was ich selbst durch Eigentätigkeit und Bewußtsein klar auf der Lebensebene verankert habe. Natürlich bleibt nicht nur, womit ich mich erkenntnismäßig beschäftigt habe, aber auch alle anderen Lebenserfahrungen müssen erst auf diese geistige Ebene gebracht werden und diese Bewußtseinsqualität erreichen.

Man kann sich das auch daran verdeutlichen, daß man heute an sich selbst und an anderen zunehmend erleben kann, wie alles Erlebnismäßige immer problematischer und trügerischer wird. Man kann sich im Erleben in den höchsten und tiefsten Gefühlen total täuschen. Man muß einfach realistischerweise konstatieren, daß man im gesamten Erleben, sei es auch noch so intensiv, total falsch liegen kann. Man kann in der Beziehung zu anderen Menschen vollkommen involviert sein und dann Tage, Wochen oder auch Jahre später feststellen, daß man sich in einem Irrtum befunden hat. Und darauf kommt man nur durch die Urteilsbildung. Die Ebene der Urteilsbildung ist nichts Abstraktes und auch nicht in irgendeiner Weise erlebnis- oder gefühlsfeindlich, sondern die Bildung von Urteilen ist nur der Versuch, auch im Gefühls- und Erlebnisbereich Realitäten zu greifen, statt in Illusionen zu verfallen.

Wir sind heute im gesamten Erlebnisbereich weitgehend entwurzelt. Was früher noch ganz intuitiv trug, etwa im Umgang von Müttern mit Kindern, oder wo früher noch eine selbstverständliche Religiosität war, die im seelischen Erleben getragen ist, da finden wir heute, wenn es aus dem Mitgebrachten geschieht, Sentimentalität, Stilisierung oder technische Handhabung. Deswegen müssen wir im gesamten Erlebnisbereich dahin kommen, tätig zu werden und nicht nur erlebend zu sein, d.h. alles, was einem von innen und von außen erlebnismäßig entgegenkommt, in diesen Prozeß der Urteilsbildung hineinzubringen. Die Frage, wie man im Erlebnisbereich zu einer Realitätsebene kommen kann, die nicht illusionsgetragen ist, läßt sich nur durch die Fähigkeit zur Urteilsbildung beantworten. Und das ist der Bereich, der zur Ichentwicklung im Denken beiträgt.

K.-D.N.: Es gibt in der „Theosophie" die treffende Charakterisierung des Ich: „Das Ich erhält Wesen und Bedeutung von dem, womit es verbunden ist." (GA 9/Tb. 1976/S.40) Ich würde das gerne weiter verdeutlichen, weil ich fürchte, daß Ihre Ausführungen dahingehend mißverstanden werden können, daß nur das, was man erkenntnismäßig leistet, das Wichtige sei, gegenüber dem der Rest des Lebens abfällt, weil er als getrennt von der Erkenntnistätigkeit aufgefaßt wird. Davon kann aber nicht die Rede sein. Denn das Ich richtet sich durch den ganzen Menschen auf die Welt, d.h. daß unser gesamtes Denken, Fühlen und Wollen, alles, was wir hier auf Erden sind, das Mittel ist, der Erkenntniserfahrung und dem Ich überhaupt etwas zukommen zu lassen.

W.-U. Klünker: Es geht darum, in dem ganzen Erlebnis- und Empfindungsfeld – das ist all das, was uns von innen und von außen entgegenkommt – überhaupt erst die Ichqualität zu erreichen. Allgemein gesprochen liegen Sie also richtig, aber es muß erst verwirklicht werden. Was ist denn in der ganzen Erlebnissphäre wirklich ichhaft? Wenn man einmal in diesem ganzen Bereich, zu dem die Gefühlswelt gehört, abzieht, was nur von außen angeregt wird oder durch äußere Einflüsse veranlagt ist – familiäre Herkunft, ein bestimmter Landstrich, in dem man wohnt, oder auch Einflüsse, wie man gerade geschlafen oder gegessen hat usw. –, wenn man all das abzieht: Was bleibt dann übrig? Diese Frage zielt auf die Ichebene. Und es ist nicht gemeint, daß nur die tätigen Denkerfahrungen bleiben, sondern auch all dasjenige, was im gesamten Gefühls-, Empfindungs- und Willensbereich diese tätige Ichqualität besitzt, aber im Bewußtsein. Denn nur da kann die Kontinuität liegen.

Parallel zur Schauungsseite den Erfahrungsbereich des Denkens aufbauen

K.-D.N.: Rudolf Steiner schildert, daß neue Seelenfähigkeiten auftreten werden, z.B. daß man Bilder aus dem letzten Leben schauen kann oder auch den karmischen Ausgleich von Taten, die man gerade vollbringt. Es gibt Menschen, die solche Schauungen spontan haben, es gibt welche, die das erüben. Sie betonten, daß Erlebnisse potentiell illusionsbehaftet sind. Was würden Sie Menschen, die solche Schauungen haben, raten, was sie zusätzlich tun könnten, um hier eine größere Sicherheit zu erlangen?

W.-U. Klünker: Das ist eine ganz wichtige Frage. Um hier zu einer größeren Sicherheit zu kommen, wäre es auf jeden Fall sinnvoll, das eigene

Denken und die eigene Urteilsbildung als weiteren Erfahrungsbereich übend zu erschließen. In diesem Übungs- oder Schulungssinne würde ich praktisch folgendes raten: den Erlebnisbereich dieser Schauungen beizubehalten, aber parallel dazu und zunächst einmal unverbunden den Erfahrungsbereich des Denkens und der Urteilsbildung aufzubauen. In einem ganz strikten Schulungssinne dürfen dann keine Kurzschlüsse zwischen beiden Bereichen hergestellt werden, sondern es muß die innere Kraft aufgebracht werden, beides über einen längeren Zeitraum parallel zu führen. Ich bin überzeugt, daß sich der Umgang mit der Schauungsseite verändert.

Wichtig ist, diesen Erfahrungsbereich im Denken ganz im Sinne der alten Mysterienforderung „Alles mit Maß" zu entwickeln, d.h. herauszufinden, wo der eigene ganz individuelle Zugang zu diesem Erkenntnisbereich liegt. Das muß nicht „Die Philosophie der Freiheit" und auch nicht höhere Mathematik sein, sondern das ist der je eigene Anschluß an die Fähigkeit des Denkens und der Urteilsbildung. Und das wird sich dann nach und nach konturieren, wenn man diese Denkerfahrung dem eigenen Maß entsprechend aufbaut. Der andere Erfahrungsbereich wird beibehalten, und in aller Seelenruhe, nicht in Kleingläubigkeit, kann man dann abwarten, was geschieht. Ich bin sicher, daß die Täuschungs- und Illusionsanfälligkeit in dem ersten Bereich abnehmen wird.

Bewußtsein und Denken im nachtodlichen Leben

K.-D.N.: Kommen wir einmal zum nachtodlichen Leben. Wie ist das Bewußtsein im Nachtodlichen beschaffen? Gibt es hier irgendeine Kontinuität zum Bewußtsein im Erdenleben, oder ist es fundamental verschieden?

W.-U. Klünker: Das hängt davon ab, was man in der irdischen Existenz schon an leibfreier seelisch-geistiger Icherfahrung hervorgebracht hat. Je weniger geistige Erfahrungen meiner selbst vorliegen, desto diskontinuierlicher wird das Bewußtsein gegenüber dem Erdenbewußtsein ausfallen. Da stellt sich die Frage, die auch überhaupt die Seelensituation der Gegenwart charakterisiert: Gibt es außer dem seelischen Erleben am Leib, der ja nach dem Tod nicht mehr sein wird, auch ein seelisches Erleben vom Geist her? Auf das letztere kommt es eben an. Denn auch ein geistiges Erleben, das nicht seelisch geworden ist, ist nicht individuell, bleibt also auch nicht einer Ichkontinuität im Bewußtsein erhalten. Aber auch das seelische Erleben am Leib, der ja individuell ist, bleibt nicht, weil der Leib abgelegt wird. Bewußtseinskontinuität wird nur dort vorliegen, wo es zu einem echten seelischen Erleben an der geistigen Tätigkeit gekommen ist.

K.-D.N.: Wie ist das Denken des Menschen im Nachtodlichen geartet? Ist der Mensch überhaupt in der Lage, in ähnlicher Weise wie im Erdenleben zu denken?

W.-U. Klünker: Was ich eben gesagt habe, gilt auch in bezug auf das Denken. Es kommt aber noch zweierlei hinzu: Ich muß die Gedanken seelisch qualifizieren können, dann werde ich im Nachtodlichen die Gedanken als zu mir gehörig erleben können, mit denen ich seelisch auf der Erde verbunden war. Ich werde sie also nicht inhaltlich erinnern, sondern in einem umfassenderen Sinn erleben. Die abstrakt gedachten Gedanken verschwinden, und es bleiben nur die, die diese Erlebnisqualität im Seelischen hatten.

Zum anderen muß ich eine Willenskomponente mit dem Gedanklichen verbinden. In dem Vortragszyklus „Die Geheimnisse der Schwelle" (GA 147) sagt Steiner zur Charakterisierung ätherischer Wirklichkeit, die auch auf das Nachtodliche zutrifft, daß es nicht mehr darauf ankomme, was ich bin, sondern darauf, sich selbst zu wollen. Wenn ich also mit meinen Gedanken die erwähnte Seelenqualität verbinden kann und darüber hinaus in der Lage bin, mich selbst zu wollen, dann bin ich in dem Element, in dem Bewußtseinskontinuität gegeben ist.

K.-D.N.: Sich selbst zu wollen, heißt das, sich selbst hervorzubringen?

W.-U. Klünker: Ja, ich muß mich selbst wollen, weil das, was ich sonst bin, ständig wechselt. Ich muß mich selbst denken können, denn das, was ich erlebe, bin ich nicht mehr selbst. Das wird auch für die Ichsituation auf der Erde immer wichtiger, denn die Situation nachtodlicher Existenz kommt immer mehr auf die Erde. Der Tod wandert ins Leben hinein. In Delphi, in vorchristlicher Zeit, galt noch, daß das „Erkenne dich selbst" zu keinem Ergebnis führt, denn damals mußte sich der Mensch sagen: Nicht ich bin, sondern du, das geistige Wesen, bist. Rudolf Steiner äußert dazu, daß Selbsterkenntnis in diesen Zeiten erst nachtodlich möglich gewesen sei. Unter Leibesbedingungen war sie eben immer illusionär. Unter diesem Aspekt kann man die christliche Entwicklung und das Kreuzessymbol auch so verstehen, daß der Tod ins Leben hineinkommt. Und dadurch wird der Mensch zur Selbsterkenntnis fähig.

Heute geht diese Entwicklung weiter, und die Bedingungen nachtodlicher Existenz gewinnen im Erdenleben zunehmend an Bedeutung. So gilt heute schon für die irdische Existenz, was früher nur nachtodlich galt: Ich bin nicht mit meinen Erlebnissen identisch. Das gilt auch für übersinnliche Erlebnisse aller Art, z.B. auch für solche, in denen scheinbar frühere Inkarnationen auftauchen. Auch jemand, der den stärksten Eindruck hat, daß er etwas aus einem vergangenen Erdenleben erlebt, muß sich sagen, daß er mit seinem Erlebnis nicht identisch ist. Er ist nur mit dem identisch, was er daraus macht!

Das gilt auch für alles, was ich an mir selbst erlebe: Ich bin erst identisch mit dem, was ich in der Urteilsbildung daraus mache, d.h. letztlich mit dem, was ich selbst will. Da kommt wieder die Willensdimension hinein, die uns heute noch kaum bewußt ist. Die ist enorm wichtig. Daß sie für das nachtodliche Sein von Bedeutung ist, findet man auch bei Origines, indem er erfaßt, daß im Nachtodlichen in erster Linie dasjenige seinsbestimmend ist, was möglich, was noch nicht ist. In der Erdenexistenz erleben wir hauptsächlich das, was ist; unsere Zukunft, das Mögliche, erleben wir noch nicht. Die Willensdimension, sich selbst zu wollen, bedeutet nun aber, die eigene Zukunft, also das, was ich der Möglichkeit nach auch bin, ins Erleben hineinzunehmen.

Das gehört zum Erfassen der menschlichen Entwicklung dazu, die eigene Zukunft in sich selbst hineinzunehmen, sie zu wollen, d.h. sie in die Wirklichkeit zu bringen. Ich meine das auch psychologisch ganz real. Was aus der Vergangenheit erlebt wird, ist immer weniger wirklich als dieser Willensaspekt, aber die Menschen kleben daran fest. Die ganze Kultur geht auf Erlebnisintensivierung. Man kann nicht mehr einkaufen gehen, ohne etwas erleben zu müssen. Es wuchert derzeit der Illusionsbereich einer gigantischen Erlebniskultur.

Der Stufengang des Lebens zwischen Tod und neuer Geburt

K.-D.N.: Was ist der Sinn der geistigen Existenz zwischen Tod und neuer Geburt?

W.-U. Klünker: Den Sinn kann man sich erschließen, indem man auf ein allgemeines Charakteristikum jeder Art von geistiger Erfahrung blickt. In der geistigen Erfahrung ist man nicht mehr punktualisiert am Gegenwartserleben verhaftet, sondern bildet ein prozessuales Bewußtsein, daß die jetzige Situation eine Vergangenheit und eine Zukunft hat. In der „Geheimwissenschaft" (GA 13) ist der erste Schritt im Übergang in die geistige Welt in der Erkenntnis so charakterisiert, daß sich die Wirklichkeit in einen Vergangenheits- und in einen Zukunftsaspekt zerlegt.

Sobald man sich in einer geistigen Wirklichkeit befindet, ist man in einer Situation, in der man die Verursachungen in der Vergangenheit und die Folgen in der Zukunft vor sich hat. Diese Folgen sind nicht nur verursacht, sondern es sind auch Willensfolgen, Folgen, die sich aus dem Willen ergeben, der sich auf der Grundlage dessen, was veranlagt ist, in die Zukunft richtet. Und der erste Teil der nachtodlichen Existenz hat den Sinn, die Vergangenheit des vorangegangenen Erdenseins qualitativ so umzuwandeln, daß sie Grundlage für diese Willens- oder Zukunftsseite werden kann. In der zweiten Phase, nach der Weltenmitternacht, während des Abstiegs zur Erde, besteht der Sinn darin, diese Willenskonsequenz bis zur Punktualisierung der neuen Inkarnation real zu machen.

K.-D.N.: Schauen wir uns diese qualitative Umwandlung einmal etwas näher an. Als erstes erlebt der Verstorbene nach dem Verlassen des physischen Leibes, also nach dem Zurücklassen des Leichnams, das Lebenstableau, das etwa drei Tage dauert und ihm in Bildern das gesamte verflossene Leben noch einmal zeigt. Was geschieht qualitativ auf dieser ersten Stufe?

W.-U. Klünker: Um die qualitativen Schritte zu beschreiben, würde ich gerne an die Formulierungen Rudolf Steiners anknüpfen, die in den sogenannten Sprüchen zum Totengedenken enthalten sind (GA 237/04.07. 1924). Dadurch kann man sich die drei großen Signaturen der nachtodlichen Existenz gut vor Augen führen. Zu dieser ersten Stufe, auf der sich der Ätherleib des Menschen in die Ätherwelt auflöst und er dabei sein Lebenstableau schaut, heißt es: „Es empfangen Angeloi, Archangeloi, Archai im Ätherweben das Schicksalsnetz des Menschen." Im Bereich der dritten Hierarchie wird die Lebenskonsequenz in die Ätherwelt aufgenommen. Die dritte Hierarchie empfängt das Schicksalsnetz, d.h. die Engel, Erzengel und Archai machen nichts anderes damit, als es völlig verobjektiviert aufzunehmen. Das Subjektive der menschlichen Existenz in all ihren Lebensergebnissen wird als Schicksalszusammenhang, in allem verbunden und verknüpft, von der dritten Hierarchie kosmisch aufgenommen und ätherisiert.

Auf die beiden anderen Stufen möchte ich auch gleich eingehen, damit wir den großen Bogen vor uns haben. Die nächste Phase, die sogenannte Kamalokazeit, wird in diesem Spruch folgendermaßen charakterisiert: „Es verwesen in Exusiai, Dynamis, Kyriotetes im Astralempfinden des Kosmos die gerechten Folgen des Erdenlebens des Menschen." Das Verwesen bedeutet, daß im Bereich der zweiten Hierarchie etwas wesentlich wird, und zwar auf der Empfindungsebene im Astralempfinden des Kosmos. Der ganze Wirkungsbereich des vorangegangenen Erdenlebens wird auf einer kosmischen Empfindungsebene wesentlich. Das ist ein kosmisches Erleben. Auf der ersten Stufe haben wir das Empfangen des Schicksalsnetzes durch die dritte Hierarchie. Das ist kein Erleben, sondern das vom Menschen überkommene Schicksalsnetz wird ganz objektiv kosmisch aufgenommen. Hier, auf der zweiten Stufe, wird nun in einem kosmischen Fühlen, im Astralempfinden, verwesentlicht, was sich als Wirkungen aus dem Erdenleben des Menschen ergibt.

Dann kommt die dritte Phase, die ich vorhin schon als die Situation nach der Weltenmitternacht angesprochen habe: „Es auferstehen in Thronen, Cherubim, Seraphim als deren Tatenwesen die gerechten Ausgestaltungen des Erdenlebens des Menschen." Auferstehung bezeichnet die Wandlung in den Willensbereich hinein. Der Wille ist nicht voraussetzungslos, aber auch nicht unfrei, was dadurch zum Ausdruck kommt, daß er als Tatenwesen im Bereich der ersten Hierarchie ersteht. Und dasjenige, was hier aufersteht, sind die gerechten Ausgestaltungen des Erdenlebens des Menschen. Die Ausgestaltung setzt etwas voraus, aber im Unterschied zu den Folgen, die im Vers für die zweite Phase angesprochen sind, geht sie mit diesem Vorausgesetzten auch um. Das geschieht also in der dritten Phase nachtodlicher Existenz.

Im Kamaloka erlebt der Mensch die Wirkungen seiner Erdentaten

K.-D.N.: Gehen wir noch einmal näher auf die zweite Stufe ein. Rudolf Steiner spricht im Zusammenhang mit dem Kamaloka davon, daß der Mensch jede Nacht den vergangenen Tag rückwärts durchlebe und dabei seine Taten moralisch bewerte. Was im Leben unbewußt geschehen sei, geschehe nun im Kamaloka nach Ablegen des Ätherleibes bewußt, so daß sich der Mensch seines Wertes bewußt werde. Sie haben jetzt mehr die kosmische Seite geschildert, was aber erlebt der Mensch im Kamaloka, wie sieht dort die Wirklichkeit für ihn aus?

W.-U. Klünker: Der Mensch lebt dann in einem Bewußtsein, das nicht mehr das zentrale Ichbewußtsein der Erde ist, sondern ein peripheres. Ich erlebe mich auf der Erde immer in einem zentrierten Bewußtsein. Wohin ich auch blicke, um mich herum ist der Umkreis, und ich bin in der Mitte. Im Kamaloka stülpt sich das Bewußtsein zu einem Umkreisbewußtsein um, d.h. ich erlebe mich in dem, was von diesem Zentrum, das ich auf der Erde war, ausgegangen ist, was ich von diesem Zentrum her auf der Erde bewirkt habe. Das ist eine ganz erheblich andere Bewußtseinsqualität, denn ich erlebe mich nicht mehr als Verursacher, als aus einem Zentrum Handelnder, sondern ich erlebe mich in dem, was meine Verursachungen auf der Erde im Umkreis bewirkt haben. Ansatzweise kann man das schon im Erdenleben erüben, indem man versucht, sich zu verdeutlichen, was es heißt, sich in den Wirkungen seiner Taten zu erleben, in den Schmerzen und Freuden, die man anderen bereitet usw., eben in allen Tatenwirkungen, die man verursacht.

K.-D.N.: Das Kamaloka wird in der Überlieferung auch „Fegefeuer" genannt, womit das Ausbrennen der Triebe, Begierden und Leidenschaften, der Süchte, Verhaftungen und Abhängigkeiten des sinnlich-materiellen Lebens angesprochen ist. Das klingt nicht gerade verlockend. Ist das Kamaloka hauptsächlich ein Höllenerlebnis?

W.-U. Klünker: Nein, zumal das Erleben im Kamaloka über weite Strekken davon abhängt, wie der jeweilige Mensch sein Erdenleben geführt hat. Ich glaube auch nicht, daß Ausbrennen wirklich der zutreffende Ausdruck ist. Das Höllenartige besteht darin, daß ein Selbsterleben unabhängig vom Leib gegeben ist. Besonders in der ersten Zeit – das Kamaloka dauert etwa so lange wie ein Drittel der Lebenszeit – kann das natürlich höllisch sein, wenn der Leib nicht mehr zur Verfügung steht, um dasjenige seelische Erleben zu stützen und zu befriedigen, das durch ihn geprägt war. Aber je mehr das leibfreie Erleben schon auf der Erde antizipiert wurde, desto weniger höllenmäßig wird das Kamaloka sein.

Das Brennen, wie Sie es genannt haben, ist auch ein Lichtprozeß. Der gesamte irdische Erlebnisbereich tritt einem im Kamaloka in seiner geistigen Dimension entgegen. Und das ist um so weniger schmerzlich, je mehr schon auf der Erde die Ichqualität im Erlebnisbereich realisiert wurde. Im Kamaloka wird der Erlebnisbereich aufgelichtet, er wird anschaubar, aber dieses Klarwerden kann schon auf der Erde vorbereitet sein. Und in dem Maße, in dem das geschehen ist, erstreckt sich auch die Bewußtseinskontinuität in das Kamaloka hinein.

K.-D.N.: Das Erlebnis des Kamaloka findet nach Steiner im Mondenbereich, dem sogenannten Seelenland, statt. Bevor der Mensch danach in den Sonnenbereich, das Geisterland, eintritt, bildet er sich einen Geistleib, der den Menschen davor bewahrt, in die Sternenwelt zu zerfließen. In dieser Zeit wird sich der Mensch durch sein wahres Ich als Geist bewußt.

Bevor der Mensch aber in das Geisterland eintritt, läßt er, wie Steiner es ausdrückt, ein „Päckchen" zurück. Dieses Päckchen enthält die Essenz der moralischen Werte, die er sich im Mondenbereich angeeignet hat. Was ist mit diesem Päckchen gemeint, von dem Steiner weiter sagt, daß es später beim Abstieg zu einer neuen Inkarnation wieder aufgenommen und in das eigene Wesen eingefügt werden muß?

W.-U. Klünker: Das sind die vorhin besprochenen Willens- und Entwicklungsvoraussetzungen, die im Kamaloka die Verwesentlichung durchgemacht haben und den Anknüpfungspunkt für eine nächste Erdenexistenz bilden. Der Mensch muß ja wieder an dasjenige anschließen, was er selbst mitgebracht hat, sonst wäre seiner Entwicklung die Grundlage entzogen und seine Existenz illusionär.

Zu den Entwicklungsvoraussetzungen gehören aber nicht nur moralische Aspekte, sondern z.B. auch die Welterfahrungen, die ich im vorigen Leben gemacht habe. Diese Welterfahrungen wirken beim Abstieg zu einer neuen Inkarnation beim geistigen Aufbau des Organismus mit. Meine Art der Welterfahrung im letzten Leben bestimmt also meine Fähigkeit, mich wieder zu inkarnieren und meinen Organismus in angemessener Weise aufzubauen.

Das Ordnen des Karma wird immer wichtiger

K.-D.N.: Steiner schildert nun weiter, daß schließlich im Sonnenbereich im Zusammenhang mit den höheren Hierarchien der Geistkeim ausgebildet wird. Dieser Geistkeim des Menschen ist zunächst über den ganzen Kosmos der geistigen Welt ausgedehnt und zieht sich dann immer mehr zusammen, bis er schließlich auf dem Wege der Involution sein physisches Abbild im Keim im Mutterleib findet. Mit der Konzeption verbindet sich der Geistkeim mit der chaotisierten Materie, die seine Einprägung empfängt. Hier ist nun der Berührungspunkt zu den Entwicklungsbedingungen gegeben, die dem Menschen von der Erde aus entgegengebracht werden, z.B. durch den Erbstrom, die Zeitverhältnisse usw. Ist dasjenige, was dem Menschen hier entgegenkommt, immer seinem Schicksal und seiner eigenen Entwicklung angemessen?

W.-U. Klünker: Nein, nicht immer, man muß sogar sagen, daß dieses Verhältnis immer schwieriger wird. Wir haben also auf der einen Seite die eigenen Entwicklungsbedingungen und die je eigene Fähigkeit, diese Punktualisierung als Kraftwirkung des Ich auch wirklich durchzuführen. Auf der anderen Seite kommen nun die Erdenvoraussetzungen dazu, und auch das ist eine Schicksalsfrage, inwieweit man mit Voraussetzungen in der irdischen Situation rechnen kann, die zu einem passen. Und die Verhältnisse sind zunehmend so schwierig geworden, daß heute die Aufgabe nicht nur darin besteht, Karma zu erkennen, sondern vielmehr darin, Karma zu ordnen. Die Voraussetzungen, die irdisch gegeben sind, werden immer problematischer, so daß man auch immer stärker davon ausgehen muß, daß die Inkarnationsbedingungen – die Mutter, das Elternpaar, die ganze Familiensituation, die gesamte Lebenssituation – im Grunde für die Ichentwicklung nicht stimmen. Diese Stimmigkeit muß man erst nachträglich herstellen.

Der Mensch ist auch für seinen Engel verantwortlich

K.-D.N.: Wie wirkt bei dem ganzen Geschehen, das wir in diesem Interview besprochen haben, der eigene Engel mit dem Menschen zusammen?

W.-U. Klünker: Für den Bereich der Engelbegegnung gilt der eherne Grundsatz, daß Denkendes und Gedachtes, Wahrnehmendes und Wahrgenommenes, Subjekt und Objekt der Erkenntnis ein und dasselbe sind. Das heißt, um den Engel zu erkennen, muß ich selbst in meinen geistigen Operationen engelgleich werden. Indem ich aber geistig engelgleich werde, nehme ich natürlich die Engelfähigkeiten an. In unserem letzten Interview („Der Flügelschlag des Denkens", in: FLENSBURGER HEFTE 23, „Engel", S.83 ff.) sind wir näher auf die richtungsweisende Thomas-Stelle eingegangen, daß der Mensch, wenn er einen gewissen Entwicklungspunkt erreicht haben wird, keinen Schutzengel mehr haben wird. Er wird dann gemeinsam mit seinem Schutzengel regieren, wie es da heißt. Wir haben heute die zeitgeschichtliche Entwicklungssituation gegeben, in der das möglich und auch zunehmend notwendig wird. Denn in dem Maße, in dem der Mensch engelgleiche Fähigkeiten ausgebildet hat, lebt er bewußtseinsmäßig in den ganzen geistigen Vorgängen, die wir besprochen haben.

In der Thomas-Stelle heißt es dann weiter, daß der Mensch von einem bösen Dämon in der Hölle gequält werden wird, wenn er nicht gemeinsam mit dem Engel regiert. Das ist die Alternative. Früher hatte der Mensch einen Schutzengel, heute regiert er geistig mit dem Engel gemeinsam. Und wenn das nicht der Fall ist, wird der frühere Schutzengel den Menschen als Dämon quälen. – Ich glaube, daß man die Schutzengelbeziehung im Hinblick auf Reinkarnation und Karma zunehmend so denken muß: Ich bin in meiner Auffassungsfähigkeit engelgleich geworden, kann insofern all das, was wir über die Bewußtseinskontinuität des Ich gesagt haben, auch selbst in mir hervorbringen. Wenn das nicht der Fall ist, werde ich karmisch in immer schwierigere Situationen kommen, weil der frühere Schutzengel im Sinne des Thomas als Dämon wirkt.

Bei Rudolf Steiner findet man die Einlösung dieser Stelle übrigens in dem vorhin erwähnten Vortrag „Was tut der Engel in unserem Astralleib?“. Dort schildert Steiner diese Alternative ganz detailliert, daß der Mensch entweder für die Engelwirkungen aufwacht oder diese sich eine Stufe tiefer in ihren Gegenbildern äußern, und zwar im Sinne von allgemeiner Sexualisierung, Manipulationstendenzen und technischer Chaotisierung.

Entweder es gelingt dem Menschen, die Ichfähigkeit auszubilden und die geistige Höhe zu erreichen, auf der er gemeinsam mit dem Engel regiert, oder der Schutzengel wirkt im gesamten Erlebnisbereich dämonisch auf den Menschen zurück. Dadurch würden z.B. statt Ichorientierungen zunehmend Blutsorientierungen auftreten, d.h. sippenhafte, nationale Orientierungen würden als die entscheidenden Impulse erlebt werden. Es würden also zunehmend dämonische Ichorientierungen auftreten, die zwar geistig sind, aber nicht individuell geistig, die sich immer in irgendeiner Form von falschem Enthusiasmus, von falscher geistiger Kraft und Fanatismus äußern würden. Das sind geistige Orientierungen, die nicht ichhaft verankert sind, sondern in den Blutskräften.

Daraus wird nun auch deutlich, daß der Mensch nicht mehr nur für sein eigenes Schicksal verantwortlich ist, sondern auch für das seines Engels. Kann der Engel von der Verantwortlichkeit für den Menschen so freigestellt werden, daß er sich weiterentwickeln kann, oder ist er zu einem dämonischen Wirken verdammt, indem er in die Blutswirkungen eingebunden wird? Das ist die entscheidende Frage. Wenn der Mensch sich nicht erhebt, muß der Engel eine Stufe tiefer gehen.

Johannes Rogalla von Bieberstein
Die These von der Verschwörung 1776–1945
Philosophen, Freimaurer, Juden, Liberale und Sozialisten als Verschwörer gegen die Sozialordnung
216 S., kt. DM 33,00 / ISBN 3-926841-36-2

Jimmy Carter
Frieden schaffen im Gespräch
Ein Impuls für die nächste Generation
Mai 1997, ca. 200 S., kt. DM 32,00
ISBN 3-926841-71-0

Carola Cutomo
Medialität, Besessenheit, Wahnsinn
188 S., kt. DM 19,80 / ISBN 3-926841-19-2

Klaus Engels
Destruktive Kulte im Spannungsfeld von Kirche und Gesellschaft
212 S., kt. DM 28,00 / ISBN 3-926841-46-X

Hans-Diedrich Fuhlendorf
Rückkehr zum Paradies oder Erbauen des Neuen Jerusalem?
Geschichtsbetrachtungen in apokalyptischer Zeit
352 S., kt. DM 39,00 / ISBN 3-926841-37-0

Wolfgang Gädeke
Anthroposophie und die Fortbildung der Religion
448 S.
Leinen DM 48,00 / ISBN 3-926841-23-0
kt. DM 36,00 / ISBN 3-926841-24-9

Dieter Hornemann
Geheimnisvolles Afrika
Anthroposophische Arbeit im Urwald
102 S., 32 farb. Abb., kt. DM 26,00
ISBN 3-926841-60-5

Johannes Kiersch
Fragen an die Waldorfschule
148 S., kt. DM 19,80 / ISBN 3-926841-33-8

Peter Krause
Das Judasproblem
Von den spirituellen Hintergründen der Gewalt
128 S., kt. DM 19,80 / ISBN 3-926841-38-9

Peter Krause
Feuer in Tschernobyl
Die Ukraine nach dem SuperGAU
168 S., 37 farb. Abb., kt. DM 28,00
ISBN 3-926841-58-3

Peter Krause, Faustus Falkenhahn (Hg.)
Einsam – gemeinsam
Jugend im Gespräch
192 S., kt. DM 22,80 / ISBN 3-926841-43-5

Flensburger Hefte = **FH** (ISSN 0932-5859)
FH-Sonderhefte = **So** (ISSN 0943-5549)

Ernst-Martin Krauss
Holzwege, Steinwege ...
Erlebnisse mit Elementarwesen
92 S., Großformat, 13 farb. Abb., geb.
DM 56,00 / ISBN 3-926841-35-4

Jukka Kuoppamäki
Einsam – gemeinsam
Jugendliche singen Lieder mit Jukka Kuoppamäki
Musikkassette, DM 22,00

Andreas Meyer (Hg.)
Seele und Geist
Ansätze zu einer spirituellen Seelentherapie
160 S., kt. DM 26,00 / ISBN 3-926841-47-8

Heinz Schimmel (Hg.)
Tanz der Seelen
Der Tod als Verwandler der Seele. Die Totentanzdichtung von Joachim Fernau und ihre eurythmische Darstellung
108 S., 14 farb. Abb., kt. DM 25,00
ISBN 3-926841-53-2

FH 11
Über Tod und Sterben
3. Aufl., 264 S., kt. DM 24,80
ISBN 3-926841-11-7

FH 13
Hexen, New Age, Okkultismus
3. Aufl., 196 S., kt. DM 19,80
ISBN 3-926841-08-7

FH 14
Erneuerung der Religion
Die Christengemeinschaft, Sakramente, Kirche und Kultus
4. Aufl., 184 S., kt. DM 16,80
ISBN 3-926841-07-9

FH 15
Waldorfschule und Anthroposophie
3. Aufl., 132 S., kt. DM 9,80
ISBN 3-926841-00-1

FH 16
Kulturvergiftung: Rauschgift, Sucht und Therapie
2. Aufl., 228 S., kt. DM 16,80
ISBN 3-926841-21-4

FH 17
Kulturvergiftung: Alkohol
2. Aufl., 160 S., kt. DM 16,80
ISBN 3-926841-34-6

FH 18
Biologisch-dynamische Landwirtschaft, Ökologie, Ernährung
2. Aufl., 184 S., kt. DM 19,80
ISBN 3-926841-03-6

FH 19
Musik
2. Aufl., 184 S., kt. DM 16,80
ISBN 3-926841-06-0

FH 20
Sexualität, Aids, Prostitution
2. Aufl., 170 S., kt. DM 14,80
ISBN 3-926841-09-5

FH 21
Aids
164 S., kt. DM 14,80 / ISBN 3-926841-10-9

FH 22
Erkenntnis und Religion
Zum Verhältnis von Anthroposophischer Gesellschaft und Christengemeinschaft
132 S., kt. DM 14,80 / ISBN 3-926841-13-3

FH 23
Engel
2. Aufl., 172 S., 9 farb. Abb., kt. DM 19,80
ISBN 3-926841-15-X

FH 24
Direkte Demokratie / 1789–1989
240 S., kt. DM 14,80 / ISBN 3-926841-16-8

FH 25
Rechtsleben und soziale Zukunftsimpulse
Von der Dreigliederungsidee Rudolf Steiners zur Volksgesetzgebung
244 S., kt. DM 16,80 / ISBN 3-926841-17-6

FH 26
Michael
Januskopf Bundesrepublik
184 S., 8 farb. Abb., kt. DM 16,80
ISBN 3-926841-22-2

FH 27
Strafprozeß, Strafvollzug, Resozialisierung
224 S., kt. DM 16,80 / ISBN 3-926841-20-6

FH 28
Naturwissenschaft und Ethik
204 S., kt. DM 16,80 / ISBN 3-926841-25-7

FH 29
Freie Schule
248 S., kt. DM 19,80 / ISBN 3-926841-28-1

FH 30
Märchen
224 S., kt. DM 16,80 / ISBN 3-926841-29-X

FH 31
Biographiearbeit
4. Aufl., 192 S., 7 farb. Abb., kt. DM 24,80
ISBN 3-926841-31-1

FH 32
Anthroposophen und Nationalsozialismus
168 S., kt. DM 16,80 / ISBN 3-926841-32-X

FH 33
Destruktive Kulte, schwarze Magie, Sexualmagie
232 S., kt. DM 22,80 / ISBN 3-926841-40-0